롤러코스터를 탄
미 얀 마

이상화

박영사

들어가며

책 제목을 정하는 데 많은 고민을 했다. 그동안 미얀마에 대해 적지 않은 서적들이 나왔다. 모두 저자의 관점에서 좋은 내용들을 담고 있다고 생각한다. 책 타이틀은 그 책에 담긴 내용을 압축하여 짐작할 수 있기 때문에 모든 저자들이 제목을 정하는 데 상당한 고민을 할 것이다. 그런 관점에서 볼 때, 미얀마에 관한 대부분 저서들의 제목에는 큰 틀에서 공통점이 있다. 따뜻한 마음을 가진 국민, 천불천탑 불교 문화, 느림의 문화가 지배하는 곳, 그리고 미얀마가 2011년 개혁 개방의 길로 접어들면서 공유되는 관찰 가운데 가장 대표적인 것이 무한한 가능성, 잠재력의 땅이라는 것이다.

필자가 이 책의 제목을 "롤러코스터를 탄 미얀마"로 정한 데는 2021년 2월 1일 미얀마 군부가 일으킨 정변이 크게 작용했다. 당초 이 책은 2020년 말 책 내용의 상당부분 집필을 마친 상태였다. 그 시점에서는 아웅산 수찌 여사가 이끄는 NLD(National League for Democracy; 민주주의민족동맹)가 2020년 11월 총선에서 압승을 거두었고, 2021년 2월 새로운 의회가 개원하고 4월에는 NLD 2기 정부가 출범하는 밝은 청사진을 그리고 있던 때였다. 미얀마의 그런 밝은 미래는 군부의 정권

찬탈로 하루아침에 끝을 짐작키 어려운 깊고 어두운 블랙홀 속으로 빨려 들어갔다. 2021년 2월 그날이 오기 전까지 필자가 3년 반여 기간 동안(미얀마에 부임한 2018년 1월 중순부터 2021년 8월까지) 관찰한 미얀마는 여러 가지 한계와 도전에도 불구하고 대체로 희망적이었다.

미얀마가 잘되기를 바라는 마음에서, 그리고 미얀마가 가진 잠재력과 기회에 관심을 갖고 계신 분들에게 작지만 도움이 되고자 미얀마의 2020년 말 모습을 통해 10년 후를 그려보자는 취지에서 이 책을 집필했던 것이다. 그런 만큼 2021년 봄 이 책의 거의 모든 부분에 당초 전혀 예기치 못했던 군사 정변으로 인한 상황 변화를 반영하는 데 상당한 시간을 또 투자해야만 했다.

외교관이라는 직업은 국제정치와 역사에 관심을 많이 가질 수밖에 없고, 부임하는 국가에서 제대로 역할을 하려면 그런 쪽에 공부를 많이 해야만 한다. 외교관 생활 30년을 넘게 하면서 터득한 교훈 가운데 하나는 현재 시점에서 역사를 평가하고 미래를 전망하는 일은 조심해야 한다는 것이다. 유발 하라리(Yuval Harari)의 세계적 명저 《사피엔스》(Sapiens)는 인류 역사라는 큰 흐름을 저자의 관점에서 기술하는 거대한 시도를 하는 가운데 아래와 같은 사려 깊은 단서를 달았다.

(어느 한 시점이 평화의 시대냐, 혼돈의 시대냐 하는 문제에 대한) 답은 타이밍(timing)의 문제이다. 과거에 대한 우리의 관점이 왕왕 불과 몇 년 사이에 벌어진 일들에 의해 곡해될 수 있다는 점은 섬뜩하기까지 하다. 만약 이 책이 1945년(제2차 세계대전 종식) 또는 1962년(쿠바 미사일 위기) 때 쓰였다면 이 책의 관점은 확실히 암울했을 것이다. 그러나 이 책이 2014년에 쓰였기 때문에 현대 역사에 대해 비교적 낙관적인

어프로치를 담을 수 있었을 것이다.

　(역사를 평가하는) 낙관론자와 비관론자 모두를 만족시키자면, 아마도 우리는 지금 우리가 사는 세상은 천국과 지옥 경계(threshold of heaven and hell)에 있고, 한 쪽 문에서 다른 쪽 문을 초조하게 오가는 모습일 것이라고 기술해야 할 것이다. 역사가 어느 방향으로 갈지는 아직 정해지지 않았다. 앞으로 전개될 우연처럼 보이는 수많은 일들이 우리를 그 어느 쪽으로든 이끌게 될 것이다.

　《크리스마스 캐롤》, 《위대한 유산》 같은 위대한 작품을 남긴 소설가 찰스 디킨스(Charles Dickens)가 프랑스 혁명을 그리면서 "프랑스 역사에 있어 최고의 순간일 수도 있지만, 최악의 순간"일 수도 있다고 했다. 그가 남긴 명언대로 어쩌면 인생은 가까이서 보면 비극이지만 멀리서 보면 하나의 희극일 수도 있을 것이다. 한 나라의 현재를 평가하고 미래를 전망하는 일은 더더욱 어렵고 조심스럽다.

　2018년 1월 미얀마에 제17대 대사로 부임한 이후 사회 여러 분야에서 필자가 대학시절과 사회 초년병시절을 보낸 한국의 1980년대와 1990년대 초 모습을 연상케 되었다. 그때 한국 사회의 변화와 발전은 그야말로 상전벽해(桑田碧海)라는 단어가 어울릴 것이다. 2021년 봄 미얀마의 모습은 혼돈 그 자체이다. 그럼에도 불구하고 필자는 여전히 미얀마의 미래에 대해 희망을 버리지 않고 있다. 왜냐하면 2021년 2월 이전까지 수년간 지켜본 미얀마는 낙관과 비관, 긍정과 부정, 희망과 좌절이 혼재된 속에 필자는 가능성에 더 높은 점수를 주고 있었기 때문이다.

　필자가 미얀마에서 교분을 쌓은 정부인사들, 미얀마에 진출한 한국 기업인들과 동포사회 여러분으로부터 미얀마가 앞으로 잘될 것 같으냐는 질문에 이렇게 답했다. "I am cautiously optimistic", 조심스럽게 낙관한다는 말이다. 외교관은 단정적인 전망을 내놓는 데 극히 인색하다. 이는 세계사와 역사 공부를 통해서 체득한 교훈이기도 하지만, 필자처럼 30년간 직업외교관으로 외교 현장에서 다양한 경험을 한 경우 갈수록 불확실성이 커지는 현 상황에서 단정적인 전망을 내놓는다는 것이 신중하지 못하다는 것을 누구보다 잘 알기 때문이다.

그렇기 때문에 2021년 말 미얀마를 떠나는 필자의 마음은 착잡하기 그지없다. 4년간 미얀마에 살면서 미얀마라는 나라, 특히 미얀마 사람들에게 애정이 많이 쌓였기 때문에 더욱 그렇다고 생각한다. 도전과 역경이 많지만 미얀마가 가진 무한한 잠재력에 큰 기대를 걸었던 사람으로서 미얀마가 이 위기를 넘어 다시 도약하기를 간절히 바란다. 천불천탑에 담긴 부처님의 마음을 좇는 미얀마 사람들이 가진 미소와 넉넉함이 헛되지 않기를 기원한다.

들어가며 _2

01
미얀마 키워드

 1 장군의 딸 그리고 타마도(Tatmadaw)

미얀마에 부임 준비하면서 접한 단어 중 필자의 눈길을 사로잡은 단어가 있었다. '보족'(Bogyoke)과 '타마도'(Tatmadaw) 라는 단어가 그것이다. 이 두 단어 모두 군부와 관련된 용어로, '보족'은 장군을 뜻하는 말이고, '타마도'는 미얀마 군부를 일컫는 말이다. 미얀마 민주주의 시계를 뒤로 돌려놓은 2021년 군부 정변사태에서 보듯이 미얀마는 군부의 영향력이 절대적인 나라이다. 한국에서 '현타' 왔다는 말을 종종 쓰는데, 아웅산 수찌 여사가 2015년 총선에서 압승을 거두고 출범시킨 미얀마 최초 민선정부가 2021년 2월 1일 군부 쿠데타로 좌초되면서 필자 머릿속을 때린 단어이다.

보족 아웅산과 장군의 딸

보족은 군대 용어로서 장군 계급을 뜻하는 단어이다. 미얀마인들이 32세의 일기로 세상을 떠난 독립영웅 아웅산 장군을 호칭할 때 '보족 아웅산'이라고 부른다. 미얀마 최대 도시이자 경제허브인 양곤(Yangon) 다운타운에 보족 마켓이 있는데, 미얀마 특산품과 보석류 가게들이 밀집한 관광명소인 재래시장 이름에도 보족이란 단어가 붙는다. 아웅산 장군의 족적이 그만큼 강하다는 것을 보여준다.

아웅산 장군은 1948년 1월 4일 평생의 숙원이었던 독립을 불과 수개월 앞두고 1947년 7월 19일 정적이 보낸 괴한들의 습격을 받아 암살당했다. 비록 아웅산 장군은 짧은 인생을 살다 갔으나 그의 일대기는 미얀마 국가 건설의 스토리와 동일시되고 있다. 영국 식민지로부터 버마 독립을 이끌어낸 것은 아웅산 장군이 아니었다면 불가능했을 거라는 데 이견을 다는 미얀마 사람은 거의 없다.

그런 절대적인 추앙을 받는 인물이다 보니 우탄트 전 UN사무총장의 손자이자 미얀마에서 존경받는 역사학자인 딴민우(Thant Myint-U) 박사도 저서 《감춰진 버마의 역사》(The Hidden History of Burma)에서 '만약' 아웅산 장군이 독립 이후 오랫동안 버마를 이끌었다면 지금처럼 수많은 소수민족 반군단체가 난립하는 혼란도 막았을 것이고, 군부독재가 망가트린 경제와 교육도 번성했을 것이고, 국제사회에서도 존경받는 위치에 서 있을 것이라고 한탄하고 있다. 역사학자가 오죽하면 '만약'이라는 가정까지 했을까 하는 안타까움이 절실히 느껴진다.

아웅산 장군에 대한 향수가 사무치도록 강하다 보니 장군의 딸, 아웅산 수찌 여사가 선친의 뒤를 이어 미얀마 군사독재 종식과 민주주의 건설의 희망으로 추앙받았다. 성격은 다르지만 부녀 대통령이 나온 한국 현대사와 닮은 면도 있다고 하겠다.

매년 7월 19일 미얀마 정부와 국민들은 순국자의 날(Martyr's day)

로 아웅산 장군을 포함하여 같은 날 함께 암살당한 9명의 선열들을 추모하는 행사를 갖는다. 이날은 외교단도 헌화를 하는데 수찌 국가고문도 이 행사 참석을 위해 양곤에 위치한 순국자 묘를 찾는다. 이 순국자의 묘에서 가까운 곳에는 1983년 10월 9일 북한 공작원들에 의해 희생당한 대한민국 순국사절 17명을 기리는 추모비가 있다.

아웅산 장군이 암살당했을 때 딸 수찌의 나이는 2살에 불과했으니 수찌 여사에게는 부친에 대한 기억이 거의 없다고 해도 과언이 아니다. 아버지에 대한 희미하지만 존경스러운 기억 때문일까. 수찌 국가고문은 미얀마 영화산업 100주년인 2020년에 들어서면서 아웅산 장군의 일대기를 담은 특별영화 제작에 착수했다.

그러나 당초 의욕과는 달리 아웅산 장군 일대기 영화는 필자가 이 책의 집필을 마치는 2021년 말까지도 상영되지 못하고 있다. 이 영화의 상당부분이 당시 버마를 점령하고 식민지로 삼던 영국, 그리고 이어서 일본을 상대로 한 독립투쟁 내용인데 당연히 군부의 협조 없이는 촬영이 불가능한 부분이다. 비록 아웅산 장군이 군부에서도 추앙받는 인물이지만, 총선을 앞두고 개봉하려는, 어떻게 보면 지극히 정치적인 의도도 담겨 있는 정부의 의도에 순순히 협조할 것으로 기대하기 어려운 일이었다.

수찌 여사에 대한 국민들의 절대적인 지지는 아웅산 장군의 딸이라는 후광과 기대에서 나온 맹목적인 것은 아니다. 국민들은 수찌 여사가 국가를 위해 개인 삶을 희생하고 솔선수범한다는 강한 신뢰를 갖고 있다. 미얀마 사람들은 1998년 수찌 여사의 남편이 암으로 세상을 떠날 때 일단 영국으로 돌아갈 경우 군부가 영원히 미얀마로 돌아오지 못하게 할 것이 불을 보듯 확실한 상황에서 결국 사랑하는 가족의 곁을 지키는 것을 포기한 것을 대단한 희생으로 여긴다.

2019년 말 감비아(Gambia)가 라카인(Rakhine) 문제로 미얀마를 국제사법재판소(ICJ)에 제소했을 때 수찌 국가고문은 외교장관 자격으로 미얀마 정부를 대표해서 헤이그로 건너가 미얀마 정부의 입장을 개진하였다. 당시 주변의 만류가 컸음에도 불구하고 자신이 직접 국제법정에 선 수찌 국가고문의 모습에 국민들은 감명을 받았다고 한다.

또 다른 비극의 스토리? - 수찌 여사와 타마도

필자가 미얀마에서 근무하면서 느낀 바는 미얀마 국민들에게 독립영웅 아웅산 장군과 장군의 딸 수찌 여사는 전설이라는 점이다. 국가와 국민을 위해 자신의 인생을 기꺼이 희생한 인물로 깊은 존경을 받고 있다. 물론 수찌 국가고문에 대해 비판적인 입장을 취하는 사람들도 있다. 그러나 절대다수에게 그녀는 절대적 존재이다. 국민들은 부친 아웅산 장군의 스토리가 비극적으로 막을 내렸지만, 그의 딸 수찌 여사의 스토리는 해피엔딩(happy ending)이 되기를 간절히 바랐다. 그러나 그 간절한 바람은 2021년 2월 1일 터진 군부의 정변으로 인해 물거품이 될 위기에 처했다.

정변을 통해 모든 권력을 장악한 군부는 국가비상사태를 선포하면서, 2020년 11월 총선 부정에 대한 철저한 조사를 진행하고 총선을 재실시하여 승리하는 정치세력에 정권을 이양하겠다고 발표했다. 수찌 여사가 재기하여 미얀마 민주주의를 다시 이끌 수 있을까. 이 책에서는 이 질문에 대해 큰 물음표로 마치게 된다.

슬픈 현실이지만, 군사 정변은 미얀마 민주주의를 향한 수찌 여사,

그리고 미얀마 국민들의 꿈은 타마도가 함께 꿀 때 가능하다는 것을 거듭 확인시켜 주었다. 미얀마 군부가 스스로 국가 방위와 안위를 지키는 최후의 보루를 자처하면서 미얀마 민주화의 희망 수찌 여사를 강제로 권좌에서 끌어내렸다. 미얀마 군부의 생리를 이해하기 위해서는 1962년 네윈의 쿠데타 이후 50년 넘게 지속된 군부 정권의 역사, 그리고 그 역사와 불가분의 관계에 있는 평화프로세스를 들여다볼 필요가 있다. 다음 절에서는 미얀마를 이해하기 위한 대표적인 키워드인 평화프로세스를 살펴본다.

2 평화, 멀지만 원대한 꿈

미얀마는 세계에서 가장 오래된 내전을 겪고 있는 국가 중 하나이다. 많은 사람들이 미얀마 하면 흔히 백만 명에 가까운 난민이 발생한 로힝자(Rohingya) 난민사태를 연상한다. 그런데 사실은 로힝자 또는 라카인(Rakhine) 문제를 정확히 이해하기 위해서는 135개 다민족으로 구성된 미얀마의 평화프로세스를 들여다봐야 한다.

2020년 11월 미얀마 총선을 앞두고 불과 수개월 전인 그해 8월 중순 제4차 연방평화회의(the Union Peace Conference - 21st Century Panglong)가 네피도에서 개최되었다. 아웅산 수찌 국가고문은 독립 이후 70년 넘게 내전을 겪고 있는 미얀마의 미래를 논하면서, 미얀마가 추구하는 진정한 평화는 단순히 소수민족 무장단체와 정부군 간 내전이 종식된 상태에 머물러서는 안 된다고 강조하였다. 이런 소극적인 형태의 평화를 넘어 군부가 여전히 과도한 권력을 행사하도록 정한 2008

년 헌법을 개정하는 것이 반드시 필요하다고 역설하였다. 민선 정부가 온전히 권력을 행사할 수 있도록 하는 새로운 헌법에 따라, 중앙정부와 지방정부 간 권력과 부의 배분, 그리고 지방정부가 자체적인 주 헌법을 제정할 정도의 권한까지 보장된 자치권을 행사하는 성숙한 민주연방제로 나아가야 한다는 큰 꿈을 제시하였다.

미얀마가 가진 커다란 잠재력을 현실로 만들기 위해서는 평화가 반드시 필요하다. 미얀마가 과거 아시아를 호령하던 시절의 영화를 되찾기 위해서는 평화프로세스가 '필요충분조건'이라고 할 수 있다.

소수민족 반군단체들이 그토록 오랜 세월 동안 정부군에 맞서 투쟁할 수 있는 것은 마약, 광물, 고급원목 밀거래를 통한 재원 확보, 그리고 외부 지원이 있기 때문이다. 밀거래를 통해 확보한 천문학적 재원 가운데 상당부분은 다름 아닌 무기 확보에 쓰인다. 미얀마 군부가 반군단체로부터 포획한 무기에 대한 기사가 언론을 통해 심심치 않게 보도되곤 하는데, 상당한 군사력을 갖춘 국가가 아니면 제조하기 어려운 첨단장비까지 등장하곤 한다. 미얀마의 지리적 위치를 본다면 이러한 첨단무기들이 어디로부터 공급되는지는 짐작할 수 있다.

이처럼 반군단체와 교전을 종식시키는 과제 자체만으로도 지난한 과정인데, 하물며 135개 소수민족들이 수용할 수 있는 민주적 연방제를 건설하는 일은 미션 임파서블(mission impossible)은 아니더라도 정말 원대한 꿈이라고 생각한다. 무엇보다 독립 이후 70여 년간 불신의 골이 너무나 깊어졌기 때문이다. 인구의 70%를 차지하는 버마족과 나머지 백여 개 소수민족들이 인구의 30%를 차지하는 인구학적 구조에서 수많은 소수민족들의 요구를 만족시키기란 결코 쉬운 문제가 아니다.

영어 표현에 catch22 라는 말이 있다. 선후관계가 쳇바퀴 돌 듯하여 문제해결이 어려운 상황을 일컫는 표현인데, 미얀마 평화프로세스에 딱 들어맞는다. 미얀마 정부와 군부는 소수민족 무장단체들에게 우선 무기를 내려놓을 것을 요구한다. 우선 총성 없는 평화 상태를 이룬 후 자치권과 경제권 보장을 다루자는 입장이다. 그러나 소수민족 무장단체에게 이는 받아들이기 어려운 조건이다. 이들은 연방정부와 군부가 우선 소수민족 무장단체들에게 자치권을 보장해 줄 것을 요구한다. 신뢰가 없는 상태에서 먼저 자신들에게 무장을 해제하라는 것은 생존을 담보할 수단을 포기하라는 요구와도 같다는 입장이다. 소수민족 무장단체들은 무장을 유지한 채 우선 자치권과 경제권을 부여받은 연후, 신뢰가 어느 정도 축적된 상태에서 무장해제로 나아가야 한다는 입장이다. 따라서 상호 신뢰가 구축되기 전까지는 쳇바퀴 돌 수밖에 없는 구조이다.

오랜 분쟁은 미얀마 경제에 상당한 왜곡을 초래하고 있다. 분쟁은 정치안보적 측면에서의 불안정뿐만 아니라 심각한 경제적 불평등을 수반한다. 미얀마 역사학자나 국제사회에서 미얀마를 오랫동안 관찰해온 전문가들 가운데 많은 이들이 미얀마의 미래에 대해 종종 암울한 전망을 내놓곤 한다. 이런 전망의 주된 이유는 미얀마의 평화를 논하는 데 있어 다민족 간 정체성(identity)이 문제의 본질이기 때문이다. 정체성과 관련된 문제는 해결이 지극히 어렵고, 이로 인해 갈등과 불신의 골이 분쟁의 장기화로 이어지면서 국가경제 구조의 왜곡과 심각한 사회경제적 불평등을 가져오기 때문이다.

미얀마의 평화프로세스가 지난한 과정이 될 것임은 분명한 만큼 평화프로세스를 긴 호흡을 갖고 차근차근 진전시키면서 미얀마의 사회경제적 발전을 도모해 나가는 것이 중요하다. 미얀마의 미래를 조심스럽지만 낙관적으로 보는 이들은 미얀마는 역사적으로 단 한 번도 진정으로 '전체가 하나가 된 상태'는 없었다고 지적한다. 135개 민족이 전혀 불협화음 없이 모두가 만족하는 민주적 연방제를 이룰 수 있다면 좋겠으나 그런 유토피아적 세상은 현실에서 기대하기는 어려울 것이다. 그런 원대한 꿈을 설계하고 가까이 다가가기 위한 노력을 부단히 경주하는 가운데 국가통합을 촉진하고 사회경제적 불평등과 불공정을 최소화시켜 나가는 것이 미얀마 평화프로세스의 과정이라고 생각한다.

미얀마 평화프로세스 상세히 들여다보기

여기서는 미얀마 평화프로세스가 얼마나 복잡한지에 대해 보다 전문적인 내용을 중심으로 소개해 본다.

미국 〈뉴욕타임즈〉가 2017년 9월 1일자 "게릴라 전사에서 미얀마 평화 교섭자로"(From Guerilla Fighter to Myanmar Peace Negotiator) 제목의 기사를 실었다. 필자가 2018년 초 주미얀마 대사로 부임한 이래 미얀마 평화프로세스에 대한 이해를 높이기 위해 만난 여러 전문가들 가운데서도 백미(白眉)라고 할 수 있는 민조우(Min Zaw Oo) 박사에 대한 기사가 실린 것이다. 민조우 박사는 현재 미얀마평화안보연구소 소장으로 재직하면서 미얀마 평화프로세스의 핵심인 정부, 군부와 소수민족 무장단체 간의 대화를 중재하는 데 주력하고 있다. 그는 2012년 미얀마로 복귀하기 전까지 21년을 해외에서 망명생활을 하였다. 미국에서 박사학위를 받고 미군의 아프가니스탄 관련 자문역할을 하는 등 분쟁과 평화 분야에 상당한 전문적 지식을 쌓은 엘리트지만, 20대 젊은 나이 대부분을 정글에서 게릴라로 활동하면서 당시 버마 군부독재 타

▲ 삥롱평화회의

도를 위해 싸운 투사였다. 미얀마에서도 평화프로세스 관련해서는 명실공히 문무를 겸비한 전문가이다.

　필자가 미얀마에 부임한 이후 평화프로세스와 관련한 첫 경험은 그해 2월 전국적 휴전협정(Nationwide Ceasefire Agreement) 행사였다. 이 휴전협정은 2011년 집권한 떼인세인(Thein Sein) 정부가 임기 막바지에 다다르던 2015년 10월 15일 8개 소수민족 무장단체들이 서명한 협정을 말한다. 8개 반군단체 참여로 출범한 전국적 휴전협정에 2개 단체가 추가로 참여하는 행사가 2018년 2월 13일 개최되었는데, 수찌 국가고문이 이끄는 정부가 2016년 3월 출범한 후 만들어낸 평화프로세스 관련 첫 번째 가시적 성과였다.

　필자가 미얀마 평화프로세스를 공부하면서 궁금했던 점 가운데 하나가 도대체 얼마나 많은 소수민족 무장단체들이 존재하느냐 하는 것이었다. 이 질문에 대해서는 의문이 곧 풀렸는데, 소수민족 무장단체의 이합집산이 심해 누구도 정확한 추산을 제시하는 것은 불가능하다. 전문가마다, 그리고 어느 시점에서 추산하느냐에 따라 차이가 있는데, 대략 20개 이상 30개 미만으로 보고 있다. 중요한 것은 이 중 정부가 인정하는 반군단체는 16개 조직이다. 여기에는 미얀마 정부가 테러단체로 규정한 아라칸로힝자구원군(ARSA: Arakan Rohingya Salvation Army)과 아라칸군대(AA: Arakan Army)는 포함되지 않으며, 따라서 전국적 휴전협정 협상 대상도 되지 않는다. 아라칸군대는 2021년 국가비상사태 속에서 군부와 제휴하면서 테러단체에서 해제되는데, 아라칸군대는 뒤에서 보다 상세히 다룬다.

미얀마 평화프로세스가 복잡한 것은 소수민족 반군단체 이외에도 다른 행위자가 있기 때문이다. 소수민족 반군단체로 분류되는 카테고리 이외에도 군부와 일종의 공생관계에 있는 수십 개에 달하는 민병대(militia)가 있다. 필자가 2004~2006년간 남미 콜롬비아에 근무할 당시에도 비슷한 경험을 했는데, 민병대 조직은 일종의 필요악 같은 존재라고 할 수 있다. 콜롬비아에서도 국제적으로 유명한 반군(FARC)을 상대하는 과정에서 정부군이 과도한 희생을 줄이고 효과적인 군사작전을 펼치기 위해 정글 지형에 익숙한 그 지역 토착 민병대 조직을 활용한 바 있다. 일종의 적의 적은 나의 우군이라는 셈법에서 동원된 것이다.

미얀마 독립 직후부터 국경지대의 소수민족 반군을 견제하는 데 현지 지형을 꿰뚫고 있는 민병대를 훈련시키고, 이들에게 군수 물자를 제공하면서 어느 정도의 경제적 이권을 보장하는 방식으로 군부와 소수민족 반군 사이의 완충지대 역할을 수행할 수 있도록 했던 것이다. 물론 역효과가 없는 것은 아니다. 독립 이후 미얀마 정부군의 역량이 현저히 부족한 때는 이러한 민병대 활용이 효과적인 전략이었으나, 소속감이 약한 민병대가 이해관계에 따라 이합집산을 하고 군부와 소수민족 반군단체 사이에서 합종연횡을 하면서 불법활동을 통해 불안정의 요인이 되기도 한다.

그래서 미얀마 평화프로세스의 내부 역학관계를 잘 아는 전문가들은 정부군과 반군단체 간의 분쟁뿐만 아니라 소수민족 간 내부갈등 또한 시한폭탄 같은 성격을 갖고 있다고 우려하고 있다.

필자가 앞서 미얀마의 평화프로세스가 미션 임파서블은 아니지만 그만큼 지난한 과정이라고 설명했는데, 이와 관련한 미얀마 저명 언론인의 관찰을 공유해 본다.

과거 미얀마 민주항쟁 시절 군부독재에 맞서 투쟁한 언론인《이라와디》(The Irrawaddy)지가 있다. 필자가 대사로 재임하던 시절《이라와디》지 쪼솨모(Kyaw Zwa Moe) 편집장과 자주 교류를 가졌다. 1990년대 대학재학 중 반정부 학생운동을 주도한 죄목으로 20대 시절 8년을 악명 높은 인세인(Insein) 교도소에서 복역하고, 이후 2000년 태국으로 망명하여 미얀마 민주화를 위한 운동을 전개한 인물이다.

쪼솨모 편집장은 평화프로세스가 미션 임파서블은 아니라고 보지만 상당히 어려운 과제임은 분명하다고 하면서, 국제사회가 미얀마 평화프로세스를 이해하기 위해서는 군부의 위치와 역할에 대해 정확히 인식할 필요가 있다고 강조한다. 그렇지 않고 대외적으로 미얀마를 대표하는 수찌 국가고문과 NLD 정부의 무능을 비판하는 것은 전체 그림의 반쪽만 보는 것이라고 지적한다.

쪼솨모 편집장은 수찌 국가고문이 집권한 후 2016년 8월 개최된 제1차 연방평화회의 당시 상황을 예로 든다. 이 회의가 열리기 2주 전부터 까친(Kachin)주에서 군부와 그 지역 반군단체 간 교전이 벌어졌는데, 평화회의를 기점으로 교전이 잠잠해지기는커녕 상황이 더욱 악화되었다. 평화회의에서 대화를 통한 화해와 평화 증진을 강조하던 수찌 국가고문과 정부로서는 곤혹스런 상황에 처한 것인데, 교전악화 상황에 대해 침묵으로 일관하여 국제사회의 비난을 샀다. 쪼쐬모 편집장도 이 상황만 놓고 보면 미얀마 정부가 비판받아 마땅하다고 지적한다. 그러나 반군단체와의 교전에 대해서는 군부가 전적인 권한을 행사하며 민간정부가 개입할 여지를 전혀 주지 않는 양측의 역학관계를 간과해선 안 된다고 주장한다.

심지어 2013년 군 장성 출신인 떼인세인 대통령 집권 시절 미얀마 군부가 까친독립군(KIA)에 대한 군사작전을 중단할 것을 공개적으로 지시했음에도 불구하고 군부가 교전을 멈추지 않고 계속했는데, '한 국가, 두 개의 시스템'(one country, two system)으로 불리는 미얀마의 현실을 여실히 보여준 것이다.

미얀마 평화프로세스 경위

이 책에서 미얀마 평화프로세스의 역사를 너무 깊숙이 다룰 생각은 없지만 그 경위를 간략히 살펴보는 것은 미얀마의 현재와 미래를 이해하는 데 도움이 될 것으로 생각한다. 특히 이 책의 집필을 마치는 시점에서 생각해 볼 때 더욱 그런 필요를 느낀다. 2021년 2월 무력으로 권력을 빼앗은 미얀마 군부가 정권을 안정시키기 위해 가장 신경을 쓴 부분이 소수민족 반군단체 거점지역에서의 안정 유지였기 때문이다.

미얀마가 1948년 독립을 앞두고 아웅산 장군이 주도한 삥롱회의에서 각 소수민족 자치권 등에 어렵게 합의가 이루어졌다. 그러나 아웅산 장군이 암살당하고 그 후 집권한 군부가 삥롱회의 합의사항을 지키지 않으면서 미얀마는 전 세계에서 가장 긴 내전상태의 갈등과 분열을 겪게 된다.

1947년 미얀마 내 8대 민족의 하나인 카렌족이 카렌민족연방 (Karen National Union)을 결성하여 1949년부터 무장투쟁을 펼쳤으며, 1960년에는 카렌족과 함께 8대 민족의 하나인 까친족이 까친독립조직 (Kachin Independence Organization)을, 그리고 그 이듬해인 1961년 무장조직인 까친독립군(Kachin Independence Army)을 결성하여 투쟁을 전개했다. KNU와 KIO는 지금까지도 가장 대표적인 소수민족 반군단체이다. 그런 역사를 가져서일까, 2021년 쿠데타 이후 미얀마 군부와 가장 먼저 교전을 벌이면서 군부를 괴롭게 만든 반군단체도 KNU였고, 이어서 KIA도 북부지역에서 군부를 괴롭게 만들었다.

1988년 대규모 민주항쟁 이후 극도의 혼란 속에서 쿠데타를 통해 집권한 미얀마 군부는 소수민족 반군단체와 1990년대 들어 개별적인 정전협정을 맺으면서 상황을 관리했다. 그런데 군부가 만든 2008년 헌법의 발효(2010년)를 앞두고 군부가 이들 반군단체들에게 무장해제 또는 미얀마군 소속 국경수비대 편입 중 택일할 것을 요구하면서 교전이 재개되었다.

그러던 중 2011년 출범한 떼인세인 정부가 군사적 대응만으로는 내전상황을 해소할 수 없다는 인식을 하게 된다. 그리하여 그 이전까지 개별적으로 정전협정을 맺었던 14개 반군단체, 그리고 까친독립군을 합쳐 15개 반군단체들과 평화협상을 2013년부터 본격 추진하게 된다. 이런 노력의 결과로 2015년 10월 15일 카렌민족연방 등 8개 반군단체들이 참여한 가운데 전국적 휴전협정이 체결되었으나, 가장 강력한 반군단체인 까친독립군과 와주연합군(United Wa State Army)이 불참하여 한계를 드러냈다.

와주연합군 (United Wa State Army)

미얀마 평화프로세스가 얼마나 어려운 문제인지를 들여다보기 위해서는 와주연합군에 대한 설명이 도움이 될 수 있다.

2019년 4월 17일은 와주연합군이 미얀마 정부와 양자 차원의 정전협정을 체결한 지 30주년이 되는 날이었다. 와주연합군이 전례 없는 규모의 열병식을 거행했는데 마치 독립국가 군대의 행사를 방불케 하였고, 동원된 무기들은 단순히 반군이 자체 설립한 병기창에서 제조해 낼 수 없는 첨단장비들까지 포함하여 세간을 놀라게 하였다. 영국의 민간 군사정보 컨설팅업체(Jane's Information Group)에서는 와주연합군이 휴대용 대공미사일, 대전차 유도탄 등 중국제 최신식 무기들을 보유한 것을 증거로 들면서 이는 와주연합군과 중국 군부 간 밀접한 관계를

▲ UWSA 열병식 사진

여실히 보여주는 것이라고 평가하기도 했다.

　과장된 분석이라고 말하기 어려운 것이 와(Wa) 관할지역은 전화와 전력이 중국 통신망에 연결되어 있고, 이 지역 사람들은 마음대로 중국을 넘나들고 있다고 한다. 와(Wa)는 중국과 미얀마 국경 산악지대의 소수민족으로 샨주에 속한 33개 소수민족 가운데 하나이다. 버마어 또는 중국어보다 크메르(Khmer)와 베트남어에 가까운 언어를 쓴다고 한다. 어쨌든 와주연합군은 적어도 2만에서 2만 5천 명으로 추산되는 자체 병력을 포함하여 미얀마 내 소수민족 반군단체 중 가장 막강한 군대를 유지하고 있다. 관할지역에서 실질적인 자치권을 행사하며, 학교와 병원은 물론 자체 방송국까지 운영하고 있다.

　과거 미얀마 군부가 2008년 헌법을 제정하면서 군벌들에게 '국경수비대'에 편입하는 조건으로 협상을 벌였다. 무장을 일부 해제하고 남은 병력에 대한 자체 관할권을 행사하되 편제는 중앙정부에 속하는 조건이었는데, 와주연합군은 이를 거부하였다. 당시 군부 최고실권자 딴쉐(Than Shwe) 장군의 명령에 따라 2009년 8월 대규모 교전이 발발하여 상당수의 와주연합군 병력과 민간인이 중국 국경을 넘어 도주하였다. 당시 정부군에 의한 대규모 토벌작전과 관련하여 2009년 스리랑카 정부의 타밀 타이거(Tamil Tiger) 반군 소탕작전에서 영감을 얻었다고 보는 전문가도 있다.

　와주연합군은 2009년 1월 1일, 자신들이 실질적으로 통치해 온 미얀마 동북부 중국 접경지역을 '와(Wa) 자치구역'으로 선포하였다. 물론 미얀마 정부는 해당지역에 대한 이들의 자치권을 공식 인정하지 않고 있다. 와주연합군 역시 사실상 독립적인 행정조직, 자체 군대, 관할지를 보유하고 있음에도 불구하고 '와 자치구역'은 미얀마 연방에 속해 있다는 공식적인 입장을 견지하고 있다.

와주연합군 문제는 미얀마 평화프로세스를 넘어 미얀마와 중국 양국 관계에서도 중요한 위치를 차지한다. 사실상 자치권을 행사하면서 여타 군벌에도 상당한 영향을 미치는데, 미얀마 군부에게는 눈에 가시 같은 존재이다. 만약 와주연합군이 독립을 시도할 경우 미얀마 평화프로세스의 붕괴까지 초래할 수 있는 뇌관이 될 것이다.

아라칸군대

와주연합군과 함께 미얀마 평화프로세스에서 또 하나 주목해야 할 반군단체로 아라칸군대(Arakan Army)가 있다. 미얀마 평화프로세스 전문가들 중 상당수는 2019년 이후 라카인 상황을 한마디로 표현한다면 "아라칸군대의 급부상"이라고 규정한다. 아라칸군대는 2019년 벽두 미얀마 독립기념일(1월 4일)에 맞추어 라카인주 북부에서 4개 경찰초소 습격을 시작으로 정부군과의 교전을 확대하면서 라카인 치안을 크게 위협했다. 뿐만 아니라, 자치권 추구를 넘어 "아라칸(현재 라카인의 과거 이름) 왕국 재건"을 표방하면서 라카인 지역주민 다수의 지지를 얻고 있기 때문에 미얀마 평화프로세스와 라카인 문제를 이해하기 위해서는 아라칸군대는 눈여겨 볼 대상이다.

2009년 초에 창설된 것으로 알려진 아라칸군대는 비교적 짧은 역사에도 불구하고 앞서 다룬 까친독립군 등 전통적인 소수민족 무장단체들과의 협력관계를 바탕으로 급속도로 세를 불려 2020년 현재 약 7천 명의 병력을 보유한 것으로 추산된다. 아라칸 군대가 까친주에서 활동을 시작한 이유는 까친독립군이 정비가 잘 되어 있는 무장조직이기 때문에 초기 단계에서 지원이 절실했고, 방글라데시 국경보다는 중국 국경이 물자를 공급받는 데 용이한 점도 작용한 것으로 알려진다. 구성원 대부분이 불교도인 아라칸군대는 주로 방글라데시-미얀마 국경, 라카인, 친, 까친 주에서 활동하고 있다.

여기서 한 가지 유의할 점으로서, 2017년 수십만 명의 피난민을 낳은 라카인 사태에 연루된 아라칸 로힝자 구원군과 아라칸군대는 별개의 조직이다. 미얀마 군부는 두 조직이 동맹을 맺고 라카인주를 혼란에 빠뜨리고 있다는 주장을 펼치기도 하는데, 아라칸군대는 그간 수차례 성명 등을 통해 아라칸군대만이 라카인 주민들을 대변하는 유일한 무장조직이 되어야 한다고 강조했다. 또한, 아라칸로힝자구원군은 이슬람을 위해 싸우는 지하디스트(jihadist) 세력이라고 스스로 언급한 만큼 두 조직이 서로를 상대로 싸우지는 않더라도 상호 연계하고 있다는 주장은 개연성이 약하다는 것이 중론이다.

미얀마 정부는 라카인군대와 아라칸로힝자구원군 두 조직을 테러리스트 집단으로 규정하고 전국적 휴전협정 등 평화프로세스 과정에서 이들 조직과의 관여를 거부하고 있다. 미얀마 정부에게 아라칸군대의 존재는 결코 무시할 수 없는 위협이다. 2019년 초 정부군을 상대로 전투를 벌였을 때만 해도 조기에 진정될 것으로 여겨졌으나 상황은 생각보다 훨씬 복잡하게 전개되었다. 라카인 북부뿐만 아니라 중부지역, 그리고 인접한 친주까지도 교전이 확대되면서 전선이 오히려 확대되었다. 아라칸군대의 군사력보다 훨씬 위협적인 것은 아라칸군대가 라카인 주민들로부터 상당한 지지를 얻고 있다는 점이다.

아라칸군대는 지역주민들의 높은 지지를 바탕으로 '아라칸 드림 2020'을 주창하면서 라카인 내 전체 17개 타운십 중 5개 타운십을 탈환하여 자체 군사기지를 설립하고 완전한 자치권을 행사하는 한편, 더 나아가 아라칸 왕국을 재건하겠다는 목표까지 표방하였다. 이처럼 분리독립 성향을 강하게 보이는 아라칸군대는 자칫 여타 소수민족 반군단체에 영향을 줄 수도 있기 때문에 미얀마 정부 입장에서는 커다란 골칫거리가 아닐 수 없다.

미얀마 군부도 라카인이 미얀마의 화약고라는 점을 잘 알고 있고, 그런 점에서 지역 민심을 얻고 있는 아라칸군대와의 관계 설정은 무엇보다 중요하다. 2020년 11월 총선을 앞두고 아라칸군대는 정부군과의 교전을 삼가면서 관망적인 자세를 보였다. 2021년 정권 찬탈 후 라카인에서의 안정 유지가 무엇보다 중요했던 군부는 3월 초 아라칸군대를 테러리스트 명단에서 제외하는 조치를 취했다. 그러나 양측의 데탕트가 얼마나 지속될지는 지켜보아야 한다. 미얀마 평화프로세스 전문가들은 아라칸군대와 미얀마 군부는 결코 한배에 타고 같은 목표를 향해 갈 수 없는 존재라고 입을 모은다.

필자가 이 책의 집필을 마치면서, 그리고 미얀마를 떠나면서 마음을 무겁게 누르는 점은 2021년 2월 초 발생한 군부의 정변사태 이후 전개될 평화프로세스의 전망 때문이다. 군부가 수찌 여사의 NLD 정부 때에 비해 평화프로세스를 더 많이 진전시키지 말라는 법은 없다. 그러나 반군단체, 특히 아라칸군대가 라카인 주민들의 민심을 등에 업고 더욱 과감한 요구를 내세우면서 무력행동을 지속하고 있는 상황에서 갈수록 인내심이 얇아지고 있는 군부가 정권을 완전히 장악한 상황에서 강대강(强對强) 대결로 나서지 않을까 하는 걱정도 든다. 필자가 미얀마에 대사로 재임하는 4년 정도 기간 중 라카인이 조용했던 적은 별로 없었다. 어떤 면에서 2020년 총선 직전부터 군부 쿠데타 이후 수개월

간이 라카인에는 상대적으로, 그리고 표면적으로 평화롭게 보이는 시기였다. 그러나 이는 진정한 평화라고 할 수 없었다. 군부와 아라칸군대 간 팽팽한 기싸움 속에 긴장감이 맴도는 가운데 유지된 소강상태라고 하는 것이 정확한 묘사일 것이다. 이러한 불안한 평화가 얼마나 지속될지는 알 수 없다. 라카인 문제는 늘 살얼음을 걷는 느낌이기 때문이다. 지뢰밭 위를 한 발 한 발 까치발로 조심스럽게 걷는 심정으로 라카인 문제를 잘 관리하지 못한다면 2017년 백만 명 가까운 대규모 난민사태를 가져온 라카인 사태의 해결은 더 멀리 달아날 것이다.

군부 쿠데타, 그리고 제4차 삥롱 평화회의를 넘어서 …

21세기 삥롱 평화회의(21st century Panglong Peace Conference)로 불리는 연방평화회의는 필자가 이 책을 탈고하는 2021년 12월까지 총 4차례 개최되었다. 2016년 8월 제1차 회의에 이어, 2017년 5월 제2차 회의, 2018년 7월 제3차 회의, 그리고 2020년 8월 제4차 회의가 개최되었다.

코로나19 속에서 개최된 제4차 삥롱회의는 그해 11월 총선과 이어서 2021년 신정부 출범을 앞둔 상황에서 평화프로세스의 모멘텀을 이어가도록 한 점에서 의미가 있었다. 평화프로세스 진전 자체에 대한 기대는 그리 크지 않았던 만큼 정부와 군부 그리고 소수민족 무장단체 등 이해당사자 모두 기대수준을 적절히 관리하는 가운데 불씨를 계속 살려나가는 것이 필요하다는 공감대 속에서 개최되었다. 필자도 코로나19 음성 확인서를 지참한 채 동 제4차 평화회의에 참석하였다. 필자가 미얀마에 근무하면서 3차 및 4차 삥롱 평화회의에 참석했는데, 중요한 것은 다분히 의전적인 삥롱 평화회의 자체보다는 준비단계에서 정부, 군부 그리고 반군단체 등 3자간 허심탄회한 공식, 비공식 대화를 끊임없이 갖는 과정이 중요하다는 생각을 하게 되었다.

4차 평화회의 개막식에서 수찌 국가고문과 민아웅흘라잉 군총사령관의 기조연설은 미얀마의 평화라는 담론에 대한 두 사람의 근본적 시각차를 뚜렷이 보여주었다. 수찌 여사는 2008년 헌법 개정을 통해 민주적 연방제를 완성하는 것이야 말로 미얀마 평화의 궁극적 지향점임을 분명히 하였다. 이에 반해 군총사령관은 평화프로세스를 정치적 저의를 추구하는 도구로 삼아서는 안 된다고 경고하면서, 이러한 시도를 "염소 머리를 올려놓고는 사실은 개고기를 팔려는" 시도에 비유하여 외교단 등 참석한 청중들을 놀라게 하였다. 그때 받은 불길한 느낌은 안타깝게도 현실이 되었다.

유네스코(UNESCO) 헌장 서문에는 "전쟁은 인간의 마음에서 비롯되므로 평화의 방벽을 세우는 일도 인간의 마음에서 시작되어야 한다"(since wars begin in the minds of men, it is in the minds of men that the defenses of peace must be constructed)고 선언하고 있다. 미얀마의 평화도 결국 사람의 마음, 즉 신뢰를 쌓는 일에서 시작되어야 한다고 믿는다.

평화프로세스의 성패는 이해당사자들 간의 신뢰 구축이고 같은 목표의식을 가지고 같은 목적지를 지향해야 하는 과정이다. 미얀마 속담에 "같은 배를 타면 같은 곳에 간다"는 말이 있다. 같은 배를 탄 사람들이 노를 같은 방향으로 저을 때의 이야기겠지만 …

3 정체성

미얀마에서 타마도라고 불리는 군부가 차지하는 특수한 위치, 요원하지만 반드시 달성해야 하는 목표인 국가통합과 평화프로세스, 점점 심각해지는 불평등의 문제, 미얀마를 괴롭히는 이런 구조적이고 오랜 역사를 가진 고차방정식을 풀기 위해서는 한 가지 반드시 필요한 코드가 있다. 바로 정체성(identity)이다.

미얀마는 14개 주로 구성되어 있다. 그런데 7개 주는 region으로 표기하고, 나머지 7개 주는 state으로 표기한다. region으로 표기되는 주는 버마계가 주로 거주하는 지역이고, state으로 표기되는 주는 여타 소수민족이 주로 거주한다고 이해하면 된다.

대사로 재임하는 동안 필자는 이런 구분을 굳이 할 필요가 있을까 하는 궁금증을 늘 가지고 있었다. 자신의 정체성과 뿌리를 지키고자 하는 소수민족에 대한 존중 차원에서 이해할 수도 있으나, 국가 통합이라는 측면에서 보자면 그런 구분이 오히려 소수민족이 느끼는 차별 대우에 대한 인식을 현실로 확인시켜 주는 위험도 따를 수 있는 문제이다.

그런 우려를 확인시켜 준 대목을 하나 소개한다. 2019년 초 국민의 당(People's Party)의 꼬꼬지(Ko Ko Gyi) 대표를 만난 적이 있다. 미얀마 민주화 항쟁의 상징인 88년 민중항쟁 때 학생운동에 앞장선 인물인 꼬꼬지 대표는 기본적으로 수찌 여사가 이끄는 민선정부에 호의적인 입장을 갖고 있지만, 폐쇄적인 국정 운영 등에 대한 불만을 가지고 국민의 당이라는 신당을 창당하였다. 2019년 초 필자와 만남에서 꼬꼬지 대표는 카야(Kayah State)주에서 아웅산 장군 동상 건립에 반대하는 지역주민들에게 주정부가 고무탄을 발포하면서 강력 진압하여 많은 부상자가 발생한 데 대해 분노를 표출하였다. 수찌 국가고문이 이끄는 정부가 경제발전에 대한 국민들의 실망을 이해하고 국민들의 바람에 부응하려고 노력하기는커녕 많은 예산이 소요되는 동상 건립을 전국적으로 추진한다고 하면서 깊은 실망감을 드러낸 것이다.

꼬꼬지 대표가 들려준 민족 정체성과 관련된 또 다른 문제는 다민족 간 결혼이었다. 135개 민족이 존재하는 미얀마에서 다민족 결혼은 흔한 일이다. 이 경우 자녀가 부모 중 어느 쪽을 따라 특정 민족으로 분류되느냐 하는 문제에 있어 명확한 법적 규정이 없다. 그때그때 상황에 따라 개인 선택에 맡겨진다고 한다. 문제는 미얀마 사회에서 여전히 눈에 보이지 않는 차별이 크기 때문에 대부분 주류인 버마족(Burmese)으로 분류하는데 실제와 호적상 정체성에서 발생하는 갈등이 적지 않다고 한다.

조지 오웰의 《버마 시절》

소설 《동물농장》과 《1984》로 잘 알려진 조지 오웰(George Owell)의 초기 소설로서 1934년 발표된 영국 식민지 시절 버마(지금의 미얀마)를 대상으로 한 《버마 시절》(Burmese Days)이라는 작품이 있다. 조지 오웰이 1922년부터 1927년까지 5년간 버마에서 대영제국 경찰 간부로 근무하면서 실제 경험한 바를 소설로 만든 것이다. 당시 전 세계 티크(teak) 목재 생산의 75%를 차지한 버마에서 티크 무역상 존 플로리(John Flory)라는 주인공의 눈을 통해 대영제국의 버마 식민통치를 그린 내용이다. 필자가 이 소설을 소개하는 이유는 《버마 시절》이라는 소설이 미얀마가 지금도 겪고 있는 정체성 위기의 뿌리가 식민지 시절로 거슬러 올라가기 때문이다. 당시 유럽의 식민주의가 전 세계를 휩쓸고 있던 시절 해가 지지 않는다는 대영제국 출신 백인 남성 존 플로리가 한편으로는 백인 영국인으로 지켜야 하는 위치와, 한편으로는 버마 문화에 매료되어 가는 인간적 감정 속에서 겪는 정체성 위기를 중심으로 소설은 전개된다.

이 소설에서 주인공 존 플로리는 영국의 제국주의를 빈곤에 찌들고 열등한 버마인을 계몽시키기 위한 목적으로 미화하고 있으나 실상은 버마와 버마인들을 수탈하는 것이라는 비판적 시각을 갖고 있다. 그런데 소심하고 우유부단한 성격의 주인공은 이런 생각을 드러내고 밝히지는 못한다. 수년 간 깊은 관계를 유지해 온 버마 여성에 대해서는 대영제국의 백인이 식민지 여성과 결혼까지는 할 수 없다는 입장을 갖고 있던 차에, 주인공 존 플로리는 유럽에서 건너온 백인 여성(Elizabeth Lackersteen)을 만나자마자 사랑에 빠진다. 그러나 결혼을 통해 부와 사회적 지위를 차지하려는 연인 엘리자베스의 변심, 그리고 나중에 버마 연인의 복수로 인해 결국 엘리자베스로부터 결별을 당한 후 자살로 생을 마감하게 된다. 이 과정에서 버마를 식민지로 삼은 영국 무역상들이 보이는 제국주의와 인종주의적 행태, 그런 시각이 고스란히 드러나는 무대인 백인들만의 사교클럽, 그리고 영국의 버마 식민지배를 찬양하면서 백인 사교클럽의 일원이 되고 싶어 안달이 난 인도 출신 의사와, 부패하고 교활한 버마 지방 행정장관이 벌이는 음모와 암투는 영국 식민시절 당시 버마의 자화상을 잘 그려낸다. 그 당시 버마에 문화적, 역사적으로 가장 영향력이 컸던 인도 출신 의사, 그리고 부패한 버마 관료 등 현지인들을 이용해 분할통치하는 당시 대영제국의 식민통치 모습도 보여준다. 다민족 국가 버마의 다양한 문화를 이해하고 이에 매료된 주인공과 달리 여타 유럽계 백인들은 버마의 문화와 사회에 대해 전혀 이해나 존중 없이 경멸과 수탈의 대상으로만 인식하는데, 이 소설은 주인공이 그런 환경에서 느끼는 정체성의 혼란을 그려내고 있다.

민족 정체성과 미얀마 국명

필자가 대사로 재임하면서 만난 미국과 영국 대사는 미얀마 국명을 버마(Burma), 양곤을 옛 지명인 랑군(Rangoon)으로 새긴 명함을 지니고 있었다. 미국과 영국의 경우 UN 회의에서도 미얀마를 버마라고 호칭하여 주유엔 미얀마 대사가 이를 지적하는 발언권을 행사하기도 한다.

천 년 전 미얀마 사료 등 기록에는 "Myanma"라는 단어가 등장한다고 한다. 지금의 미얀마 중심부인 이라와디강(江)을 터전으로 미얀마어를 쓰면서 살던 사람들을 부르던 이름이었다. 17세기경에는 바마(Bama)라는 이름으로 많이 불렸다고 한다. 1989년 미얀마 군부가 국명을 미얀마(Myanmar)로 바꾸기 전까지 국명이었던 버마(Burma)는 영국 식민지 때 공식 영문명으로 자리 잡았다. 미얀마 군부는 버마에서 미얀마로 국명을 바꾸면서 미얀마라는 이름이 모든 소수민족을 아우르는 통합과 조화의 정신을 반영한다고 정당화시켰다. 그러나 정작 미얀마 내 소수민족 중 군부의 논리에 수긍하는 경우는 거의 없다고 한다. 이처럼 미얀마 국명 변경에도 정체성이 본질적으로 자리한다.

미얀마가 135개 민족으로 구성되어 있지만 미얀마 일반인들 가운데 135개 민족을 모두 안다는 사람은 본 적이 없다. 역사학자와 미얀마 민속 문화를 전공한 대학교수조차도 135개 민족을 모두 안다고는 하지 못한다. 어떤 사람은 미얀마 불교에서 9라는 숫자가 워낙 중요하기 때문에 135(1+3+5=9)라는 숫자도 그런 측면에서 해석하는 사람도 있다.

135개 민족 가운데 아래 8개 민족이 가장 대표적이다.

까친(Kachin)족 – 11개 소수민족들로 구성

까야(Kayah)족 – 9개 소수민족들로 구성

카렌(Kayin)족 – 11개 소수민족들로 구성

친(Chin)족 – 53개 소수민족들로 구성

버마(Bamar)족 – 9개 소수민족들로 구성

몬(Mon)족 – 몬족 1개

라카인(Rakhine)족 – 7개 소수민족들로 구성

샨(Shan)족 – 33개 소수민족들로 구성

위에서 기술한 바와 같이 미얀마에는 어느 지역에도 단일민족만 거주하고 있는 곳은 없다. 그러다 보니 국가의 통합성을 특히 강조하는 군부에서는 일부 지역 이름에 대해서 이견을 보이기도 한다. 2021년 2월 정변을 일으켜 수찌 여사의 민선정부를 전복시킨 미얀마 군부는 3월 초 국가통합평화복원중앙위원회(National Unity and Peace Restoration Central Committee)를 개최하여 지명을 하나의 민족을 나타내는 이름으로 할 것이 아니라, 거주하고 있는 모든 민족들을 포용할 수 있는 이름으로 바꾸는 것이 국가통합에 기여할 것이라는 의견을 표명하였다. 그러면서, 2014년 국가인구통계 조사 기준으로, 샨(Shan)주에는 샨족이

35.23%, 바마(Bamar)족이 11.44%, 파오(Po-O)족이 8.94%, 팔라웅 (Palaung)족이 7.06%를 차지하는 등 다양한 민족으로 구성되어 있다고 예를 들기도 했다. 사실 군부의 이 같은 입장은 새로운 것은 아니다. 2008년 헌법 개정 당시에도 군부에서 일부 지명을 바꾸는 시도를 하였 으나 무산된 바 있다. 군부의 저의를 정확히 알 길은 없지만 14개 주의 지명과 미얀마라는 국명은 미얀마의 정체성 측면에서 대단히 민감한 문제이다.

미얀마 신년

미얀마는 4월 띤잔(Thingyan) 물 축제기간에 신년을 시작한다. 이 웃나라 태국도 매년 4월 중순 송크란(Songkran) 축제를 통해 신년을 맞 는데, 미얀마도 연중 가장 큰 축제인 띤잔 기간에 신년을 맞는다. 필자 는 미얀마에 근무하면서 띤잔 기간 중 양곤(Yangon)에서 물 축제에 참 여도 해보고, 송크란 물 축제기간 동안 방콕에도 가 보았다. 송크란 축 제에 사람들이 주로 물총을 쏘는 데 비해 미얀마에서는 트럭에 타고 다니면서 길가에 있는 사람들에게 물을 뿌리는 모습을 많이 보게 된다. 양곤 시내 중심 도로인 삐로드(Pyay Road) 길가에 간이무대를 설치해 유명 연예인과 전문 MC 등을 불러 축제를 즐기는데 무대 설치비용이 1억 짯(한화 약 8천만 원) 이상 소요되기도 한다. 나흘 동안 이어지는 물 축제기간 동안 흥행이 잘 되는 무대는 3억 짯(kyat) 이상 수익이 나기 도 한다고 하니 대단한 인파가 몰린다는 것을 짐작할 수 있다. 띤잔 연 휴는 매해 조금씩 차이가 난다. 예전에 길 때는 2주 연휴도 있었다고 하는데, 최근에는 경제적인 부담도 고려하여 1주일 정도이다. 이 기간

▲ 양곤에서의 띤잔 물축제 장면

중 계속해서 물 축제가 허용되는 것은 아니고 딱 4일간만 물 축제가 허용된다. 미얀마 외교부에서도 매년 띤잔 물 축제 때 외교 공관들이 몰려 있는 양곤에 내려와 시청 앞에서부터 시작하는 퍼레이드를 하면서 물 축제를 즐기는 것이 관례이다. 미얀마 사람들이 온순하고 점잖은데 띤잔 기간만큼은 다른 사람인가 착각할 정도로 모든 것을 잊고 즐긴다. 평소 전통복장 론지 치마만을 입고 조용하기만 한 것 같던 대사관 현지 여직원들도 그때만큼은 어깨와 팔이 드러난 민소매 복장에 반바지 길이의 짧은 청바지를 입고 길가에 설치된 무대에서 술도 마신다고 한다. 평소 겸양과 절제의 불교문화가 강하게 지배하는 분위기에서 살다가 이때만큼은 모든 것을 풀어준다고 이해하면 될 것 같다. 이 기간에 맞춰서 여행을 오는 분들은 풍성한 볼거리와 함께 물 축제에 직접 참여해 보는 재미가 쏠쏠할 것이다.

필자가 미얀마에서 재임하면서 띤잔 물축제를 4차례 맞았다. 그런데 2020년 띤잔 축제는 코로나19 팬데믹으로 인해서, 그리고 2021년 물 축제는 군부 쿠데타로 인한 시민들의 보이콧으로 인해 치러지지 못했다. 2021년 4월 17일은 미얀마의 신년이었는데 필자는 아직도 그날을 생생히 기억한다. 미얀마에서 우기는 보통 5월 말에서 6월 초 시작된다. 띤잔 물 축제 전에 한 번 정도 비가 내리는데, 그 비는 1년에 단 한 번만 아름다움을 뽐내는 파다욱(padauk) 꽃을 피게 한다고 미얀마 사람들은 말한다. 그런데 4월 17일 신년을 맞아 양곤에 비가 많이 내렸다. 군부의 쿠데타로 시민들이 미얀마에서 가장 큰 국민적 축제인 띤잔 물 축제도 자제키로 한 상황에서 국민들의 우울함을 하늘이 달래주려 한 것이라고 양곤 시민들은 생각했다.

사실 띤잔 물 축제기간에 신년을 지내는 것은 버마족의 전통인데 세월의 흐름 속에 미얀마의 공식적인 신년이자 최대 축제로 자리 잡았다. 135개 민족으로 구성되어 있다 보니 신년을 별도로 지내는 소수민족도 있다. 대표적인 것이 미얀마 국민의 7%를 차지하는 대표적인 소수민족인 카렌(Karen 또는 Kayin) 신년이다. 불력(佛曆)에 따르기 때문에 카렌 신년은 12월 또는 1월에 지내는데, 카렌 신년은 국경일로 지정되어 있다. 특정 민족의 신년을 국경일로 정한 것은 미얀마의 정체성, 그리고 평화프로세스와도 관련된다. 카렌주의 위치에서 보듯이 카렌족은 태국에도 많이 거주하고 있다. 과거 군부통치 시절 카렌족이 군부에 저항하면서 반군으로 활동하며 접경국인 태국으로 많이 넘어갔기 때문이다. 따라서 미얀마 정부가 소수민족을 통합하여 국민통합을 이루기 위해서는 대표적인 소수민족이자 반군단체인 카렌족을 끌어안는 노력이 중요했다. 이런 배경에서 미얀마 정부는 2009년부터 카렌족 신년을 국경일로 공식 지정하였다고 알려진다.

미얀마 종교

미얀마 인구의 88%는 불교 신자이다. 그러나 불교가 미얀마 국교 (國敎)는 아니다. 1960년 총선 캠페인 당시 집권당이 불교를 국교로 하는 공약을 내건 일이 있다고 하는데, 미얀마는 여타 종교가 조화롭게 공존하고 있다. 인구의 약 6%는 기독교 신자이다. 까친, 친, 샨주 북부, 그리고 카렌족 중에는 기독교 신자가 많은데, 수찌 국가고문의 NLD 정부 때 친주 출신의 헨리반티오(Henry Van Thio) 2부통령과 북부 샨 출신의 티쿤미얏(T Khun Myatt) 하원의장도 기독교 신자이다.

미얀마 의상

필자가 미얀마에 근무하는 동안 참석한 정부 또는 민간 기업 주최 큰 규모의 공식행사에는 거의 빠짐없이 민속공연을 하곤 했다. 공연들 가운데 특히 기억에 남는 프로그램으로 미얀마의 다양한 민족들이 고

▲ 전통의상 입고 추는 공연

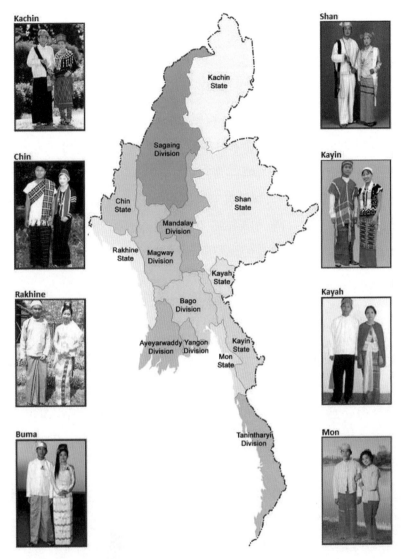

▲ 8대 민족의상 사진

유의 의상을 입고 전통 춤을 추는 것이었다. 이 책에서 미얀마가 발전

을 거듭할수록 색깔이 다채롭게 변화해 나가는 것을 관찰할 수 있을

것이라는 필자의 소견을 적은 부분이 있다. 미얀마를 방문하는 분이라면 다민족 국가 미얀마가 가진 아름다운 색채와 매력을 한껏 느낄 것으로 생각한다.

앞의 사진들은 8개 대표적인 민족들의 고유 의상을 보여준다. 언뜻 보면 모두 론지를 입은 것이 대동소이해 보이지만 자세히 들여다보면 흥미로운 부분들이 눈에 들어온다. 예컨대 까친족 남성의 고유의상은 칼을 차고 가방을 어깨에 두르는데 장식용이라고 한다. 몬족의 경우 전통복장은 대개 빨간색 계통의 론지를 입는다. 모자 모양도 차이가 있는데, 터번에 깃을 다는 민족들의 경우 깃 모양에도 차이가 있으며, 우측으로 깃을 달거나 좌측으로 깃을 다는 등 민족마다 차이가 난다.

미얀마 음식

관광에서 빼 놓을 수 없는 요소는 먹거리이다. 그런 점에서 솔직히 미얀마는 메콩 지역에서 불리한 위치에 있다. 전 세계적으로 먹거리로 이름난 태국, 베트남과 비교되기 때문이다. 그럼에도 불구하고 미얀마에 오면 꼭 맛볼 것을 추천하는 음식이 있는데 모힝가와 샨 카욱세이다.

모힝가(Mohinga)는 이 책 여러 곳에서 등장한다. 그만큼 미얀마를 대표하는 음식이다. 미얀마 사람들은 모힝가를 주로 아침식사로 먹는데, 에야와디강에서 많이 나는 메기를 주로 사용해서 끓여내는 미얀마 전통음식이다. 추어탕 또는 어죽 같다고 묘사하는 사람들이 많은데 입맛에 맞는다고 하는 사람과 별로라고 하는 사람들이 나뉜다. 생선을 우려낸 국물이 맞지 않는 경우가 있는데, 메기를 구하기 어려운 내륙지방에 가면 생선 대신 콩을 우려서 만든 국물로 모힝가를 만들기도 한다. 이에 비해 샨누들이라고 불리는 샨 지역 국수요리 카욱세(Khaukswe)는 거의 대부분 사람들에게 호평을 받는다. 미얀마에는 거의 모든 지역에 그 고장의 국수요리가 있는데 이를 통칭해서 카욱세라고 부른다. 그런데 샨카욱세가 특히 사랑을 받는다. 이 샨 국수요리는 쫀득쫀득한 면발에 닭고기를 우려낸 진한 육수가 어우러져 한국인 입맛에 잘 맞는다. 샨카욱세는 육수에 담아낸 국수도 있고 비빔국수 스타일도 있다. 샨카욱세를 베트남 분짜와 비교하는 분들도 있다. 베트남 분짜는 국물에 담지 않은 채로 제공하는 쌀로 만든 국수와 숯으로 구워낸 돼지고기, 그리고 소스 국물로 구성된다. '넴'이라고 하는 튀긴 스프링롤을 추가로 주문해서 먹기도 하는데 샨카욱세와 흡사한 면이 많다. 분짜는 오바마 대통령이 베트남을 방문했을 때 식사를 하여 특히 유명세를 타기도 했다.

모힝가나 샨누들은 주로 아침에 먹는데, 바쁜 사람들에게 간단히 해결하는 점심식사로도 제격이다. 다만 손님들과 여유 있게 대화를 나누면서 저녁식사로 먹기에는 너무 간단할 수 있다. 미얀마에 처음 오는 사람은 모힝가와 샨카욱세를 비교해 보는 것도 먹거리 재미가 될 것으로 생각한다.

미얀마 음식을 조금 더 소개해 본다. 미얀마 국민들이 식사 후에 디저트로 먹는 러펫똑(Lahpet Thoke)도 독특하다. 기름에 절인 찻잎에 땅콩, 마늘, 깨, 콩 등 여러 가지 재료를 섞어서 먹는데, 미얀마 사람들이 손님 대접을 할 때 거의 빠짐없이 맛보게 하는 디저트이다. 구절판 같은 식기에 담겨져 나오는 독특한 모양과 풍미로 관심을 끌기도 하지만, 아이스크림과 케이크 등 달콤한 디저트에 익숙한 외국 사람들에게는 좀 낯설 수 있다.

타마네(Htamane)라는 음식도 흥미롭다. 한국으로 치면 약식 또는 떡에 비유할 수 있는데, 대보름 또는 연방의 날(Union Day) 등 특별한 계기에 사람들이 모여서 만드는 전통 음식이다. 커다란 솥단지에 땅콩기름을 듬뿍 두른 후 끓으면 코코넛을 다량으로 넣어 볶아주는데 땅콩기름과 코코넛기름이 잔뜩 섞이게 된다. 생강을 투입한 후, 쌀과 소금을 넣어 끓인다. 미얀마 사람들이 주식으로 먹는 쌀은 보통 날리는 쌀인데, 타마네에 들어가는 쌀은 한국 사람들이 먹는 찰진 쌀을 쓴다. 쌀을 한참 끓인 뒤 물을 적절한 양으로 부은 후 바나나 잎을 넣고 솥뚜껑을 덮고 푹 찐다. 뜸을 들이면서 깨와 기름에 튀겨진 코코넛, 땅콩을 투입한 후 이걸 사람 키 정도 큼지막한 나무 주걱으로 으깨고 비벼준다. 이 작업에 상당한 힘과 노동력이 소요된다. 양곤외국어대학교에서 매년 2월 연방의 날 즈음해서 타마네 만들기 경연을 펼친다. 한 조에 7~8명이 배정되는데 그만큼 일손이 많이 들어가는 작업이다. 타마네를 만드는 데 약 1시간이 소요되는데 필자도 양곤외대 총장의 초청으로 타마네 만들기 시연회에 참석한 적이 있다. 타마네 만드는 과정을 보면서 우리의 김장김치 만드는 모습이 떠올랐다. 일손이 많이 들어가

▲ Htamane 만드는 장면

고 협동을 요하는 과정은 흡사하다고 생각한다. 자주 해먹지는 못하지만 대보름같이 특별한 때 만들어 가까운 사람들과 나누면서 조상도 기리고 부처님께 기원을 드리는 의미를 담은 미얀마 전통음식인 만큼 기회가 되면 타마네 만들기를 구경하는 것도 재미있는 경험이 될 것이다.

 4 아픈 이름, 라카인

필자가 이 책을 쓰면서 가장 고심한 부분이 라카인 문제에 관한 부분이다. 미얀마 정부와 국민들이 민감하게 생각해서가 아니라, 라카인 문제가 갖고 있는 역사적, 종교적, 민족 정체성 측면의 복잡성과 민감성을 깊이 있게 알지 못하는 제3자가 판단을 내리기에는 너무 조심스런 사안이기 때문이다. 어느 국가든 아픈 상처와 기억이 있게 마련인데 미얀마 사람들에게 라카인 문제가 바로 그런 부분이다.

필자가 감명 깊게 읽은 책 중 하나인 유발 하라리(Yuval Harari)의 명저 《사피엔스》(Sapiens)에서는 현 인류의 조상인 사피엔스 출현 이후 그에 앞서 지구상에 등장한 네안데르탈인(Neanderthals)이 사라진 과정이 상세히 그려지고 있다. 유발 하라리는 사피엔스와 네안데르탈인의 관계를 "무시하기에는 너무나 친숙하고, 함께하기에는 너무 달랐다"(They were too familiar to ignore, but too different to tolerate)고 자신의 이론을 제시한다. 동일선상에서 비교는 무리지만, 필자는 라카인 이슈의 본질적인 부분인 소위 로힝자(Rohingya) 문제에 대해 생각할 때 유발 하라리의 관찰이 연상된다. 이 책의 여러 곳에 등장하는 개념이지만 미얀마가 직면한 가장 큰 도전은 무려 135개 다민족으로 구성된 다

양한 문화 속에서 정체성(identity) 문제를 어떻게 조화롭게 푸느냐에
달렸다. 미얀마는 갈수록 심각한 불평등 문제에 시달리고 있는데 이 또
한 정체성과 직결된 문제이다. 이 민족 정체성 문제는 미얀마 미래가
밝은 방향으로 나가느냐, 어두운 터널에서 헤어 나오지 못하느냐 하는
열쇠이기도 하다.

라카인 하면 사람들이 로힝자만을 생각하기 쉬운데, 라카인 지역
의 토착민족인 아라칸(Arakan)족을 빼놓을 수 없다. 아라칸은 라카인의
옛 지명이다. 135개 다민족 국가인 미얀마에서 가장 대표적인 8개 민
족의 하나인 아라칸은 버마족만큼 민족성이 강하다. 미얀마 평화프로
세스 전문가, 그리고 라카인 출신 정치인들은 아라칸 민족과 버마 민족
은 너무도 비슷한 점이 많아, 다른 소수민족과 비교하자면 이 두 민족
은 사촌지간에 비유할 정도라고 한다. 그럼에도 불구하고 아라칸족에
게는 벵갈리(미얀마인들이 로힝자를 일컫는 표현)뿐만 아니라 버마족 또한
아웃사이더, 즉 외부인이다. 그렇기 때문에 라카인 이슈는 인종적인 측
면에서 화약고와 같다. 버마족과 로힝자 간의 문제일 뿐만 아니라, 라
카인을 터전으로 하는 아라칸과 로힝자, 그리고 아라칸과 버마족 간의
문제도 내포된 고난도 방정식인 것이다.

라카인 문제는 현재 국제사회 최대 인도주의 위기 중 하나로 평가
받고 있다. 2020년 필리포 그란디(Filippo Grandi) UN 난민최고대표는
미얀마와 접경국인 방글라데시 콕스바자르(Cox's Bazar)에 86만 명의
로힝자 난민들이 소재하고 있다고 하였다. 현재 세계 최대 피난민 수용
소이다. 2017년 라카인 사태 당시 약 70만 명에 달하는 엄청난 규모의
피난민이 방글라데시로 피신한 이후 원래 거주지였던 라카인으로의 귀
환이 기약 없이 길어지다 보니 난민과 인도주의 측면에서 국제사회의

▲ 콕스바자르 난민 캠프 모습

첨예한 현안이 된 것이다. 2015년 총선을 통해 미얀마 민주주의의 새 역사가 열리고 오랜 군부통치로 인해 낙후된 경제를 되살리려던 아웅 산 수찌 여사에게는 정말 큰 타격이 아닐 수 없었다. 인권 침해와 인도 주의적 피해에 대한 국제사회의 여론이 악화되면서 민선정부 출범 후 기하급수적으로 상승할 것으로 예견되었던 해외투자도 기대에 훨씬 못 미치게 된다. 다시 말해서 미얀마 민주주의, 국민통합, 그리고 경제발 전, 국제적 위상 등 여러 가지 측면에서 미얀마 발전을 저해하는 요인 이 되었다. 여기서 2021년 군부 쿠데타 속에서 로힝자 이슈와 관련하 여 전개된 흥미로운 관찰을 공유해 본다. 군부가 시위대에 무자비한 폭 력을 가하면서 희생자가 폭발적으로 증가하고, 수찌 여사를 포함한 NLD 지도부에 대한 온갖 혐의를 씌우는 과정에서 시민들은 그동안 자 신들이 로힝자 문제에 대해 가지고 있던 이해도 군부가 조작해 낸 거 짓 선전과 왜곡된 사실일 수 있다는 자각을 하게 되었다. 반(反)군부

전선을 펼쳐야 하는 당시 상황에서 라카인 소수민족들을 끌어안기 위한 필요에서 나온 일시적 변화라고 폄하하는 사람들도 있었다. 그러나 이는 놀라운 변화였다. 당시 유엔사무총장 미얀마 특사인 크리스틴 버거너(Christine Burgener), 그리고 국제적십자사(ICRC) 미얀마 사무소장도 로힝자 이슈에 있어 이처럼 시민들의 인식이 달라진 것은 처음 보았다고 하였다. 물론 인식의 변화를 넘어 진정으로 로힝자를 미얀마 국민으로 끌어안기 위해서는 시민권 등 법적, 제도적 수준의 변화로 전환시키는 과정이 필요하다.

피난민 귀환 문제

라카인 무슬림 소수민족의 자발적이고(voluntary), 안전하며(safe), 위엄 있고(dignified), 지속가능한(sustainable) 귀환은 라카인 문제의 핵심이다. 미얀마와 방글라데시는 1972년 수교 이래 1980년 국경협력 합의 등 비교적 안정적인 국경관리 역사를 갖고 있다. 1992년 공동성명을 통해 이웃국가 간 문제는 양자협상을 통해 우호적으로 해결한다는 원칙에 따라 라카인 피난민 귀환문제 역시 양국 간 협상을 통해 해결되어야 하며, 외부에서 개입하는 것은 적절치 않다는 입장을 갖고 있다. 이러한 입장에 따라 양국은 2017년 11월 난민송환 관련 양자협정을 체결하고 피난민 귀환절차를 규정한 합의에 도달하였다. 그러나 악마는 디테일에 있다는 말처럼, 귀환을 희망하는 피난민 명부 작성과 검증, 그리고 신분확인서라는 임시 신분증 발급 여부 등에서 큰 진통을 겪고 있어 양국 간 합의를 통한 귀환은 2021년까지도 이루어지지 못하고 있다.

여기서 신분확인서라는 것에 대해 조금 더 깊이 살펴볼 필요가 있다. 로힝자 문제의 본질적인 문제로서 시민권이 자리하고 있기 때문이다. 국제사회에서 라카인 무슬림 소수민족(muslim minority in Rakhine)을 로힝자(Rohingya)라고 부르는 데 반해, 미얀마 정부는 로힝자라는 단어 자체를 부인한다. 필자가 미얀마에서 재임하는 동안 만난 미얀마 사람들 중 (물론 로힝자족을 제외하고는) 거의 모든 사람이 이들을 벵갈리라고 호칭했다. 2014년 미얀마 정부는 유엔의 지원 하에 30년 만에 처음으로 센서스(인구조사)를 실시하여 당초 이들을 로힝자로 분류하는 방안도 검토했으나, 민족주의 불교단체 등이 이에 강력히 반발하고 나섬에 따라 벵갈리로만 등록 가능하도록 하였다. 로힝자는 전 세계 약 350만 명 정도가 분포하고 있는 것으로 알려진다. 2017년 8월 라카인 사태 이전에는 라카인 주에 약 100만 명의 로힝자가 거주하고 있었으며, 이들 중 일부는 15세기 경 아라칸 왕국에 정착한 이슬람이며, 다른 일부는 영국 식민지시절 당시 유입된 것으로 알려진다.

135개 민족으로 구성된 미얀마 국민에게는 시민증(national identity card)이 발급된다. 1982년 제정된 국적법은 미얀마 시민을 온전한 시민권(full citizenship), 준(準) 시민권(associate citizenship), 귀화 시민권(naturalized citizenship) 등 3가지 카테고리로 분류하고 있다. 135개 민족에 대해서는 온전한 시민권을 부여하고 있으나, 로힝자는 여기 포함되지 않는다. 따라서 법적으로 로힝자는 무국적 상태로 있는 셈이다. 미얀마 국민에게 부여되는 시민증이 핑크(pink) 색깔로 되어 있는 데 비해 로힝자에게 부여되는 신분확인서는 흰색으로 되어 있어 화이트카드(white card)라고도 불린다. 미얀마 언론에 따르면 화이트카드 소지자들은 70~100만 명으로 추산되는데, 대부분 로힝자로 구성되어 있고,

이 밖에 인도, 파키스탄 등이 있다고 한다.

국경을 접한 미얀마와 방글라데시는 양자관계에 있어 라카인 무슬림 소수민족 문제를 제외하고는 별다른 어려움은 없다고 할 수 있다. 다만 로힝자 문제가 장기화될수록 양자관계에도 부담이 커지고 다른 분야로 부정적 파급효과도 우려된다. 특히 앞서 다룬 아라칸군대와도 관련이 있다. 유엔총회에서 미얀마 대표가 방글라데시 정부를 지목하면서 로힝자 난민들의 귀환을 막는 테러리스트 집단(아라칸군대를 지칭)에게 은신처를 제공하고 있다고 비난한 일이 있다. 물론 방글라데시는 즉각 답변권을 행사하며 이를 전면 부인하였다. 유엔 등 국제무대에서 방글라데시는 미얀마가 난민 귀환문제에 진정한 의지를 보이지 않고 있다고 비난하고 있고, 미얀마는 방글라데시 측을 비난하는 일이 잦아지고 있다.

난민 귀환이 지연될수록 국제사회의 여론은 갈수록 미얀마에 싸늘해지고 있는 것이 현실이다. 86만 명에 달하는 피난민을 수용하고 있는 것 자체가 저개발국인 방글라데시에게는 엄청난 부담인 만큼 그런 부담을 지고 있는 방글라데시에 대한 동정심과 평가에 비해 미얀마에 대한 비판적 여론이 높아질 수밖에 없는 구도이다.

유엔에서도 피난민 귀환을 위해 적극적인 중재노력을 하고 있다. 미얀마와 방글라데시가 양자합의를 이룬 후, 유엔개발계획(UNDP)과 유엔난민고등판무관사무소(UNHCR)가 2018년 6월 미얀마 정부와 MOU를 체결하여 피난민들의 안전하고 자발적이며 지속가능한 귀환에 필요한 환경 조성을 위해 함께 노력하기로 하였다. 또한, 미얀마가 속한 아세안(ASEAN)에서도 2018년 11월 아세안 외교장관회의에서 '아세안 재난관리 및 인도주의 지원 조정센터'(AHA: ASEAN Coordinating Center for Humanitarian Assistance on Disaster Management)를 통해 라카인 피난민 귀환을 지원키로 합의를 이루었다. 미얀마 정부는 UN 등 국제기구보다는 상대적으로 연대감이 큰 아세안의 지원을 더 편안하게 느끼는 것이 사실이다. AHA 센터를 통한 아세안의 지원에 합의를 이루기가 무섭게 그해 12월 AHA센터 관계자들이 라카인주를 방문한 것만 봐도 그렇다.

방글라데시 정부는 콕스바자르(Cox's Bazar) 수용소가 포화상태에 이르자 로힝자 난민 일부를 벵골만 바샨차르(Bhasan Char)섬으로 이주시킨다. 방글라데시 정부의 이주 방침에 대해 유엔 등 국제기구와 인권단체에서 우려의 목소리를 높였지만 방글라데시 정부로서는 더 이상 콕스바자르 난민촌 상황을 유지하기 어렵게 되었다고 결론을 내리고 이주를 강행하였다. 2020년 12월 초 1단계로 1,642명의 로힝자 난민들이 바샨차르섬에 도착하였고, 2021년 상반기 현재 약 1만 명이 이주하였다. 방글라데시 정부는 10만 명의 로힝자 난민을 이주시킨다는 계획이다. 미얀마와 방글라데시 양국 간 합의에 따른 로힝자 난민의 라카인 귀환이 진전을 보지 못하는 가운데 이루어진 바샨차르섬 이주가 어떤 영향을 미칠지는 이 책의 집필을 마치는 시점에서는 아직 예단키 어렵다. 라카인주에서 실제 거주했던 사람인지 확인하는 절차가 필요하다는 미얀마 정부의 입장도 틀렸다고는 할 수는 없다. 그러나 피난민 귀환이 더뎌질수록 국제사회 내 미얀마의 입지는 좁아질 수밖에 없다는 것이다. 이 문제에 있어서는 시간은 미얀마 편이 아니다.

인도적 지원활동

2017년 라카인 사태로 촉발된 대형 난민 위기에 대응하기 위해 UN이 유엔공동대응계획(UN Joint Humanitarian Response Plan)을 수립하여 시행하고 있다. 2017년 9월부터 그 다음해 2월까지 로힝자 난민 구호를 위해 4.34억 달러를 요청하였다. 제1차 로힝자 난민위기 대응회의가 개최된 이래 매년 로힝자 지원회의가 개최되고 있는데, 문제는 역시 엄청난 재원 확보이다. 국제사회 내 너무도 많은 곳에서 인도적 지원이 시급히 필요한 상황에서 원조 피로감 현상 또한 커지고 있다. 필자가 2007년부터 7년간 유엔사무총장실에서 근무할 당시의 경험을 통해 볼 때 유엔이 추진하는 대부분의 인도적 구호활동이 예산 수요의 30~35% 정도, 많이 확보되는 경우도 50% 달성에 그치고 만다.

2020년은 2017년 라카인 사태가 발발한 지 3년이 되는 시점이었다. 2020년 10월 미국은 영국, EU, UNHCR과 공동으로 로힝자 난민 구호회의를 개최하였다. 로힝자 난민 문제에 관한 국제사회의 정치적 의지 결집과 재정적 기여 확대를 목표로 개최된 회의로서, 한국도 참석한 동 회의에서 참가국들은 약 6억 달러 규모의 지원을 공약하였다. 참고로 미국은 동 회의에서 2억 달러 규모의 인도적 지원을 공약하였는데, 라카인 사태가 터진 2017년 이래 미얀마, 방글라데시 및 여타 역내 국가들에 대해 약 12억 달러 규모의 시원을 하고 있다. 그런데 국제적으로 가장 영향력이 큰 미국의 미얀마 인도적 지원이 큰 벽에 부딪치고 만다. 2021년 2월 미얀마 군부의 군사 정변 때문이다. 그해 1월 취임한 바이든 행정부는 미얀마 상황을 '군사 쿠데타(military coup d'etat)로 규정한다. 이로써 관련 국내법에 따라 미얀마 정부에 대한 대외원조

가 제한을 받게 되며, 동시에 미국의 대미얀마 원조 프로그램 전반에
대한 광범위한 재검토도 실시되게 된다. 미국의 전체 대외원조에서 미
얀마가 차지하는 비중은 크지 않았다. 과거 인권침해 기록 등으로 인해
미국의 대외원조 제공관련 여러 제한을 이미 받아왔기 때문인데, 미얀
마 쿠데타로 인해 더욱 제한을 받게 된 것이다.

한국 정부도 나름대로 미얀마 라카인 문제 해결을 위한 인도적 구
호활동에 적극 참여하고 있다. 라카인에서 피난민구호캠프 현장에 접
근성이 높은 세계식량계획(WFP)와 국제적십자위원회(ICRC)를 통해 인
도적 구호활동을 전개하고 있다. 또한, 아세안에서 운영하는 AHA 센터
를 통해서도 라카인 지원활동에 참여하고 있다. 2020년 10월 주미얀마
대한민국 대사관이 미얀마 주재 WFP와 공동으로 라카인 지원활동을
펼친 적이 있는데, 마침 WFP가 2020년 노벨평화상 수상 기구로 선정
되고 얼마 되지 않은 시점에 개최되어 미얀마 언론으로부터도 많은 주
목을 받았다. 미얀마 언론에서는 미얀마가 한국전쟁 당시 약 5만 달러
상당의 쌀을 지원해 주었는데 한국이 미얀마가 어려울 때 WFP를 통해
라카인 피난민 구호캠프에 식량을 제공해 준 데 대해 높은 평가가 있
었다. 필자는 WFP 미얀마 사무소장과 2021년 2월 첫 주에 라카인에
출장을 함께 갈 예정이었다. 이 출장에는 〈We Love Rakhine〉이라는
NGO 단체도 함께 가기로 되어 있었다. 라카인 출장을 위해서는 미얀
마 정부의 승인이 필요하기 때문에 필자는 1월 말 네피도에 출장하여
미얀마 정부로부터 라카인 출장에 필요한 승인까지 받았다. 라카인에
서 WFP와 ICRC가 시행하는 IDP 캠프 구호활동 현장을 방문한다는
계획이었다. 그런데 출장을 며칠 앞두고 2월 1일 쿠데타가 터져 무산
되고 말았다.

책임 규명

2017년 라카인 사태 당시 자행된 인권 침해 사례에 대한 책임 규명과 정의 구현 문제는 피난민 귀환과 함께 라카인 이슈에 있어 핵심 요소이다.

사실 라카인 문제가 2017년 70여만 명에 달하는 대량 난민사태로 비화되면서 국제사회의 첨예한 이슈로 부각되긴 했지만 라카인 문제는 훨씬 그 이전부터 미얀마가 안고 있는 시한폭탄 같은 사안이었다.

UN을 포함한 국제사회가 라카인 이슈를 다루는 데 있어 가장 대표적이고 권위를 갖고 있다고 할 수 있는 기초는 故 코피 아난(Kofi Annan) 전 유엔사무총장이 이끈 라카인문제 자문위원회(Advisory Commission on Rakhine State)라고 할 수 있다. 2016년 8월 창설된 동 위원회는 코피 아난 위원회 또는 라카인 위원회로도 불리는데, 동 위원회는 개발, 인권, 안보 3개 분야에서 라카인 위기를 해소하기 위한 88개의 권고사항을 담은 보고서를 2017년 8월 제출하였다. 그런데 공교롭게도 아라칸 로힝자구원군(ARSA: Arakan Rohingya Salvation Army)에 의한 라카인주 경찰초소 공격이 코피 아난 보고서가 발표되기 하루 전에 발생하였다. 미얀마 정부는 코피 아난 보고서 준비과정에 충실히 협조했고, 동 위원회가 제시할 권고사항에 협조하겠다는 원칙적 입장을 지속적으로 표방해 온 상황이었다. 그래서 미얀마 정부는 ARSA가 코피 아난 보고서에 국제사회의 관심과 기대가 집중되는 것을 분산시키기 위해 공격 타이밍을 그렇게 잡은 것이라는 주장을 펼치고 있다. 자문위 보고서가 포괄적이고 근본적인 해결방안을 제시한 만큼 UN을 비롯한 국제사회는 미얀마 정부에 동 권고사항을 예외나 조건 없이 충실히, 그리고 조속히 이행할 것을 지속 촉구하고 있다.

2017년 라카인 사태에 대한 책임 규명과 관련하여 미얀마 정부가 화해 및 정의 실현을 목적으로 설립한 독립적조사위원회(Independent Commission of Enquiry)가 있다. 2018년 7월 대통령실 발표로 출범한 이 위원회는 필리핀 로사리오 마날로(Rosario Manalo) 전 외교장관을 위원장으로 하여 외국인 2인, 미얀마 인사 2인 등 총 4명으로 구성되었다. 동 위원회는 2017년 라카인 사태 당시 인권침해 사례에 대한 조사를 바탕으로 책임 규명과 라카인 지역의 평화와 안정을 회복하기 위한 권고사항을 담은 최종보고서를 2020년 1월 제출함으로써 임무를 완료하였다. 필자가 동 위원회 4명의 위원 중 아웅 툰 텟(Aung Tun Thet) 교수와 가깝게 교류하면서 지냈기 때문에 조사위원회의 활동과 최종보고서에 대한 그의 솔직한 관찰을 들을 기회가 있었다. 아웅 툰 텟 교수는 조사위원회 활동과 관련하여 가장 어려웠던 부분은 역시 라카인 사태 당시 기록에 접근하는 것이었다고 했다. 기록의 대부분은 군부가 갖고 있는데 이에 대한 접근이 너무 어려웠다고 토로하였다. 또한 피해자 면담도 필수적이었다는 점에서, 방글라데시 콕스 바자르(Cox's Bazar) 난민캠프에 대한 현장접근을 하지 못한 것도 큰 아쉬움으로 남는다고 했다. 방글라데시 정부 측 협조 부족에 대한 아쉬움도 간접적으로 드러낸 것이다. 그리고 미얀마 정부에 대한 실망감도 숨기지 않았다. 최종보고서에는 국제사회의 호응을 얻을 수 있는 여러 가지 권고사항이 담겼는데, 대통령실 등 상부에서 동 보고서를 투명하게 대외 공개함으로써 국제사회의 신뢰를 회복해 나갈 수 있는 기회를 놓쳤다는 것이 그의 따끔한 지적이었다.

UN 등 국제사회에서도 코피 아난 보고서에 대한 이행을 촉진하기 위한 조치를 취하였다. 2018년 유엔은 새로운 독립조사메커니즘(Independent Investigative Mechanism for Myanmar)을 발족시켰다. 2018년 9월 유엔인권이사회(Human Rights Council) 결의에 의해 설립되고 동년 12월 유엔총회 결의로 추인된 동 메커니즘(약칭 '미얀마 메커니즘'으로 불린다)은 안토니오 구테레쉬 UN사무총장이 미국인 니콜라스 쿰잔(Nicholas Koumjian) 소추관을 미얀마 메커니즘 단장으로 임명함으로써 2019년 8월 말부로 활동을 개시하였다.

한편, 아프리카 서부에 위치한 이슬람 국가인 감비아는 2019년 11월 국제사법재판소(ICJ: International Court of Justice)에 〈집단살해 죄의 방지와 처벌에 관한 협약의 적용〉사건의 보전처분 신청을 하였다. 2020년 1월 ICJ는 감비아가 요청한 6개 임시조치 중 "미얀마 영토 내 로힝자족을 보호할 것", "군부 및 불법무장조직이 집단살해 죄의 방지와 처벌에 관한 협약을 위반하지 않도록 미얀마 정부가 보장할 것" 등 4개 조치를 만장일치로 수용하였다. ICJ의 명령에 따라 미얀마 정부는 4개 임시조치 이행을 위한 1차 보고를 4개월 이내에 제출하고, 이후 최종판결 전까지 매 6개월마다 보고할 의무를 가진다.

5 불교

미얀마 국민의 88%는 불교 신자이다. 불교를 국교(國敎)로 삼고 있지는 않지만 불교는 미얀마 국민들 삶 속에 깊숙이 스며들어 있다. 아침마다 스님들께 공양을 드리기 위해 기다리고 있는 시민들의 모습은 도시고 시골이고 어렵지 않게 찾을 수 있다. 코로나19로 인해 미얀마의 상징이라고 할 수 있는 양곤의 쉐다곤(Shwedagon) 파고다가 오랫동안 폐쇄되자 파고다 외곽에서 탑이 바라보이는 곳에 자리를 잡고 무릎 꿇고 한참을 기도 올리는 사람들의 모습에서도 미얀마 사람들의 깊은 불심을 읽을 수 있다.

그래서 필자도 미얀마에 재임하는 동안 어떻게 하면 불교를 통해 양국 문화를 보다 가깝게 이어줄 수 있을까 고민을 많이 했다. 몇 가지 보람을 느낀 시도들이 있었다.

미얀마 주재 한국 대사관에서는 2018년 5월 부처님 오신 날을 맞아 미얀마에서 큰 존경을 받고 있는 세이께인다(Ashin Saykeinda) 큰스님 등 미얀마 불교계 인사들을 모시고 "한-미얀마 발전 기원, 부처님 오신 날 기념 불교 공공외교 행사"를 개최하였다. 큰스님은 미얀마 불교의식에 따라 계율을 제창하고 참석한 사람들에게 법문을 낭독해 주셨다. 대사관에 근무하는 미얀마 현지 직원들이 가까이서 뵙기 어려운 큰스님을 대사관에서 직접 만나 봉양을 드릴 기회를 갖게 된 데 대해 너무나 좋아했던 모습이 선하다. 큰스님은 그해 4월 27일에 개최된 남북 정상회담을 언급하면서 남북관계의 긍정적 발전이 한반도 평화와 국민들에 대한 좋은 신호라고 하면서 남과 북이 부처님의 자애(loving kindness)를 통해 보다 자주 대화하고 상호 교류를 넓혀 가기를 기원해 주셨다. 행사 말미에는 미리 준비해 오신 "한반도 평화정착과 남북관계 발전을 위해 부처님의 자애가 함께 하기를 기원한다"는 축원문도 주셨다.

대사관에서 행한 이런 제스처에 대한 화답이었을까, 미얀마 불교계 서열 1위로 추앙받는 시따구(Sitagu Sayadaw) 큰스님께서 한국과 미얀마 간 수교 45주년이 되는 2020년 5월 미얀마 부처님의 날(Buddha

▲ 사찰음식 소개전

Day)을 맞아 한반도 평화, 수교 45주년을 맞는 양국관계 발전, 그리고 코로나19 관련 미얀마에 대한 한국의 지원에 감사의 마음을 전하는 특별 메시지를 대사관에 보내 오셨다.

불교를 주제로 한 행사의 백미는 2020년 9월 사찰음식 소개전이었다. 대사관에서 대한불교 조계종 산하 한국불교문화사업단과 공동으로 주관한 행사였는데 코로나19 상황으로 인해 온라인으로 개최되었다. 서울에서 두부소박이튀김, 콩국수, 고수겉절이 만드는 방법을 시연하고 미얀마에서 선정된 3명의 현지인이 조리법을 따라하면서 사찰음식을 만드는 전 과정이 미얀마 방송을 타고 생중계되었다. 2시간 정도 진행된 이 행사에는 위에서 언급된 시따구 큰스님과 종교문화장관이 축사를 해 주었다. 행사 직후 누적 시청자 수가 19만 명에 달해 행사에 참여한 모든 이들이 깜짝 놀랐다. 2020년 들어 코로나19 속에서 뉴노멀(new normal)로 자리 잡은 온라인 공공외교 행사를 다양하게 개최하였는데, 사찰음식 소개전 전까지 한국 대사관의 온라인 공공외교 행사가 가진 기록이 시청자 17만 명이었는데 그 기록을 깬 것이다.

미얀마를 이해하는 키워드 - 불교

미얀마에서 조금 살아본 사람이라면 불교문화가 미얀마 국민들의 생활 속에 얼마나 깊숙이 자리하고 있는지 이해하게 된다. 아래에서는 필자가 경험하고 관찰한 몇 가지 사례를 소개하고자 한다.

미얀마 사람들은 평화와 안전을 그늘에 비유하여 표현하곤 한다. 미얀마 속담에 "나무 그늘은 참으로 시원하다. 부모의 그늘은 더 시원하다. 스승의 그늘은 그보다 더 시원하고 왕의 그늘은 더욱더 시원하다. 그러나 어떤 그늘보다 시원한 것은 부처님의 가르침이다"는 말이 있다. 그만큼 부처님의 가르침을 따르며 살아간다.

그래서 그런지 미얀마 사람들은 가족과 스승에 대한 사랑과 존경심이 대단하다. 미얀마에서 사업하는 한국인들로부터 듣는 고충 가운데 하나가 집에서 직장이 멀면 아무리 취업이 중요하고 조건이 좋아도 꺼리는 경우가 많고, 설령 다니더라도 오래 못 버티고 집에서 가까운 직장으로 옮기는 경우가 많다는 것이다. 그만큼 가족과 함께, 또는 가까이 있는 것을 중요하게 여긴다.

스승에 대한 존경심도 대단해서 재학생은 물론이거니와 졸업한 지 오래된 사람들도 과거 학창시절 존경하는 은사를 찾아 예를 표하곤 한다. 스승의 날이라고 정해진 날이 있는 것은 아닌데 10월 더띤줏(Thadingyut) 보름날 연휴기간을 맞아 집안 어른이나 은사를 찾아 절을 하는 풍습이 있다. 더띤줏 보름날은 7월 와소(Waso) 보름날 즈음해 미얀마 스님들이 행하는 안거가 해제되는 시기이다. 미얀마의 추석이라고 생각하면 이해하기 쉽다. 대학교에서는 학생들이 점심시간에 교수님의 도시락을 준비해 대접하기도 한다. 또한, 학생들이 조금씩 현금을 모으거나 작은 선물을 증정하기도 한다. 액수는 전혀 중요한 것이 아니고 학생들의 마음을 담는 아름다운 모습으로서, 한국에서 이미 오래전에 사라진 촌지와는 성격이 다르다.

더띤줏 보름날을 언급했는데, 미얀마에서도 다른 불교국가와 같이 '보름'이 중요한 날이다. 5월에 미얀마 부처님 오신 날인 '까손(Kason)' 보름 축제와 함께 더띤줏 등 불교와 관련된 보름 축제가 4개가 더 있는데, 이들 5개 보름 축제 모두 국가가 정한 공휴일이다. 미얀마에는 10월과 11월 제법 긴 연휴가 있는데, 미얀마의 우기가 완전히 끝나는 11월에 더쟈웅몬(Tazaungmone) 보름날이 있다.

미얀마 불교문화와 관련해서 빼놓을 수 없는 것이 신쀼(Shin Pyu)라는 의식이다. 한국에서 남자라면 누구나 군대를 다녀오듯이, 미얀마 남자라면 한 번은 출가를 하여 사원에서 지내면서 불교 수행을 경험한다. 신쀼라는 단어에서 '신(Shin)'은 '스님'을 뜻하고 '쀼(Pyu)'는 '만들다'는 뜻인데 '스님이 되다'라고 해석할 수 있다. 이 신쀼 의식은 보통 5~10세 사이의 남자 아이들을 대상으로 한다. 신쀼 의식은 남자 아이들만 치를 수 있다. 정해진 날짜가 있는 것은 아니지만 여름방학이 시작할 때 즈음인 띤잔(Thingyan, 4월 중순의 미얀마 신년)을 기준으로 3월에서 5월 사이에 주로 행해진다. 지방 출장지에서 마주한 신쀼 의식은 마을 주민들이 모두 동원되었나 싶을 정도로 행렬이 길었던 기억이 나는데, 마을 주민들이 한마음으로 축하해 주는 즐겁고 의미 있는 의식이다. 신쀼 행렬이 향하는 곳은 그 동네에서 가장 유명한 절 또는 파고다(pagoda)로서, 행렬 맨 앞에는 불상을 모신 차가 앞장서고, 그 차 앞에는 불상이 오는 길을 귀하게 만들기 위해 꽃을 뿌리는 사람들이 있다. 어린 시절 출가를 경험하는 신쀼 이후, 미얀마 남자들은 20세 이후 평

▲ 신뷰 행렬 사진

생 최소 한 번은 더 사찰 또는 수도원에 가서 명상을 하고 불경 공부를
한다.

미얀마 불교에 관심이 있는 분이라면 위빠사나(Vipassana) 명상에
대해 들어보았을 것이다. 수찌 국가고문의 초청으로 필자 부부가 식사
를 한 적이 있는데 수찌 여사가 과거 가택연금 시절부터 시작한 위빠
사나 명상을 하루도 거르지 않고 계속한다는 말을 들었다. 미얀마가 배
출한 우탄트(U Thant) UN사무총장도 재임 시절 매일 아침 명상과 경전
독송으로 하루를 시작했다고 한다. 국제평화와 개발문제를 다루는 UN

사무총장의 입장을 외부에서 이해하려면 우탄트 사무총장이 가진 종교적, 문화적 배경을 먼저 이해해야 한다는 말을 종종했다고 전해진다. 필자도 미얀마에서 재임하는 동안 가깝게 지낸 현지인들 중 사업으로 대단히 바쁜 삶을 살고 있음에도 불구하고 1년에 적어도 한 번 정도, 길면 2주 정도나 되는 시간을 수도원에 들어가 명상을 하는 사람들을 보았다.

불교가 미얀마 국민의 삶에 지대한 영향을 끼치는 것은 사실이지만 일부 급진 성향을 지닌 불교세력으로 인한 부정적 영향도 있다. 급진적 민족주의 승려 아신 위라뚜(Ashin Wirathu)가 이런 경우에 해당한다. 위라뚜는 2013년 6월 Times지 표지 모델로 나온 인물이다. 당시 "불교 테러리즘의 얼굴"(Face of Buddhist Terror)이라고 묘사되었는데 미얀마 언론 또한 그를 선동가이자 폭력적 국수주의자 승려라고 칭하고 있다. 위라뚜 승려가 국가분열을 야기한다고 비난받는 주된 이유는 그가 로힝자(rohingya)로 불리는 라카인 무슬림 소수민족에 대한 공격적이고 인종차별적인 발언을 서슴없이 하면서 미얀마 내 종교적, 사회적 갈등을 부추기고 있기 때문이다. 그런데 이해하기 어려운 부분은 위라뚜 승려에 대해 미얀마 당국이 체포영장을 발부했음에도 불구하고 군부가 노골적으로 그를 비호하고 있다는 점이다. 심지어 위라뚜 승려의 생일을 맞아 양곤과 만달레이 소재 군 병원 2곳이 헌혈소를 개소했는데 짧은 시간에 지지자 400여 명이 헌혈에 동참하고 위라뚜 승려가 속한 극단적 국수주의 불교단체 마바따(Ma Ba Tha) 측에 수만 달러가 기증되기도 하였다. 이 또한 미얀마가 하나의 국가, 두 개의 체제(One Country, Two Systems)라는 씁쓸한 현실을 보여주는 대목이 아닐 수 없다.

미얀마 정령신앙 – 낫(Nat)

한국과 미얀마는 정(情)이 많은 국민이라는 점에서 공통점이 있다. 그런데 정서적인 측면에서 또 하나 공통점이 있는데 한(恨)도 많다는 점이다. 한국과 마찬가지로 미얀마도 유구한 역사 속에 전쟁도 많았고, 특히 근대사로 오면서 식민지 경험과 다민족 구성에 따른 갈등과 분쟁으로 인해 아픈 기억이 많은 민족이다. 2021년 군부 쿠데타로 수많은 사람들이 희생당하고 고초를 겪고 있으니 미얀마 사람들의 한은 더욱 쌓일 것으로 생각한다.

미얀마 국민들에게 한이 많다는 것은 정령신앙을 통해서도 엿볼 수 있다. 불교가 미얀마 문화와 서민생활 깊숙이 자리한 미얀마에 무슨 정령신앙인가 할 수 있다. 그러나 다른 종교와 문화에 포용적인 불교의 가르침 때문인지 미얀마에서는 불교와 정령신앙이 함께 조화롭게 공존하고 있다. 미얀마 불교 사원에 가면 부처님 옆을 지키고 있는 낫 수호신들을 발견할 수 있다. 낫(Nat) 신앙이라고 불리는 미얀마 정령신앙은 미얀마에 불교가 전파되기 전에 자연, 조상, 국가적 영웅 등에 대한 숭배로 자리 잡은 토착신앙이다. 낫(Nat)이란 단어는 빨리어 '나따'(Natha)에서 유래된 말로서 '우러러 존경할 만한 존재 또는 두렵고 경외심이 드는 존재'라는 뜻이다. 한국의 토속신앙 또는 애니미즘(animism)과 마찬가지로 미얀마도 모든 사물에 영혼 등 영적인 것이 서려 있다고 믿어 왔는데, 그러다 보니 낫(Nat) 정령신의 종류는 헤아릴 수 없이 많았다. 특이한 것은 미얀마 국민들은 정령신이 복과 좋은 기운을 가져다주기도 하지만 잘 모시지 않으면 나쁜 일이 생긴다는 믿음도 강하게 가지고 있다. 왜냐면 낫 정령신 중 많은 경우가 억울하고 슬픈 사연을 품고 죽었는데, 한을 품은 원혼이기 때문에 위로와 한풀이를 받으며 편히 쉬도록 해줘야 한다고 믿기 때문이다. 물론 악하고 무서운 낫(Nat)만 존재하는 것은 아니다.

미얀마 신년은 4월에 시작하는데 신년으로부터 9번째 달, 즉 12월에 낫 축제가 열린다. 이를 미얀마에서는 낫토(Nadaw)라고 하는데 낫(Nat)과 월(月)을 뜻하는 토(Taw)가 결합된 '정령신을 숭배하는 달'이라는 말이다. 미얀마에서 낫을 이해하기 위해서 반드시 알아둬야 하는 곳이 있는데, 바간(Bagan)에서 차로 한 시간 조금 넘게 달리면 나오는 뽀빠산(Mt. Popa)이다. 미얀마 정령신의 본산(本山)이라고 할 수 있다. 뽀빠는 빨리어로 꽃을 뜻하며, 뽀빠산은 꽃의 산이란 뜻이다. 뽀빠산은 그 자체가 신령스럽게 생겼는데, 777 계단을 올라가면 맨 꼭대기에 부처님이 모셔져 있다. 산을 올라가는 길에 37개 정령신들이 각각 모셔진 신사(shrine)들이 있다. 정령신들이 최정상에 있는 부처님을 보필하고 있는 모양새이다. 37개 정령신에는 각각의 사연이 있다. 미얀마에 상좌부 불교가 전파되기 전까지 미얀마에 존재한 낫은 수백 가지, 수천 가지가 넘는다고 한다. 바간 왕조를 세운 아노야타(Anawratha)왕이 혼란스런 사회를 정비하고 백성들에게 통일된 신념과 안식을 주고자 불교를 들여왔는데, 그 과정에서 무질서하게 퍼져 있는 낫 신앙을 정돈할 필요성을 느꼈다. 그래서 부하 중 심복인 뱌땃(Byatta)을 뽀빠산으로 보내서 뽀빠산의 정령신들에 대한 정보를 수집하고 왕실의 꽃(royal flowers)을 가져오도록 하였다. 그런데 뱌땃이 뽀빠산 지역의 아름다운 여인 메이 와나(Mei Wunna)와 사랑에 빠져 그곳에 정착하며 아들 둘을 낳고 살게 되었다. 화가 난 아노야타왕이 신하 뱌땃과 두 아들을 처형하는데 이들이 죽어서 낫 정령신이 되었다. 뱌땃과 사랑에 빠져 두 아들을 낳은 여인 메이 와나도 실의에 빠져 앓다가 결국 죽게 되는데 이 여인도 낫 정령신이 되었다고 전설은 전한다. 메이 와나는 어머니 뽀빠 (Popa Mother)로 불린다. 아노야타왕은 결국 기존의 낫들을 37개로 정리하여 부처님의 수호신으로 미얀마 불교에 융화되도록 하였다.

필자도 2021년 1월 바간 출장 기회에 뽀빠산을 방문하였는데 위에 기술한 낫에 깃든 미얀마 역사와 애니미즘을 이해하고 봐서 그런지 더욱 신령스럽다는 느낌을 받았다. 미얀마에서 여행 가이드를 하는 분들에 따르면 미얀마 정령신의 본산인 뽀빠산은 영적인 기운이 워낙 강해서 한국의 무속인들도 제법 많이 찾는다고 한다.

6 중국의 큰 그림자

2015년 팀 마셜(Tim Marshall)의 저서 《지리의 포로》(Prisoners of Geography)에는 우리 삶의 모든 것은 지리에서 시작되었다고 하면서, 국경을 맞댄 중국과 인도 두 거대한 영토 보유국 사이에 지구상에서 가장 높은 히말라야가 가로 막고 있지 않았다면 지금 우리가 가끔씩 접하는 중국과 인도 간 국경분쟁 말고 얼마나 더 크고 잦은 갈등이 벌어질지 모른다고 적고 있다. 또한, 저자는 중국은 필연적으로 태평양과 인도양을 아우르는 해양 강국이 되고자 할 것이고, 이 목표를 이루기 위해 반드시 필요한 심해항구 건설지 중 하나로 미얀마를 꼽고 있다.

미얀마의 심해항이 중요한 의미를 갖는 것은 중국이 추구하는 두 개의 해양(Two Oceans) 전략 때문이다. 중국이 태평양으로 나가기 위해서는 남중국해는 반드시 필요한 통로인데, 이른바 말라카 딜레마

(Malacca dilemma)라는 말처럼 남중국해는 매우 복잡한 곳이다. 중국이 수입하는 원유의 약 80%는 말라카 해협을 통과하는 수송라인을 거치는데, 말라카 해협의 좁은 곳은 불과 1.7마일에 불과하다. 만약 유사시 이 해협이 봉쇄된다면 중국에게는 엄청난 위협이 되는 것이다. 그런 점에서 중국에게는 말라카 해협 이외에 안정적인 원유 및 자원 수송라인이 필요한데, 그 대안으로서 가장 매력적인 곳이 바로 미얀마이다.

제3대 UN 사무총장을 역임한 우탄트(U Thant)의 손자인 딴민우 박사가 이 점을 잘 설명하고 있다. 딴민우 박사는 그의 저서 《중국이 인도를 만나는 곳》(Where China meets India)에서 두 개의 해양 전략을 추구하는 중국에게 꼭 필요한 것을 미국에 있어 캘리포니아 같은 곳에 비유하고 있다. 미국이 태평양에 진출하기 위해서는 캘리포니아가 없어서는 안 될 존재이듯이, 중국이 인도양에 진출하기 위해서는 미얀마의 최서부에 위치한 라카인(Rakhine)에 교두보를 확보하는 것이 필요하다고 지적한다.

딴민우 박사의 저서 제목이 말해주듯이 미얀마의 지정학적 입지는 인도의 동진(東進)과 중국의 남진(南進)에 대한 열망이 만나는 곳이다. 미얀마의 지정학적 입지에 있어 이러한 관찰을 한 전문가는 딴민우 박사뿐만이 아니다. 《중국이 인도를 만나는 곳》 저서가 2011년 출간되었는데, 그에 앞서 2010년 출간된 로버트 캐플란(Robert D. Kaplan)의 《몬순》(Monsoon)이라는 저서에서도 "버마: 인도와 중국이 충돌하는 곳"(Burma: Where India and China collide)이라는 부제로 하여 한 장(chapter)을 미얀마에 할애하고 있다. 양 저서가 출간된 시점이 미얀마가 오랜 군부독재 체제로부터 서서히 개방, 개혁의 길로 기지개를 켜던 때였기 때문에 미얀마와 국경을 접한 지역 강국인 중국과 인도가 적극적인 관심을 기울인 것은 당연한 일이기도 하다.

인류의 역사를 통찰한 세계적 베스트셀러 《사피엔스》(Sapiens)의 저자 유발 하라리(Yuval Noah Harari)는 그의 책에서 현대사회의 경제와 자본주의는 '미래에 대한 신뢰'(trust in the future)를 기반으로 성장해 왔다고 주장한다. 미얀마를 지칭할 때 흔히 따라다니는 수식어가 '아세안의 마지막 미개척 시장', '마지막 남은 황금시장' 등이다. 한반도의 3배에 달하는 넓은 영토, 젊은 노동력, 풍부한 자원 등 가능성과 잠재력 측면에서 볼 때 미얀마의 미래 가치는 그만큼 기대를 갖게 하는 것이 사실이다. 그러나 장밋빛 낙관만 하기에는 도전 요소가 많은 것도 사실이다. 70여 년간 지속된 내전, 사실상 군부가 막강한 영향력을 행사하는 경제구조, 취약한 국내 제조업 기반뿐만 아니라 라카인 문제 관련 국제사회 압박과 같은 대외적 제약여건으로 인해 저개발 상태가 지속되고 있다. 기회와 도전을 공히 안고 있는 미얀마에게 중국의 존재 역시 기회이자 도전이다.

필자는 종종 미얀마에게 중국의 존재는 울며 겨자 먹기와 같다고 표현하곤 했다. 이론적으로 외교에서 주권국가는 동등한 관계라고 한다. 그러나 정글 같은 현실 세계에서 중국은 미얀마에게는 너무도 버거운 이웃이다. 갈 길 바쁜 미얀마에게 중국은 경계해야 할 대상이지만 중국의 경제적 힘은 외면할 수 없다. 특히 라카인 사태로 인해 미얀마가 발목이 잡힌 상태에서 중국이 유엔안보리에서 든든한 후원자 역할까지 해주는 상황에서는 더욱 그러하다.

미얀마와 중국의 관계를 가리키는 표현으로 빠욱포(paukphaw)라는 단어가 있다. 피를 나눈 형제 또는 국가 간 관계로 치자면 혈맹을 의미하는 단어인데, 1954년 중국 저우언라이(周恩來) 총리가 미얀마를

▲ 시진핑 주석 미얀마 국빈방문

방문했을 때 양국관계를 묘사한 말이다. 그런 중국과 미얀마가 2020년 수교 70주년을 맞았는데 시진핑 국가주석이 2020년 1월 미얀마를 국빈 방문하였다. 이 방문은 시 주석 취임 이후 첫 번째 미얀마 방문이었다는 점에서 큰 의미를 가진다. 독자들 입장에서는 일대일로 전략을 추진하는 데 있어 핵심 교두보인 미얀마를 2020년에야 처음 방문했다는 점이 의아할 수 있을 것이다. 사실 필자가 대사로 부임한 2018년 초기부터 시 주석의 미얀마 방문설은 계속 있어왔고, 시 주석 미얀마 방문이 지연되고 있는 데 대해 여러 가지 해석들이 있었다. 그중 가장 흥미로운 설은 까친(Kachin)주 밋손(Myitsone)댐과 관련된 것이다.

역사 그 자체이자 생명선인 에야와디강

밋손댐은 단순한 수력발전 댐으로서의 의미를 넘어 미얀마와 중국 간 미묘한 관계를 이해하는 데 필요한 요소이다. 밋손댐은 2009년 중국이 윈난성과 연접해 있는 미얀마 까친주를 관통하는 에야와디(Ayeyarwaddy)강에 밋손댐 등 7개 댐 건설을 제안한 데서 비롯된다. 밋손댐은 길이 1,310m, 높이 139.6m, 유역면적 447㎢, 담수량 132억㎥ 규모로서, 완공되었다면 후버댐(Hoover Dam)의 4배 크기, 전 세계에서 15번째로 큰 수력발전 댐으로 설계되었다. 중국과 미얀마가 합작투자를 추진, 중국이 전체 사업비 36억 달러의 80%를, 미얀마가 20%를 각각 부담하며 발전량의 90%를 중국으로 조달하는 계획이었다. 그러나 미얀마 국민들의 거센 반대로 떼인세인 전 정부에서 2011년 9월 프로젝트 중단을 선언한 바 있다. 떼인세인 대통령이 밋손댐 건설 중단을 선언한 것은 일종의 폭탄선언이었다. 밋손댐 프로젝트는 떼인세인 대통령을 후계자로 세운 당시 군부 실권자 딴쉐 장군과 중국 정부의 합의였기 때문이다. 아마 떼인세인 대통령으로서는 재임기간 중 가장 어려운 결정이었을 것이다. 딴쉐 장군과 중국으로서는 엄청난 충격이었겠지만 새로 들어선 정부가 국민의 목소리를 경청하고 존중한다는 메시지로는 그만한 무게를 가진 결정도 없었을 것이다.

중국 시진핑 주석이 취임 후 다른 아세안(ASEAN) 국가들을 모두 방문했음에도 불구하고 미얀마를 가장 늦게 방문하였다. 이에 대해 자신이 부주석 당시 체결한 밋손댐 개발 프로젝트가 수찌 여사가 이끄는 NLD 정부 출범 후 사실상 폐기된 데 대한 불만이 컸기 때문이라는 분석은 확인되지는 않지만 완전히 억측이라고 치부하기도 어렵다.

미얀마 사람들에게 미얀마를 상징하는 가장 소중한 존재가 무엇이냐고 묻는다면 (물론 여러 가지 답변이 나올 수 있지만) 에야와디강이라고 답하는 사람들이 많다. 미얀마 국민들에게 에야와디강은 역사 그 자체이자 생명선과도 같은 중요한 의미가 있다고들 한다. 메콩강이 미얀마, 태국, 캄보디아, 라오스, 베트남 등 5개국이 공유하는 하천이지만 미얀마 사람들에게 에야와디(또는 이라와디라고도 불리는)강은 미얀마 고유의 젓줄로서 그 무엇과도 바꿀 수 없는 귀중한 보물이다. 밋손댐 프로젝트가 추진된다면 수백만 명에 달하는 농부들이 삶의 터전을 잃게 될 것이고, 강 주변은 황폐화되어 까친 지역이 보유한 소중한 동물군(fauna)과 식물군(flora)을 잃게 될 것이라고 경고한다.

이런 국민 정서를 누구보다 무겁게 받아들인 수찌 여사는 2011년 보류된 밋손댐 문제는 더 이상 진행시키지 않기로 하였다. 물론 공개적으로 동 프로젝트의 폐기를 언급한 적은 없으나 중국도 이 문제를 더 강하게 밀어붙이는 것은 실익이 없다고 생각하는 것 같다. 실제로 2020년 1월 시진핑 주석의 미얀마 방문 때 무려 13개에 달하는 인프라 프로젝트 관련 MOU가 체결되었으나 밋손댐 이슈는 다루어지지 않은 것으로 전해진다.

중국과 인도양을 잇는 교두보 — 짜욱퓨 심해항 건설

미얀마에 대한 중국 일대일로(Belt and Road Initiative)의 핵심은 뭐니 뭐니 해도 중국 서부 윈난성 쿤밍에서 미얀마 제2의 도시로서 미얀마 중심에 위치한 만달레이로 이어지는 라인, 그리고 미얀마 최대도시이자 남부에 위치한 양곤에서 미얀마 서부 해안의 짜욱퓨를 연결하는 도로, 철도망 구축사업이다. 중국-미얀마 경제회랑(China-Myanmar Economic Corridor)이라고 불리는 이 프로젝트는 총 연장 1,700km에 달하는 엄청난 토목사업이다. 인간의 정맥에 비유되는 도로, 철도망은 기간 인프라 구축의 의미를 넘어선다. 중국은 동 경제회랑을 통해서 짜 욱퓨 심해항구 및 경제특구 조성, 만달레이-무세 철도사업, 까친주와 산주의 국경지역에 경제협력지역 설치, 양곤 서남부 신도시 건설 등 대형 프로젝트도 함께 추진하고 있다. 중국이 이 사업을 완성한다면 중국의 미얀마 진출은 탄탄대로를 걷게 될 것이다.

그러나 이런 중국의 공세적 투자계획이 무조건 환영받는 것은 아니다. 미얀마 정부는 역사적 경험뿐만 아니라 주변국의 사례를 통해 중국의 일대일로에 대해서 신중한 자세를 취하고 있다. 중국이 추진하는 대형 프로젝트는 중국 정부의 대규모 차관을 동반한다. 그런데, 중국의 차관은 한국이 제공하는 양허성 차관과 달리 높은 이자율의 상업성 차관이다. 차관 금리가 4%대에 달하는데 이는 한국 정부가 제공하는 경제개발협력기금(EDCF: Economic Development Cooperation Fund)의 금리 0.01%와 비교조차 되지 않는다.

미얀마는 자본주의 경험이 일천하고 경제기반이 취약하기 때문에 매우 방어적인 재정정책을 펼친다. 확장 재정에 대한 두려움을 크게 갖고 있는데 미얀마의 허약한 금융시장을 감안하면 이해 못할 바도 아니다. 미얀마 정부는 2018~2019년에 걸쳐 짜욱퓨 심해항 프로젝트에 대해 재협상을 벌였는데, 감당하기 어려운 부채의 덫에 빠져선 안 된다는 자각이 배경이었다. 당시 필자가 만난 기획재정부장관 등 고위인사들은 공공연히 "미얀마는 스리랑카의 함반토타(Hambantota) 교훈으로부터 배워야 한다"고 말했다. 2018년 6월 미국 《뉴욕타임스》가 "스리랑카는 중국이 놓은 빚의 덫에 걸려들었다"는 제목으로 크게 보도한 바 있는데, 결국 스리랑카 정부는 99년 동안 함반토타 항구 지분의 85%를 중국에 양도하였다. 이는 미얀마 정부에게 정신이 번쩍 들게 하는 교훈이 되었다. 이로써 미얀마는 짜욱퓨 심해항구 및 경제특구 규모와 중국과의 지분비율을 재조정하는 협상에 본격 착수하였다. 그 결과 미얀마와 중국 양측은 단계별로 사업을 추진해 간다는 방향에 합의하고, 당초 75억 달러 규모의 초대형 심해항 개발사업 규모를 1단계 13억 달러 규모로 축소하였다. 짜욱퓨 심해항 건설은 중국이 추구하는 2개 해양 전략에 있어 필수적 요소이기 때문에 밋손댐 프로젝트와는 또 다른 차원의 문제이다. 미얀마에 대한 중국의 영향력이 얼마나 커질지는 5년, 10년 후 짜욱퓨 심해항과 경제특구가 어떤 모습으로 나타날지를 통해서도 드러날 것이다.

미얀마 평화프로세스와 중국

중국은 미얀마 평화프로세스에 있어 유일하고 대체하기 어려운 피스메이커(peace maker) 역할을 자처한다. 사실상 미얀마 평화프로세스에 다른 나라가 끼어들 여지는 없다는 생각을 강하게 갖고 있다. 까친주, 샨주와 같은 북부 접경지대가 반군단체의 주요 활동무대인 점에서 중국의 역할을 부인하기는 어렵다. 중국은 윈난성에서 벵골만에 이르는 일대일로 루트의 확보가 최우선 관심사안으로서, 이를 위해 자국이 추진 중인 벵골만 거점의 짜욱퓨 특별경제구역이 속한 라카인, 그리고 윈난성에 접한 까친, 샨 지역에서의 영향력 확보를 위해 많은 노력을 전개하고 있다. 그런데 미얀마 평화프로세스와 관련한 중국의 태도는 이중적이라는 전문가들의 지적도 많다. 미얀마 내 경제회랑 건설 등 일대일로 정책을 위해서는 철도와 도로가 지나고 특별경제구역과 심해항이 건설될 지역의 안정이 필수적이라는 점에서 중국에게 미얀마 평화 프로세스 진전은 중요하다.

02
미얀마 현 정국

1 코로나19를 통해 본 미얀마 현주소

　모든 국가가 대동소이 하겠으나 코로나19라는 전대미문의 도전은 미얀마의 민낯을 적나라하게 드러냈다. 보건의료 시스템은 물론, 경제와 안보, 그리고 나아가 민주주의로의 여정에 있어 코로나19는 미얀마가 처한 현주소를 고스란히 드러냈다. 코로나19가 미얀마의 민주주의 여정에서도 함의를 갖는다고 쓰는 이유가 있다. 2021년 초 터진 미얀마 급변사태 때문이다. 2월 초 쿠데타를 일으킨 미얀마 군부는 수찌 여사와 윈민 대통령 등 정부 고위인사들을 구금한 후 이들에게 기소를 하면서 코로나19 제한조치 위반도 포함시켰다. 코로나19 제한조치로 인해 사실상 제대로 된 선거 캠페인을 하지 못한 상황에서 군부가 절대적 영향력을 갖고 있던 제1야당과 친군부 성향의 정당들이 참패한데 대한 반응이기도 했다.

　코로나19가 미얀마에서 전개되는 모습을 보면서, 일견 이질적인 것처럼 보이지만 현대 사회에서는 모든 것이 연결되어 있다는 사실을 확인할 수 있었다. 코로나19는 또한 미얀마가 어떤 방향으로 나아가야 할지에 대한 자각의 시간이 되기도 하였다.

바이러스가 몰고 온 공포

세계보건기구(WHO)가 코로나19를 세계적 대유행, 즉 팬데믹 (pandemic)으로 선언한 2020년 3월 11일, 당시 필자는 미얀마 수도 네피도에 출장 중이었다. 3월 12일에 한국 정부가 미얀마 민주주의 지원을 목적으로 시행하는 기자재 공여 행사를 가질 예정이었다. 760대의 태블릿 PC를 미얀마 연방정부 장관실에 지원하는 사업이었다. 동 태블릿 PC 수령처는 미얀마 민주주의 발전과정에서 제법 배경이 있는 선정이었다. 미얀마가 수십 년간의 군부 독재를 거치면서 광활한 국토, 특히 100개가 훌쩍 넘는 소수민족들을 통치해 올 수 있었던 데는 내무부 산하에 전국을 현미경처럼 시찰하고 통제하는 세포 조직을 운영할 수 있었기 때문이다. 일반행정국(General Administration Department)이라고 불리는 조직인데, 얼핏 지방자치단체와 중앙정부의 유기적 연결을 담당하는 조직 정도로 들릴 수 있다. 그러나 4만 명이 넘는 방대한 인적 자원을 갖추고, 군 및 경찰과 긴밀히 연결되어 전국에 거미줄처럼 하부 조직을 거느린 거대한 감시 통제 역할도 하는 조직이었다. 군부독재 당시 감시와 통제 전초기지 역할을 수행해온 이 조직이 2019년 1월부터 내무부에서 연방정부 장관실로 이관된 것이다. 미얀마에서 내무부는 군총사령관 소관부처이기 때문에 이 막강한 힘을 가진 전국적 조직이 민선정부 산하로 이관된 것은 상당한 의미를 가진다.

이런 의미를 담은 태블릿PC 전달식이 미얀마 연방정부실 장관 참석하에 예정되어 있었는데, 행사 전날, 다시 말해 WHO가 코로나19를 팬데믹으로 선언한 날 저녁, 미얀마 정부도 전국적 비상대응 태세로 격상되면서 다중이 모이는 모든 행사를 당분간 중단하라는 대통령실 행정명령이 하달된 것이다. 미얀마는 페이스북이 가장 주된 SNS 소통 통로인데, 페이스북에 난무하는 거짓뉴스가 이만저만 골칫거리가 아니다. WHO의 팬데믹 선언이 있은 직후부터 미얀마에 첫 확진자가 발생했다는 루머부터 시작하여 심지어 치안 확보를 위해 군부가 계엄령을 선포할 것이라는 소문 등이 어지럽게 돌아다니기 시작했다. 장관급 행사로 격식을 갖추어 성대하게 준비한 행사가 전날 밤 전격 취소되어 허탈한 마음이 앞섰으나, 미얀마가 국제기구의 팬데믹 선언을 얼마나 무겁게 받아들였는지, 코로나19를 대하는 비장함을 읽을 수 있는 대목이었다.

코로나19의 사회경제적·안보적 영향

미얀마는 한국의 보건방역 체계와는 견줄 수 없을 정도로 보건의료 인프라가 취약하다. 미얀마에서 어느 정도 재정적 여유가 있는 사람이라면 의료 검진과 치료를 인근 태국 또는 싱가포르에서 받는 경우가 많다.

열악한 보건의료 시스템으로 인해 미얀마는 코로나19 발병 초기부터 빗장을 단단히 걸어 잠그는 길을 선택했다. 필자는 그 당시 미얀마 정부 고위인사들과 대화하면서 코로나19에 대한 공포심 비슷한 것을 느낄 수 있었다. 미얀마의 취약한 보건의료 인프라 현실을 잘 아는 미얀마 당국으로서는 그 이전의 전염병과는 비교할 수 없을 정도로 전파력이 강한 코로나19가 미얀마에 상륙하면 걷잡을 수 없는 혼란이 야기될 것이라는 강한 경계심을 갖고 있었다.

우선 2020년 3월 말부터 국제선 항공기들의 미얀마 취항을 중단시켰다. 그해 3월 23일 첫 확진자가 발생한 미얀마로서는 국내 지역사회 전파 차단을 위해서는 바이러스의 해외 유입 사례를 강력히 차단하는 것이 급선무라는 판단을 한 것이다. 한국 국적기인 대한항공이 승객 급감에 따라 3월 9일부터 인천-양곤 간 항공기 취항을 잠정 중단한 데 이어, 2019년 12월부터 한국으로의 취항을 시작한 미얀마국제항공(Myanmar Airways International)도 미얀마 정부의 조치에 따라 취항이 중단됨에 따라 그야말로 한국과 미얀마 간 하늘길이 막혀 버리는 위기상황이 발생했다. 하늘 길이 막히자 미얀마에서 이름만 대면 알 수 있는 유력 경제인의 경우 필자를 자신의 사저에 초청하여 단 둘이만 오찬을 하면서 자신은 3개월 동안 문 밖 출입도 하지 않고 원격 업무지시만 하고 있다고 고백하기도 했다. 재벌인사가 가진 미얀마 의료수준에 대한 깊은 불신을 드러낸 일화이다.

코로나19가 기승을 부리면서 코비드 분단(COVID-divide)이라는 말이 나올 정도로 전 세계적으로 사회경제적 취약그룹이 겪는 고통은 더욱 극명하게 드러났다. 미얀마도 예외는 아니었다. 도시와 농촌 간 양극화가 심해졌고, 도시 내 저임금노동자가 겪는 고통이 너무 커졌다. 언택트(untact) 방식이 당장 적용되기 어려운 농업분야, 도시 내 제조공장 등에서는 생계를 걱정해야 하는 사람들이 속출했다. 심지어 생계가 어려워진 도시 빈민들의 경우 호흡이 어렵다거나 후각을 상실했다는 등의 거짓 증세를 신고하여 격리시설에 스스로 수용되는 경우까지 나왔다고 한다. 격리시설에 들어가면 적어도 숙식은 해결되기 때문에 벌어진 해프닝이었다.

코로나19가 아니더라도 사회경제 발전과정에서 미얀마는 갈수록 양극화 문제가 심각해지고 있다. 이 문제는 2021년 봄 출범을 코앞에 둔 수찌 여사의 NLD 2기 정부에게도 가장 큰 숙제 가운데 하나였다. 그런데, 2월 1일 미얀마 군부의 정변은 갈 길 바쁜 미얀마의 발전에 너무나 큰 타격을 가했다. 특히 양극화 해소와 포용적 성장이라는 측면에서 많은 우려를 낳는다. 과거 군사정권 당시 군부와 기업 간 유착관계는 미얀마 경제구조를 왜곡하고 양극화 등 많은 부조리를 낳았다. 수찌 여사의 NLD 정부가 경제정책을 잘 펼쳤다는 평가를 받지는 않지만, 정책적으로 국민을 중심에 두는 경제정책을 펼치고자 한 것은 사실이다. 그럼에도 불구하고 양극화 문제에 사실상 별다른 진전을 이루지 못했는데, 과거 인권, 노동, 환경 문제에 있어 많은 비판을 받던 군부가 재집권한 상황에서 이미 코로나19 장기화로 인해 심화된 사회경제적 양극화 문제를 어떻게 치유해 나갈지 걱정이 앞선다.

코로나가 보여준 미얀마의 약한 고리는 양극화 문제뿐만 아니었다. 지역과 정체성 측면에서도 그랬다. 화불단행(禍不單行)이라고 했다. 미얀마에서 전개된 코로나19 상황과 라카인 이슈를 보면서 필자가 느낀 소감이다. 미얀마는 3월 첫 확진자가 발생한 이후 8월 중순까지 3백여 명대의 확진자만을 기록하면서 전 세계적 추세와 비교해 볼 때 바이러스 유입 차단에 성공했다는 평가를 받을 만했다. 그러나 8월 중순 라카인(Rakhine)주에서 경로 불명의 지역 차원 발병이 보고되면서 코로나19 확진자가 크게 확산되었다. 당초 미얀마에서 코로나19가 처음 발병했을 때 미얀마 국내는 물론 국제사회에서도 가장 촉각을 곤두세운 곳이 라카인이었다. 이곳은 까친 및 친주와 함께 국내피난민이 가장 많이 수용되어 있는 곳으로서, 미얀마 내에서도 가장 개발이 낙후된 곳이기 때문이다. 코로나19 바이러스가 역대 가장 교활하고 무서운 바이러스라는 말을 입증이라도 하듯이 미얀마의 가장 약한 고리라고 할 수 있는 라카인에서 점화된 2차 유행은 큰 파장을 불러일으켰다. 한 번 둑이 터지고 나니 코로나19는 들불처럼 확산되었다. 9월 들어 1주일 사이에 1천 명씩 신규 확진자가 발생했는데 9월 하순에는 하루 1천 명이 넘는 확진자가 나오기도 하였다.

여기서 라카인발 2차 유행이 가진 두 가지 얼굴을 다뤄본다. 하나는 코로나19가 11월에 개최된 총선에 어떤 영향을 미쳤는가 하는 점이고, 다른 하나는 2021년 쿠데타 이후 나온 코로나19 음모론(COVID19 conspiracy)이다. 11월 총선을 앞둔 수찌 여사의 NLD 정부에게 라카인발 2차 유행은 빨간불이었다. 그 전까지 미얀마 정부는 수찌 국가고문이 전면에 나서 코로나19 유입 차단에 총력전을 펼친 결과 상당히 좋은 성적표를 받았다고 할 수 있다. 그런데 총선을 불과 두 달여 앞둔 시점에 경고음이 켜진 것이다. 그것도 가장 민심 이반이 크고 민감한 지역인 라카인에서 말이다. 그때까지 표심에서 열세에 있던 제1야당인 USDP(통합연대발전당)은 이 기회를 놓칠세라 총선 연기까지 주장하고 나왔다. 결과적으로 라카인주에서는 11월 8일 실시된 총선에서 전체 17개 타운십 가운데 9개 타운십에서 선거가 실시되지 못하였다. 다만, 코로나19 상황 때문만은 아니고, 연방선거관리위원회에서 아라칸군대와의 교전으로 인한 치안상황 등을 종합적으로 판단하여 그런 결정을 내렸다. 2020년 총선에서 라카인주 많은 곳에서 선거가 실시되지 못한 것은 아쉬움이 남는 대목이다. 결과적으로 군부는 총선을 불과 몇 달 앞둔 상태에서 수찌 여사와 NLD가 코로나19 2차 유행 상황을 이용해

선거 캠페인을 사실상 독점하는 불공정 게임을 했다는 주장을 펼쳤다.

군부는 국가비상사태 선포 이후 코로나19가 급속히 감소했음을 들어 수찌 국가고문의 NLD 정부가 코로나19 상황을 정치적으로 이용했다는 자신들의 음모론을 강변했다. 그러나 이런 주장은 터무니없는 것이었다. 무엇보다 군부 쿠데타 직후 시민불복종운동에 가장 앞장선 집단이 의사 등 의료진이었다. 국공립 병원 의료진이 대거 진료 거부 등 군부에 맞서 캠페인을 전개하면서 코로나19 검진 역량자체가 전과는 비교할 수 없을 정도로 부실해졌다. 이런 가운데 우려했던 상황이 발생했다. 델타 변이 바이러스가 우세종이 된 코로나19 3차 유행이 6월 말부터 걷잡을 수 없이 확산되었다. 하루 확진자가 7천 명을 넘어서는가 하면 검진 대상 대비 확진율을 나타내는 양성이 40%까지 치솟았다. 대사관으로서도 초비상이 걸렸다. 가장 우려했던 한국 교민 사망자가 연이어 발생하였다. 2차 유행 때만 해도 다행히 사망자는 없이 극복했으나, 3차 유행 때는 사망자도 여러 명 발생하고 위급환자들을 에어앰뷸런스를 통해 한국으로 긴급 후송하는 일이 빈번히 발생하였다.

미얀마의 코로나19는 특히 큰 후유증을 남겼다. 2021년 쿠데타 상황에서 국민들은 전국적으로 반군부 저항운동을 펼쳤는데 코로나19 대응에 모든 사회구성원의 적극적 참여가 가장 중요한 요소라는 점에서 볼 때 3차 유행은 퍼펙트 스톰(perfect storm)과도 같았다. 실제로 3차 유행 당시 미얀마에 주재한 WHO, UNICEF 등 유엔기구들은 코로나19 3차 유행의 여파가 너무나 커서 "코로나19 쓰나미"라고 묘사할 정도였다. 이처럼 군부는 코로나19 대응에 있어 철저히 실패함으로써 가뜩이나 국민들이 군부에 대해 가진 불신에 종지부를 찍는 셈이 되었다.

포스트 코로나19 시대 준비

코로나19는 미얀마 투자 환경에 대해 긍정과 부정 양 측면을 모두 드러냈다. 세계은행(World Bank)이 매년 시행하는 '비즈니스 환경조사'(Ease of Doing Business)가 있다. 필자가 부임하면서 보니까 미얀마는 수 년째 171위에 머물러 있었다. 동남아지역에서도 최하위였다. 수 찌 국가고문은 미얀마 발전을 위해 해외투자 유치가 반드시 필요하다고 여기고 투자대외경제관계부(Ministry of Investment and Foreign Economic Relations)를 2018년 11월 신설하였다. 신설 투자부로서는 동 세계은행 조사에서 순위를 끌어올리는 것이 중요한 과제가 된 것이다. 코로나19는 미얀마가 포스트 코로나19 시대(post-COVID19 era)를 바라보면서 중국, 베트남 등에 몰려 있는 외국기업의 공장들을 미얀마로 이전시킬 수 있는 기회로 보게 만들었다. 실제로 코로나19 발생 초기 중국으로부터의 원자재 공급망이 직격탄을 받으면서 전 세계적으로 글로벌 가치사슬을 재편해야 한다는 자성이 크게 일어났다. 이런 가운데 미얀마는 탁월한 지정학적 위치, 저렴하고 우수한 노동력, 그리고 풍부한 자원을 무기로 해외 생산공장 대체지를 찾는 투자자들에 주목한 것이다. 현명한 자는 어려움 속에서도 기회를 찾는다는 윈스턴 처칠 전 영국 수상의 말대로 미얀마가 그런 점에 착안한 것 자체는 평가할 만하다.

그러나 아쉽게도 그런 의지를 행동으로 보여줄 만큼 미얀마의 현실은 녹록지 않았다. 역량과 정치구조 때문이다. 먼저 역량적인 측면부터 살펴보자. 코로나19가 한창 진행 중일 때 미얀마 정부는 위기극복을 위한 국민단합을 강조하면서 "아무도 방치하지 않는다"(leave no one behind)라는 구호를 발신하였다. 그런데 정작 미얀마를 기회의 땅으로 보고 들어와 공장을 운영하는 외국계 업체들은 코로나19 구호 플랜의 수혜대상에 포함되지 않았다. 제 코가 석 자이기 때문에 어쩔 수 없었을 것이라고 한편으론 이해할 수도 있다. 하지만 문제는 미얀마 정부 인사들에게는 외국 투자자들의 경우 여타국에 비하면 훨씬 저렴한 인건비를 이용해 미얀마에서 수익이 남는 사업을 하는 것이니 각자도생 버틸 수 있을 것이라는 생각이 기저에 있던 것이다. 해외 투자자 유치를 위한 사고방식과 문화와는 좀 거리가 있다.

코로나19 위기 속에서 필자가 가장 걱정을 한 부분이 우리 봉제업체들이었다. 대표적인 노동집약적 산업인 봉제공장이 갖고 있는 작업환경 때문에 일단 확진자 발생 시 대규모 전파위험에 특히 취약한 공간이었다. 또한, 코로나19로 인한 글로벌가치사슬 교란의 영향을 가장 강하게 받는 산업이기도 했다. CMP(cut-make-pack) 또는 임가공 방식의 산업성격상 미얀마 진출 봉제업체들은 코로나19 초기에는 중국으로부터 원자재 공급이 단절됨에 따라 문제를 겪었고, 공급 측면의 문제가 다소 해소되자 나중에는 유럽과 미국 등 주요 수출선으로부터 수주가 급감함으로써 어려움을 겪었다. 다행히 봉제공장들이 미얀마 보건당국의 방역지침을 철저히 준수함으로써 공장폐쇄와 같은 사태는 피할 수 있었다. 또한, 미얀마 정부가 코로나19 대응 차원에서 공장을 임시 폐쇄한 기간 중 노사 간 합의에 따라 유연임금제를 시행할 수 있도록 허용해 주는 등 나름의 조치를 취함으로써 공장 도산과 같은 우려했던 상황은 발생하지 않았다.

미얀마에 진출한 한국 봉제업체들은 10만 명 이상 현지 근로자를 고용하면서 고용창출과 수출에 큰 기여를 하고 있다. 한국 봉제공장들이 근로자 대량 해고 없이 코로나19 파고를 넘긴 것은 미얀마에게도 고마운 일이 아닐 수 없었다. 미얀마 정부가 코로나19 긴급 대응기금을 마련하고 우선 지원 대상으로 CMP 분야를 선정했지만 미얀마 현지 공장들이 대상이었고 외국계 공장들은 혜택을 보지 못했다. 그런 어려움에도 불구하고 잘 버텨낸 우리 업체들이 고마울 따름이었다.

포스트 코로나19 시대 투자유치를 내다보는 데 있어 미얀마의 한계는 정부의 역량뿐만 아니라 정치구조에 더 근본적인 문제가 있다. 투자에 있어 가장 중요한 것은 안정적인 투자환경이다. 그런 점에서 정치적 안정은 매우 중요한 요소이다. 수찌 여사의 민선정부가 5년 만에 군부에 의해 막을 내린 것은 미얀마를 해외투자의 황금시장으로 만들기에는 여전히 갈 길이 멀다는 것을 여실히 보여주었다.

한국과의 새로운 협력 지평

코로나19는 한국과 미얀마 공히 전대미문의 도전이었지만 양국 협력의 지평을 넓히고 한국에 대한 신뢰도를 한층 높였다. 2차 유행 속에 일일 확진자가 걷잡을 수 없이 쏟아져 나오면서 미얀마 보건당국은 특히 무증상 환자에 의한 조용한 전파에 깊은 우려를 가지고 있었다. 실제로 보건당국이 한때 발표한 바에 따르면 확진자의 65% 이상이 무증상 환자였다. 상황이 이렇게 되자 미얀마 당국은 통상적인 방식의 검진에만 의지할 여유가 없어졌다. 결국 한국의 한 제약사가 미 FDA 승인을 받아 생산하는 신속진단키트 긴급 지원을 우리 정부에 요청하였다. 소위 K-Medic에 대한 신뢰와 인지도를 보여주는 순간이었다. 수찌 국가고문은 2020년 9월 말 행한 TV 대국민 연설에서 정부가 진단

역량을 대폭 강화해 지역 내 확산을 조속히 차단하기 위해 모든 노력을 기울이고 있다고 안심 메시지를 발신하면서, 한국 정부로부터 신속 진단키트를 긴급 지원받을 예정이라고 강조하였다. 대국민 연설에서 유일하게 한국만 콕 찍어서 언급한 것이다. 한국에서 제조된 진단키트는 우리 보건의료 역량, 그리고 한국에 대한 신뢰도를 끌어올리는 데 효자 노릇을 했다.

한국에 대한 신뢰와 기대는 코로나19 대응과정에서 우리 국민 귀국작전에도 큰 도움이 되었다. 미얀마에서 최초 확진자가 발생한 이후 미얀마에 거주하는 우리 국민 다수가 한국으로 잠시 들어가 있기를 원했다. 이때는 이미 대한항공도 미얀마 취항을 잠정 중단했고 미얀마 정부도 국제선 민항기의 미얀마 이착륙을 잠정 중단했기 때문에 하늘길이 막힌 상황이었다. 노력 끝에 미얀마 정부와 우리 국민 한국 이송을 위한 구호용 특별기 편성을 이뤄냈는데 이때 우리 교민들로부터 받은 성원의 메시지는 오랫동안 큰 보람으로 남았다. 특별기 운항과 관련하여 지금도 기억에 선명하게 남는 순간이 있는데, 4월 초 특별기편에 우리 국민 귀국, 방호복 수송 그리고 (2020년 4월 15일 한국 총선에 앞서 시행한) 재외선거 투표함 수송이라는 세 가지 임무를 수행하였다. 일석삼조(一石三鳥)의 효과를 거두었다고 할 수 있다.

 2 2020 총선 드라마

2020년 11월 8일 미얀마 민주주의 여정에 중요한 이정표가 된 총선이 실시되었다. 그에 앞서 실시된 미국 대통령 선거가 막판까지 손에 땀을 쥐게 하는 한 편의 드라마였다면, 미얀마 총선은 어찌 보면 수찌 국가고문이 이끄는 여당의 압도적 승리로 싱겁게 끝났다고 할 수 있다. 그러나 2015년 때의 압도적 승리는 어려울 것이라는 당초 예상을 훨씬 뛰어넘는 결과였다는 점에서 2020년 미얀마 총선도 의외로 받아들이는 전문가가 많았다. 필자와 친분이 깊던 과거 군 고위 장성출신 인사는 2020년 총선 전후에 필자에게 이런 말을 했었다. 미얀마에서 군부의 존재는 안타깝지만 엄연한 현실이기 때문에 민선정부가 총선에서 이기더라도, "어떻게" 이기느냐가 상당히 중요하다는 것이었다. 2020년 총선 결과는 그만큼 군부의 존재와 미래에 대한 커다란 상실감과 위기감으로 다가온 것이다.

11월 15일 발표된 연방선거관리위원회의 최종 공식집계에 따르면, 여당 민주주의민족동맹(NLD)당이 하원 258석(총 315석)과 상원 138석(총 161석)을 확보하여 연방의회 의석 가운데 396석(총 476석)을 휩쓸었다. 전체 87개 정당들이 겨룬 총선에서 NLD가 83.19%를 승리한 것이다. 390석을 확보한 2015년보다 더 좋은 성적을 거두었다. 제1야당 통합연대발전당(USDP)은 33석을 확보하여 6.93%에 그쳤다. 한편 기타 정당(무소속 포함)들은 47석을 확보하여 9.87%에 머물렀다. 소수민족 정당들이 2015년 12%를 거둔 것과 비교할 때 2020 총선에서는 소수민족 정당들의 약진이 두드러질 것이라는 관측과는 거리가 있었다. 2020 총선을 통해 집권 여당 NLD가 단독정부를 구성하는 데 필요한 322석은 물론이고, 2015년 총선 후 앞으로는 재연되기 어려울 것이라는 390석 기록도 넘어서는 눈부신 승리를 거두었다.

쿠데타로 인해 NLD 정권이 하루아침에 무너졌지만, 미얀마의 민주주의가 죽은 것은 아닌 만큼, 2020년 총선에서 수찌 여사가 이끄는 민주주의민족동맹(NLD)이 거둔 압승에 대해서는 몇 가지 관전 포인트 측면에서 살펴볼 필요가 있다.

수찌 여사의 독보적인 위치

2020 총선에서 집권 여당이 거둔 압승의 가장 큰 승인을 꼽으라고 한다면 수찌 국가고문의 절대적인 입지이다. 사실 NLD 여당에 대한 국민들의 시선은 곱지 않았다. 뭐 하나 뚜렷하게 잘한 것이 없다는 냉소적 평가도 많았다. 2020 총선을 앞두고 그해 8월 한 여론조사단체에 의해 실시된 설문조사에서 NLD에 대한 긍정 평가가 52%, 부정 평가가 46%로 나타날 정도로 여당에 대한 평가는 썩 좋지 않았다. 그러나 2020년 미얀마 민심을 한마디로 요약하자면 "여당은 맘에 들지 않지만 수찌 국가고문은 믿는다"이다. 특히 인구의 70%를 차지하는 버마족들에게 수찌 여사의 존재는 거의 절대적이다. 이러한 절대적 지지와 믿음은 남녀노소를 불문한다. 2020 총선 전 대사관에서 조용히 표심을 파악한 바에 따르면, 많은 시민들이 자기 선거구에서 누가 후보로 나왔는지는 중요치 않다고 하면서 투표용지에 인쇄된 NLD 당기만 보고 투표할 것이라고 말하는 사람도 상당히 많았다.

국제사회에서는 라카인 사태에 대한 미얀마의 대응을 비판하면서 노벨평화상 수상자이자 미얀마 민주주의의 아이콘(icon) 수찌 여사에 대한 입지가 과거와 다르다고 한다. 그러나 라카인 문제 관련 외부의 비판적 시각은 솔직히 미얀마 내에서는 잘 느껴지지 않는다. 미얀마 내에도 NLD의 실정을 따끔하게 비판하고 그 속에서 수찌 국가고문의 통치 스타일에 대한 비판적 발언을 쏟아내는 지성인들도 많다. 그러나 심지어 그런 이들조차도 라카인 문제에 대해서는 외부에서 던지는 비판과는 사뭇 결이 다르다. 라카인 문제는 외부에서 쉽게 평가하고 재단할 수 없는 이슈라는 입장을 취한다. 역설적으로 라카인 문제에 대한 국제 사회의 압박은 수찌 국가고문의 국내 입지를 더욱 강화시키는 모습까지 보인다.

코로나19와 총선의 함수 관계

2020년 미국 대선에서 바이든이 승리하자 현직 프리미엄을 업은 트럼프가 패배한 가장 큰 요인은 코로나19 대응 실패였다는 분석들도 나왔다. 틀린 말은 아닌 것 같다. 미얀마 국민들은 보건당국의 지침을 철저히 따르고, 정부는 국민들의 이행을 강력히 독려하였다. 수찌 국가고문이 손 씻기 영상 모델을 하고 마스크 착용을 솔선수범하였다. 부족한 보건 인프라 속에서 미얀마 정부는 방역활동에 최선을 다했다. 그리고 백신이 나올 때까지는 식량이 최선의 백신이라는 유엔 세계식량기구(WFP)의 구호에 발맞추어 식량 안보 확보에 최선을 다했다. 총선이 끝나고 되돌아 보건데 미얀마에서는 코로나19가 수찌 국가고문과 여당의 손을 들어준 셈이었다. 동전의 앞뒷면이랄까. 쿠데타를 일으킨 군부 입장에서는 수찌 여사와 여당이 코로나19를 구실 삼아 선거 캠페인을 독점했다고 맹비난했다.

한국에서도 2020년 4월 총선이 실시되었다. 전 세계적으로 코로나19 1차 유행이 기승을 부리던 때라서 많은 나라들이 선거를 포기 또는 연기하던 상황에서 한국의 안정적인 총선 실시는 대표적인 성공사례로 평가받았다. 미얀마에서도 총선을 불과 두 달여 앞둔 9월부터 코로나19 확산세가 가파른 상승곡선을 그리면서 수찌 국가고문과 정부에서는 코로나19 속에서 어떻게 안전한 총선을 치러내느냐가 핵심 과제가 되었다. 여당이나 야당을 막론하고 코로나19로 인해 사실상 제대로 된 선거 캠페인을 치르지 못한 상황에서 코로나19가 표심에 어떻게 작용할 것인지가 큰 관전 포인트가 되었다.

코로나19 초기 잘 막아오던 미얀마에서도 8월 하순부터 코로나19 확진자가 폭증하면서, 총선 직전인 11월 초에는 누적 확진자 수가 5만 명을 훌쩍 넘겼다. 특히 인구 700만 명이 넘는 최대 도시 양곤에서 확진자의 80% 이상이 쏟아져 나와 미얀마 정부에 초비상이 걸렸다. 미얀마 정부는 확진자 및 접촉자들이 격리되어 있는 시설에 대해서는 별도 투표를 실시케 하는 한편, 투표소에서 거리두기 등 여타 국가들의 총선 성공사례를 벤치마킹하는 데도 적극적이었다. 코로나19에 따른 제한조치는 정상적인 선거 캠페인을 불가능하게 했는데, 야권 등 일각에서는 수찌 국가고문이 그 전까지는 하지 않던 페이스 북 계정을 열고 이틀이 멀다 하고 TV를 통해 코로나19 대응 대국민 담화를 발표하고 각계각층의 사람들과 대화를 하는 등 코로나19를 구실로 선거 캠페인을 독점했다고 비판하기도 했다. 결국 국가비상사태 속에서 미얀마 군부는 수찌 국가고문을 여러 가지 혐의로 기소했는데 코로나19 제한조치 위반도 포함되었다.

미얀마 총선 준비과정에서 한국의 코로나19 대응 역량도 한몫을 했다. 수찌 국가고문은 연방선거관리위원회와 코로나19 속에서 안전한 총선을 치르기 위한 화상회의를 가졌는데, 동 회의에서 한국과 싱가포르의 총선 사례를 연구했다고 하면서 한국이 수준 높은 방역과 선거관리 역량을 보여주었으며 이는 전 세계가 인정할 정도라고 높이 평가하였다. 실제로 미얀마 당국은 한국 선거관리 당국이 이미 성공적인 총선을 치른 경험을 축적한 만큼 일일 점검 매뉴얼과 체크리스트 같은 자료를 공유해 줄 것을 요청해 왔다. 우리 선거관리 당국은 관련 자료를 제공해 줌은 물론, 총선을 얼마 남겨두지 않은 10월 초에는 미얀마 연방선관위와 보건체육부 고위관계자들이 참석한 가운데 경험공유를 위한 화상회의를 개최하였다. 그 회의에서 코로나19 상황 속에서 해외 사전투표 관련 노하우, 투표소 위생방역 관리, 유증상자 및 밀접 접촉자 등 격리자에 대한 투표 방식 등 구체적인 부분에 대해 유익한 경험 공유가 되었다.

투표 과정에서 집단 감염에 대한 우려도 있었지만, 코로나19 장기화에 따른 경제적 여파가 더 걱정이었다. 특히 경제 침체로 인한 대량실업 사태는 미얀마 정부가 가장 우려한 시나리오였다. 미얀마 정부에서도 제한된 여건 속에서 나름 코로나19 구호정책에 최선을 다했고, EU와 공조하에 실직자 긴급 지원 패키지를 시행함으로써 우려했던 대량실업 사태는 벌어지지 않았다. 한국인들이 운영하는 봉제공장에서 10만 명 이상 근로자를 고용하고 있었는데, 대량해고 없이 허리띠를 졸라매면서 함께 어려움을 극복해 준 점도 고마운 일이었다. 또한, 코로나19 국면 속에서 미얀마가 베트남과 함께 아세안에서 유일하게 플러스(+)의 GDP 성장률을 보인 것도 좋은 뉴스였다.

투표율을 높여라

미얀마에서도 2020년 총선은 특히 투표율이 갖는 함의가 컸다. 2015년 치러진 총선은 진정한 민선정부를 세울 수 있다는 민주주의를 향한 열망이 워낙 높았기 때문에 70%라는 전국적 투표율이 나왔다. 높은 투표율은 결과적으로 수찌 여사가 이끄는 NLD가 압승을 거두는 데 결정적 요인이 되었다. 그런데 NLD의 국정운영에 대한 실망감이 점차 커지면서 정치에 대한 관심도 식어갔다. 그 예로 2018년 치러진 보궐선거에서 투표율이 43%에 그쳤는데, 보궐선거 대상 전체 13개 의석 중 여당이 7개 의석만 차지함으로써 가까스로 과반수를 확보하는 데 그쳤다. 투표율이 얼마나 중요한 변수가 될 수 있는지 여실히 보여준 사례였다. 이런 상황에서, 엎친 데 덮친 격으로 총선이 실시되는 2020년 초부터 코로나19 사태가 터짐에 따라 집권여당은 투표율을 어떻게 끌어올리느냐에 올인했다고 해도 과언이 아니었다. 이런 노력의 일환으로 수찌 국가고문과 정부는 재외국민 투표를 적극 독려했다. 한국에 거주하는 미얀마 재외국민들도 주한 미얀마대사관을 통해 사전투표에 참여하였다. 한국 거주 미얀마인 중 사전 등록된 유권자 약 1만 명 가운데 8천 명 가까이 표를 행사함으로써 사전투표 참여율 80%라는 높은 관심을 보여주었다. 미얀마 내 최대 선거 감시단체인 PACE(People's Alliance for Credible Election)가 발표한 바에 따르면, 11월 8일 총선 당일 투표율은 55%였으나, 약 10만 명이 참여하여 80%에 달하는 높은 참여율을 기록한 재외국민 선거와 부재자 투표를 합산하면 70%를 넘었다. 이는 2015년 총선 당시 기록을 넘어선 것으로서 적극적인 사전투표가 투표율 제고에 일등공신이 되었다. 연방선관위 최종 집계에 따르면 2020년 총선에서 약 3,700만 명의 유권자 중 70%가 넘는 유권자가 투표에 참여함으로써 코로나19도 민주주의를 향한 국민의 열망을 꺾지 못했다.

　　주미얀마 한국 대사관에서도 2020년 총선을 참관하였다. 2015년 총선에는 한국 선관위 등에서 참관단을 파견하였는데, 2020년 총선 때는 코로나19 상황이 워낙 좋지 않아 대사관 직원으로만 팀을 꾸렸다. 대사관 직원들은 양곤지역 바한(Bahan) 타운십 내 2개 투표소를 참관하였다. 새벽 6시부터 시작된 총선 투표소에 꼬리에 꼬리를 무는 긴 행렬을 보면서 이번 총선 투표율이 생각보다 훨씬 높게 나오겠다는 생각과 함께 NLD의 큰 승리를 예견했다. 미얀마 유권자들은 투표소 입장 후 신분 확인, 투표용지 배부, 투표 실시 후 퇴장하면서 이중투표를 방지하기 위한 조치로서 손가락에 한동안 지워지지 않는 특수 잉크를 찍는 절차에 따라 차분하게 진행되었다.

군부의 굴욕적 참패

2020 총선에서 가장 큰 충격이었다면 군부 영향력하에 있는 제1야당 통합연대발전당(USDP)의 참패라고 할 수 있다. 군부 패배의 가장 큰 요인은 뭐니 뭐니 해도 군부 통치 시절로는 결코 돌아갈 수 없다는 국민들의 확고한 의지였다. 2015년 총선 당시 "변화할 시간"이라는 슬로건하에 완전한 민선정부 구성을 향한 국민들의 표심을 잡은 NLD 정부가 내세운 공약 가운데 많은 부분에서 국민들 눈높이에 부합하지 못했던 것이 사실이다. 그럼에도 불구하고 대다수 국민들은 집권 여당에 한 번 더 기회를 주는 것이 필요하다는 생각이었다. 특히 수도 네피도에서의 성적표는 군부에게 굴욕스럽고 경악스러울 정도였다. 군부 최고 지휘부가 소재해 있고, 연방정부 내 국장, 과장급 간부진에도 군 출신 인사들이 상당수 포진하고 있던 네피도에서 군부는 당초 10개 의석을 전부 휩쓸 수 있다는 자체 판세 분석을 하고 있었다. 그러나 뚜껑을

열자 USDP 딴떼이(Than Htay) 대표만 간신히 1석을 건진 것으로 드러났다.

군부는 총선 전에 헛발질까지 했다. 총선이 수일 앞으로 다가온 상황에서 민아웅흘라잉 군총사령관을 비롯한 군부 고위인사들이 부정선거 의혹을 제기하면서 총선의 정당성을 부정하는 뉘앙스의 발언들을 쏟아냈는데 이는 국민들의 거센 반발을 불러일으켰다. 사실 2015년에 비해 정치 무관심층이 늘었고, 코로나19 상황까지 겹쳐 많은 유권자들이 투표장에 나오지 않을 수 있다는 것이 수찌 여사와 여권의 가장 큰 걱정이었다. 그런데, 선거가 임박한 시점에 군부의 도발적 행태는 투표에 미온적인 태도를 갖고 있던 유권자들을 투표장으로 끌어내는 역효과를 낸 것이다. 거센 민심을 인식한 군부는 총사령관이 직접 나서 선거결과를 존중할 것이라는 메시지를 내놓았으나, 이미 성난 여론을 돌리기엔 늦었다.

또한, 미얀마 극단주의 불교조직인 마바타(Ma Ba Tha) 대표 승려로 반이슬람 선동 및 테러활동을 자행해 온 아신 위라뚜가 총선을 일주일여 앞둔 시점에 경찰에 투항한 일이 있었다. 그동안 위라뚜를 노골적으로 비호해 온 군부가 선거막판 불교도 결집을 노린 정치적 계산이었으나, 이것도 패착이었다. 군부에서는 NLD 정부가 불교계를 지원하는 데 그다지 적극적이지 않다는 공격을 해왔다. 군총사령관이 코로나19 상황 속에 전국 각지 사찰을 순례하면서 불교도들의 표심을 끌어들이기 위한 행보를 보였다. 그러나 미얀마 국민 대다수는 위라뚜와 같은 극단주의 불교세력에 대해서는 반감을 갖고 있었기 때문에 위라뚜와 같은 인사를 통해 불교도 결집을 노린 것 자체가 오판이었다.

아쉬움이 남는 라카인 선거

2020년 미얀마 총선과 관련하여 국제사회가 특히 주목한 부분 중 하나는 라카인에서 공정하고 자유롭고 안전한 선거가 실시될 수 있느냐 하는 것이었다. 아라칸군대와의 교전으로 치안이 불안정해지고, 시간이 갈수록 라카인 민심이 아라칸군대에 기울어짐에 따라 미얀마 정부는 2019년 6월부터 라카인주 7개 타운십과 친(Chin)주 1개 타운십에서 인터넷을 차단하였다. 이 조치는 국제인권단체들의 강한 비난을 불러일으켰는데, 코로나19 상황이 장기화되고 총선 시즌에 접어들면서 주민들이 코로나19 및 총선 관련 정보로부터 차단됨에 따른 불만이 커졌다. 이는 세계에서 가장 오랫동안 시행된 인터넷 차단조치로 비판받았다.

이런 상황에서 미얀마 선거관리위원회는 10월 초 총선 실시가 불가능한 타운십과 마을을 발표했는데, 라카인주 전체 17개 타운십 가운데 9개 타운십에서 총선 실시가 불가능하다는 결정이 내려진 것이다. 이 조치는 라카인 주민은 물론 국제사회의 우려를 불러일으켰다. 이런 가운데, 아라칸군대가 동 발표 며칠 후 여당 총선 후보 3명을 납치하는 일이 터졌다. 테러집단으로 규정된 아라칸군대의 여당 후보 납치에 대해 미얀마 정부는 강력히 대응하였다.

2020 총선의 핵심 관전 포인트의 하나는 그 전 총선에 비해 소수민족 정당이 얼마나 약진할지였다. 1990년 총선과 2015년 총선에서 소수민족 정당들이 약 12%의 의석을 확보했는데, 2020년 총선에서는 총 47석을 확보하여 10% 정도의 의석을 확보하는 데 그쳤다.

2020 총선은 미얀마 민주주의 여정에 중요한 이정표가 되었다는

점에서는 이견이 있을 수 없으나 라카인 등 일부 지역에서 선거 취소는 옥의 티라고 할 수 있다. 특히 미얀마와 같이 다민족 국가로 구성된 나라에서 특정 소수민족 지역에서의 제한된 선거 실시는 공정성과 신뢰성 측면에서 흠결로 남았다. 물론 연방정부 입장에서는 소수민족 반군단체와의 교전으로 인해 안전을 담보할 수 없는 곳에 대해 내린 고육지책이겠지만, 라카인 등지에서 선거가 치러지고 설령 모든 선거구에서 졌더라도 전체적으로 NLD 압승이라는 결과는 바뀌지 않았을 텐데 하는 아쉬움이 남는다.

어떻게 보면 필자가 총선 후 남긴 위의 관찰은 이 책을 탈고하는 2021년 말 시점에서 볼 때 불길한 예감같이 읽히기도 한다. 왜냐하면 군부가 쿠데타를 일으키고 국가비상사태를 선포하면서 향후 총선 재실시를 공약하는 과정에서 미얀마 전역에서 자유롭고 공정한 선거를 강조했기 때문이다. 2020 총선에서 라카인주 대부분 지역에서의 선거 불발도 군부에게 일종의 구실이 된 셈이다.

여기서 라카인 출신으로서 과거 수찌 여사가 재야에 있을 때 그녀의 비서실장 역할을 하던 최측근 인사인 띤마아웅(Tin Mar Aung) 박사의 이야기를 잠시 나눈다. 명실상부 수찌 여사의 최측근 인사였던 띤마아웅 박사는 NLD 정부가 출범한 이후 수찌 국가고문의 국정운영, 특히 라카인 이슈에 대한 접근방식에 이견을 보이면서 정치적으로 결별하였다. 이후 그녀의 부친이 설립한 재단 이사장으로 활동하면서 라카인 발전을 위한 노력을 펼쳤다. 동인은 2020년 총선에 라카인주에서 야당으로 출마했는데, 한때 수찌 여사의 최측근에서 정치적으로 결별한 그녀를 총선 전과 후에 각각 만나 이야기를 나눈 바 있다. 한때 지근에서 모시던 분이었기 때문에 수찌 여사에 대한 비판적 발언은 일체

하지 않았는데, 총선 전에 만났을 때는 라카인에서 선거를 실시하지 않을 가능성에 우려를 표하면서 그럴 경우 상당한 후과가 있을 수 있다는 말을 했었다. 불길한 느낌을 받았는데, 돌이켜 보면 2021년 군부의 정변이라는 사태를 맞은 것이다.

 ## 3 국가비상사태

한국에서는 1979년 12월 12일을 현대사에서 가장 길었던 밤으로 기억하는 사람들이 많을 것이다. 미얀마에서는 아마도 2021년 2월 1일이 그렇게 기록되지 않을까 생각한다. 2월 1일은 미얀마 의회민주주의에서 제3차 의회 개원식으로 화려하게 기록될 날이었으나 현실은 정반대로 펼쳐졌다. 미얀마 민주주의 여정에서 가장 어두운 시간으로 기억될 그 상황을 역사의 현장에서 지켜본 사람으로서 미얀마 쿠데타가 어떻게 전개되었는지부터 살펴보자.

숨 가쁘게 전개된 쿠데타 전야

미얀마 군부는 2월 1일 새벽 군사 정변을 일으켜 2020년 11월 8일 총선에서 압승을 거둔 수찌 여사의 NLD 정부를 전복시켰다. 필자에게 그때는 4월 초 NLD 2기 정부의 출범과 미얀마 민주주의의 힘찬 전진을 기원하면서 미얀마에서의 생활을 마무리하려던 때였다. 원래는 2월 4일부터 3박 4일 일정으로 라카인(Rakhine)주 출장도 예정되어 있었다. 미얀마 재임 중 마지막 라카인 출장이 되겠다는 생각에 함께 가기로 한 WFP, ICRC 사무소와 구체 일정을 마무리하고 있었다.

쿠데타가 발발한 후 며칠 간 필자가 외교단과 긴급히 소통하면서 느낀 것은 심지어 미국 대사조차도 쿠데타 발생을 예상치 못했을 정도로 너무도 갑작스러운 일이었다. 앞선 총선에서 처참한 패배를 당한 제1야당과 미얀마 군부는 총선 결과가 나온 직후부터 선거인 명부에 상당한 오류와 부정이 있었고, 연방선거관리위원회가 총선을 공정하게 다루지 못했다고 주장하면서 줄기차게 정치공세를 펼쳐 왔다. 수찌 여사의 집권여당과 연방선거관리위원회에서는 이런 주장을 전혀 근거 없다고 일축했다. 그렇게 12월이 지나고 해가 바뀌어 2월 1일로 예정된 새로운 의회 개원일이 가까워 오면서 군부와 제1야당, 그리고 군부 편향적 군소 정당들의 공세가 거세졌다. 그러나 2월 1일 쿠데타 전 수일간 상황이 급격히 심각해지기 전까지만 해도 이들의 공세가 정변으로 이어질 것으로 생각하는 사람은 거의 없었다. 정변 가능성을 언급하기에 총선 결과는 너무도 명백했고 국민의 뜻은 거스를 수 없을 정도로 압도적이었기 때문이다. 총선 직전 군총사령관은 총선 캠페인 과정에 불만을 제기하면서 총선 결과에 승복하지 않을 수도 있다는 뉘앙스의 발언을 했다. 그때 여론이 너무 좋지 않게 흐르자 해당 발언을 서둘러 수습했던 기억이 있었기에, 대부분의 사람들은 총선 결과에 대한 군부의 불만 표출 수준으로 여긴 것이다. 필자가 1월 하순에 수도 네피도에 출장을 가서 장·차관 15명 정도를 연쇄적으로 만났고, 그 달 27일에는 한국계 은행 개소식 행사에 참석해서 양곤주지사와 별도 면담도 가진 적이 있다. 그때까지만 해도 미얀마 정부 인사 그 누구도 군부의 움직임에 대해 불안감을 보이지 않았다.

그랬던 상황이 2월 1일을 며칠 앞두고 급작스럽게 변했다. 군부는 거듭된 총선 의혹 해소 요구에도 불구하고 정부와 연방선관위에서 이를 묵살하고 있다고 하면서 총선 부정 의혹과 이에 따른 사회불안에 대해 군부가 헌법에 따라 행동에 나설 가능성을 공개적으로 언급했다. 급기야 군부가 1월 29일 밤까지 정부에 최후통첩을 했다고 알려지면서 쿠데타설이 급속도로 퍼져 나갔다.

1월 29일이 금요일이었는데 긴장감 속에 긴 밤에 지나고 1월 30일 토요일이 되었다. 설마 싶은 심정 반 걱정되는 마음 반으로 아침을 맞았는데 다행히 걱정했던 상황은 벌어지지 않았다. 그리고 그날 오후에는 오히려 군부에서 일부 언론과 NGO 단체에서 군부의 발언을 확대 해석했다는 식의 입장을 내면서 상황은 진정국면으로 접어드는 것처럼 보였다. 정부와 군부에서 타협점을 찾기 위해 물밑 대화도 진행 중인 것으로 알려졌기 때문에 그렇게 수습이 되나 보다 살짝 안도감도 들었다. 필자가 친하게 지냈던 미국, 영국 대사 등 주요국 대사들도 비슷한 상황판단을 하고 있었다. 또 하루가 지나 1월 31일 일요일도 조용히 지나가는 것 같았다.

운명의 2월 1일과 전광석화 같은 쿠데타 작전

그런데 2월 1일 새벽 5시경부터 필자의 전화가 요란하게 울려대기 시작했다. 쿠데타였다.

군부는 전광석화처럼 움직였다. 2016년 NLD 정부 출범 당시 군부가 지명한 민쉐(Myint Swe) 제1부통령을 임시 대통령으로 세웠다. 군 총사령관이 잠시 꼭두각시로 앉힌 것이다. 같은 날 민쉐 임시 대통령은 2008년 헌법에 따라 1년간 국가비상사태(national state of emergency)를

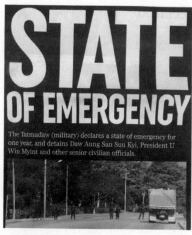

The Tatmadaw (military) declares a state of emergency for one year, and detains Daw Aung San Suu Kyi, President U Win Myint and other senior civilian officials.

▲ 2월 2일 일간지 1면 기사

선포하면서 입법, 사법, 행정 모든 권한을 군총사령관에게 위임한다는 성명을 발표하였다. 군부는 2020년 총선을 부정선거로 규정하고 연방선거관리위원회를 새롭게 구성하여 선거부정 의혹들을 철저히 규명할 것이며, 추후 총선을 재실시하여 결과에 따라 승자에게 정권을 이양하겠다는 로드맵을 제시하였다.

군총사령관실은 2월 1일 외교단 앞 서한을 통해 자신들이 거사를 할 수밖에 없었던 이유를 설명하였다. 이에 따르면 2020년 총선에서 연방선관위가 발표한 투표자 명부에 심각한 부정이 있었다는 것이다. 무려 1천만 표 이상에서 투표 조작이 발생한 것으로 의심되며, 이는 연방선관위가 발표한 전체 유권자 3천 8백만 명의 1/4 이상에 해당하는 수치라는 것이다. 군부에서는 30차례 이상 증거를 제시하면서 부정선거 의혹 해소를 위한 조치를 촉구했다고 주장했다. 또한 20개 정당이 26차례 성명을 발표하고 투표조작 여부가 판명될 때까지 (2월 1일 오전으로 예정된) 제3차 의회 개원을 잠시 연기할 것을 촉구하였으나 일관되게 묵살되었다는 것이다. 군부와 정당들의 요구를 묵살한 채 신정부를 구성하기 위해 의회 소집을 강행한 것은 2008년 헌법 규정에 위배되는 행위로서, 진정한 다당제 민주주의 체제를 수호하기 위해서는 군부가 나설 수밖에 없었다고 역설하였다.

군부로서는 2월 1일은 거사를 하느냐 마느냐 하는 선택의 순간이었다. 만약 의회가 개원된 상태에서 거사를 했다면 쿠데타가 아니라, 헌법에 부여된 비상통치권을 행사한 것이라는 자신들의 주장은 정당화되기 어렵다고 판단한 것이다.

군부는 2월 1일부로 모든 연방장관들에게 사임할 것을 지시하는 한편 주요 부처에 대한 개각도 같은 날 전격 시행하였다. 거사를 미리 치밀하게 준비한 것이 아닌가 싶을 정도로 빠른 스피드였다. 신임 장관들의 면면을 보면 많은 경우 2011년부터 집권한 떼인세인 전 대통령 시절 중용되었던 인사들이었다. 올드보이(old boys)들의 귀환이었다. 과거로 회귀한 것은 인물뿐만이 아니었다. 1992년부터 2011년까지 군 최고지휘부를 이끈 딴쉐 장군 시절을 모방한 듯 국가행정위원회(State Administration Council)라는 이름의 비상통치 기구를 발족시켰다. 딴쉐 장군이 국가평화개발위원회(SPDC: State Peace and Development Council)를 통해 입법, 사법, 행정권 전반에서 비상통치를 실시한 것처럼 민 아웅흘라잉 군총사령관을 위원장으로 구성된 최고통치기구를 세운 것이다.

봄의 혁명: 시민들의 반군부 저항운동

국가비상사태를 선포한 후 미얀마 정국은 그야말로 살얼음판을 걷는 듯했다. 처음 며칠은 적막감이 흘렀다. 도대체 무슨 일이 벌어진 거야, 하는 충격과 허탈감, 분노 속에 어찌해야 할지 몰랐던 것 같다. 그러나 그 적막감과 침묵은 며칠 가지 않았다. 시내에 삼삼오오 모여든 시민들의 수는 삽시간에 구름처럼 부풀어 올랐다. 페이스 북 등 SNS를 타고 성난 국민의 목소리를 드높이자는 뜻이 자연스럽게 모이면서 그

▲ 한국어 팻말 든 젊은이

세는 무섭게 커져 나갔다.

　시민들의 반군부 저항운동은 걷잡을 수 없이 확산되었고, 거리에
는 수십만 명의 시민들이 몰려 나왔다. 학생과 젊은 층들이 압도적으로
많았다. "민주주의를 돌려 달라, 우리의 투표를 존중하라, 더 이상 군부
통치하에 살기 싫다, 우리가 뽑은 진정한 지도자들을 풀어줘라"는 그들
의 절규는 처절했다.

　군부의 5인 이상 집회금지 명령에 시민들은 아랑곳 하지 않았다.
시위대 수는 매일 매일 전날과 비교하기가 어려울 정도로 불어났다. 한
국 대사관이 위치한 유니버시티 애비뉴 로드(University Avenue Road)는
수찌 여사의 양곤 사저, 미국 대사관, 여당이었던 NLD 당사, 명문 양
곤외국어대학교가 몰려 있는 곳이다. 미국 대사관 앞은 새로운 집회장
소로 자리 잡았는데, 시위대 규모가 1만 명을 훨씬 넘는 숫자로 불어나
면서 더 이상 집계가 어려울 정도가 되어버렸다. 한국 대사관 앞에도
미얀마를 도와달라는 간절한 구호를 한국말로 외치는 젊은이들 수백

명이 모였다.

한국 대사관 주변 도로는 반군부, 수찌 여사 석방, 민주주의 수호를 외치는 시민들의 행렬로 사람의 바다를 이루었다. 그런데 특히 인상적이었던 것은 그 많은 시위대가 도로의 차량통행에 주는 지장을 최소화하기 위해 끈을 가지고 스스로 경계선을 만들어 질서를 유지하는가 하면, 쓰레기를 줍는 사람들도 다수 있었다. 한국의 성숙한 시위문화를 보는 것 같았다. 누구 할 것 없이 집에서 가지고 나온 물과 빵을 시위대에 나눠주는 모습은 보는 이의 가슴을 뭉클하게 했다.

사실 대규모 가두시위보다 주목해야 할 부분은 시민불복종운동 (Civil Disobedience Movement)이었다. 88항쟁 때도 그런 캠페인이 없던 것은 아니다. 그러나 규모와 방식에 있어 전혀 새로운 유형의 범국민적 반군부 저항운동으로 발전하였다. 시민불복종운동은 군부를 크게 긴장시켰다. 이를 주도한 것은 의사 집단이었다. 코로나19가 여전히 맹위를 떨치던 상황이었지만 지식인 집단인 의사들이 병원 출근을 거부하고 의료활동을 중단한 것이다. 이에 이어 교수, 교사로 확산되었고, 은행 등 금융기관, 철도와 항만 등 기간시설로 번져 나갔다. 얼마 지나지 않아 미얀마 현지 시중은행들이 모두 문을 닫는 상황이 벌어졌다. 미얀마는 금융시스템이 매우 취약하다. 2000년대 초 뱅크 런(bank run)을 경험한 미얀마 국민들은 트라우마(trauma)를 가지고 있다. 시중은행 영업중단 사태는 상당한 혼란을 초래했다. 군부는 바짝 긴장하였다. 그런데 여기에 그치지 않고 시민들의 발인 철도 노조가 파업에 동참하였다. 엎친 데 덮친 격으로 공무원들도 가세하기 시작했다. 놀란 군부는 강한 경고를 발신하면서 공무원들이 즉각 업무에 복귀하지 않을 경우 강력한 조치를 취하겠다는 위협을 했다. 시민불복종 운동은 2022년 노벨평화상 후보로 추천되기도 했다. 노르웨이 오슬로대학 사회과학 교수들은 미얀마 시민불복종운동을 추천하면서 비폭력 방식으로 평화와 민주주의를 위해 노력하는 반쿠데타 저항의 공로를 인정하는 것이라고 추천 이유를 밝혔다.

2021년 범국민적 저항운동은 과거 88항쟁과 2007년 샤프론 (Saffron) 사태 당시 저항운동과 비교하면 큰 차이가 있다. 1988년 당시는 말할 것도 없고, 2007년의 경우에도 미얀마는 인터넷 접근이 극히 제한되어 있었다. 2021년 쿠데타 이후 미얀마 군부가 인터넷 차단 등의 조치를 취함에도 불구하고 세계는 미얀마를 지켜보고 있다. 바이든 대통령이 '세계가 지켜보고 있다'(The world is watching!)고 경고한 것도 같은 맥락이다. 2007년 샤프론 혁명 때만 해도 모바일폰에 들어가는 유심카드 한 장에 1천 달러가 넘었지만, 지금은 미얀마 국민 수 대비 핸드폰 보급률이 100%를 넘는다. 군부가 아무리 정보를 통제하려고 해도 불가능한 일이다. 페이스북과 인스타그램 등 각종 SNS에 능한 미얀마 Z세대는 88항쟁과 샤프론 혁명 때 독재타도 캠페인을 주도한 선배 세대(소위 X-generation)들과 이심전심 공조하면서 갈수록 조직화되고 대담한 형태의 범국민 저항운동을 전개해 나갔다.

이런 가운데 범국민 저항운동에 기폭제가 된 사건이 발생한다. 2월 26일 뉴욕 유엔총회에서 유엔사무총장의 미얀마 특사가 유엔회원국들을 대상으로 미얀마 사태에 대한 브리핑을 하였다. 당연히 한국을 포함한 민주주의와 인권의 가치를 존중하는 유엔회원국들이 대거 참여하였다. 여기에 당시 쪼모툰(Kyaw Moe Tun) 주유엔 미얀마 대사도 참석하여 연설을 했는데, 군부의 심장에 비수를 꽂는 폭탄선언을 한 것이다. 그는 미얀마 군부의 행동을 쿠데타로 규정하였다. 국민에 의해 정당하게 선출된 민주정부를 파괴한 군부를 강력히 규탄하면서 고국의 미얀마 국민들에게 끝까지 저항할 것과 국제사회가 이런 미얀마 국민들의 처절한 절규를 저버리지 말아 줄 것을 눈물로 호소하였다. 쪼모툰 대사가 연설 마지막 부분에 미얀마 말로 "고국에 있는 형제, 자매들이여" 하면서 절대 포기하지 말고 군부에 대항하여 투쟁을 계속해 나갈 것을 호소하였다. 그는 국민이 가장 중요하다, 국민의 힘은 성공할 것이라는 메시지를 거듭 강조하였다. 미얀마 민주주의와 반군부 저항운동의 상징이 된 세 손가락 맹세(three fingers salute)를 하면서 미얀마 국민과 국제사회에 호소하는 그의 모습은 감동 그 자체였다. 쪼모툰 대사의 용기있는 연설은 일회성으로 그치지 않고 반군부 저항운동을 조직화시키는 기폭제가 되었다.

조직화되는 반군부 저항운동

2021년 미얀마에서 전개된 가두시위와 시민불복종 운동은 장점과 약점을 동시에 가지고 있었다. 장점은 과거 88 민중항쟁 때와 2007년 샤프론 혁명 때와 달리 민주주의 맛을 본 Z세대(Generation Z)들의 열정과 창의성이었다. 이들은 한국의 젊은이들과 마찬가지로 창의성과 독창성으로 무장하여 시위에 있어 기성세대들이 경험하지 못한 방식으로 군부를 괴롭혔다. IT 기술과 결합한 이들의 창의성과 자발성은 군부가 예측한 것보다 훨씬 자체 동력이 강했다.

그런 반면 단점은 이들을 이끌어줄 구심점과 정신적 리더가 부재하다는 점이었다. 그런데 이 부족한 점을 채워줄 수 있는 복병이 등장하게 된다. 2월 하순 연방의회대표위원회(CRPH: Committee Representing

Pyidaungsu Hluttaw)가 구성된 것이다. 2020년 11월 총선에서 선출된 민주주의민족동맹(NLD) 의원들을 중심으로 발족한 이 위원회가 주유엔 미얀마 대사의 용기 넘치는 연설을 통해 단숨에 미얀마 국민들과 전 세계의 주목을 받게 된다. 미얀마 군부는 당황한 기색이 역력했다. 겉으로는 NLD 패잔병들의 불법단체 정도로 폄하했지만 갈수록 반군부 운동을 전개하는 시민사회와 결합하는 모습을 띠게 되자 초강경 대응에 나섰다.

군부가 특히 두려워한 것은 CRPH가 소수민족 반군단체와 연계하는 시나리오였다. 한국 국내언론을 포함한 외신에서는 미얀마가 내전으로 치달을 수 있다는 관측도 내놓았다. 이론상으로는 불가능한 것은 아니었다. "적의 적은 동지"라는 말처럼 대의명분에서 뜻을 같이할 수도 있었다고 본다.

물론 그리 간단한 문제는 아니었다. CRPH는 국제사회로부터의 무력개입에 기대를 가지고 있었다. CRPH는 자신들이 유엔 특사로 임명한 사사(Sa Sa) 박사 등을 통해 유엔 등 국제사회가 보호책임(R2P: Responsibility to Protect)을 발동할 것을 주장했다.

그러나 야속하게 들릴 수 있지만 10년 전 아랍의 봄 당시 리비아 등 일부 국가에서 전개된 보호책임(R2P) 시나리오를 기대하기에는 2021년 봄 미얀마의 상황은 차이가 있었다. R2P 정의와 발동요건 등에 대한 국제법상 이견은 차지하고, 냉엄한 국제정치 현실에서 미얀마에 외세의 무력개입이 가능한지 여부는 굳이 아랍의 봄 상황과 비교하자면 시리아에 가까웠다. 다시 말해서 중국과 러시아가 있는 유엔안보리에서 미국 등 일부 국가가 보호책임을 발동하는 데 컨센서스를 이루는 것은 불가능했다.

이런 상황에서 현실을 자각한 CRPH가 눈을 돌린 곳이 바로 미얀마 내 반군단체였다. 소수민족 반군단체들은 군부와 대립각을 이루고 있었기 때문에 반군부라는 틀에서 보자면 지향점이 같을 수도 있었다. 그러나 현실은 냉엄하다. 소수민족 반군단체 중 한두 개 반군단체의 연합으로는 미얀마 정규군을 대적하기에는 역부족이다. 그렇다고 CRPH가 모든 반군단체를 일사불란하게 연대토록 할 만한 지렛대도 없었다. 미얀마 반군으로서는 자신들의 근거지가 있고, 군부가 이를 사실상 용인하고 있는 상황에서 승산 없는 모험을 하는 것도 쉽지 않은 일이었다.

소수민족 반군단체가 CRPH, 그리고 이들이 4월 중순 설립한 국민통합정부(NUG: National Unity Government)와 연합하여 반군부 무력투쟁을 벌이는 시나리오에 가장 회의적인 의견을 낸 전문가들의 의견도 귀 기울일 만하다. 이들에 따르면 소수민족 정당 및 반군단체에서는 NLD 세력이건 군부 세력이건 버마족이라는 점에서 뿌리가 같다고 본다. 군부통치 시절이든 민선정부인 NLD 시절이든 소수민족들이 겪는 어려움과 불만에 진심으로 귀 기울이고 치유 노력을 하지 않았다는 점에서도 크게 다를 바가 없다는 시각을 갖고 있다. 그런 만큼, 국가비상사태 속에서 정권을 뺏긴 NLD 세력이 이제 와서 소수민족 반군단체에 손을 내미는 데 대해 썩 달갑지 않았던 것이다. 아쉬울 때만 소수민족을 찾는다는 뿌리 깊은 불신이 자리하고 있던 것이다.

군부로서도 정변을 일으킬 때는 소수민족 반군단체를 중요한 요소로 계산에 넣고 있었고, 그에 따라 강온전략을 구사하였다. 일부 무력충돌을 일으킨 반군단체에 대해서는 전투기를 동원한 공습도 마다하지 않고 강력히 응징하였다. 그러나 동시에 적절한 회유에도 나섰다. 가장 먼저 손을 내민 곳이 아라칸군대였다. 미얀마 군부는 2019년 테러단체로 지정했던 아라칸군대를 2021년 3월 리스트에서 해제하였다. 영어에 'lesser evil'이라는 표현이 있다. 아라칸군대로서는 NLD 정부시절 수찌 국가고문과 정부, 그리고 군부로부터 아무런 혜택을 받지 못했다는 불만이 높았다. 그런데 정변을 일으킨 군부는 미얀마의 가장 큰 화약고라고 할 수 있는 라카인의 최대 무장세력인 아라칸군대를 조용히 묶어 두는 것이 필요했다. 아라칸군대로서는 군부와 모종의 거래를 통해 라카인 지역에서 자신들의 아성을 공고히 할 수 있는 기회로 여긴 것이다. 어제의 적이 순식간에 동지가 되는 순간이었다. 물론 물과 기름처럼 섞이기 어려운 군부와 아라칸군대의 겉으로 보이는 밀월이 얼마나 갈지는 두고 볼 일이다.

군의 무자비한 유혈진압

군부는 가두시위와 시민불복종 운동의 기세가 몇 주 정도면 시들 것으로 자신했던 것 같다. 그러나 큰 오산이었다. 당황한 군부는 페이스북을 포함한 인터넷을 차단하였다. 21세기 정보통신혁명 시대에 미얀마 최대 도시 양곤에서 인터넷 블랙아웃(internet blackout)을 경험한 것이다. 필자가 국가비상사태 속에서 미얀마를 떠나기 전 인터넷이 차단된 적이 몇 차례 있었는데, 일정한 패턴이 있었다. 좋지 않은 일이 일어날 때 전조(前兆)라고나 할까. 정변을 일으킨 당일인 2월 1일 인터넷은 당연히 먹통이 되었다. 2월 6일부터 가두시위가 시작되었는데, 그때도 이틀간 인터넷이 차단되었다. 그리고 2월 15일부터는 매일 새벽 1시부터 아침 9시까지 약 8시간 정도 인터넷이 차단되었는데, 매일 특정시간 인터넷 차단조치는 그로부터 수개월 동안 지속되었다. 그 당시 시위와 시민불복종운동이 무섭게 확산되었는데 군부는 이에 참여하는 공무원들과 가두시위 주도자들을 주로 야심한 시간대에 검거하였다. 이런 모습이 SNS를 타고 전 세계로 중계되는 것을 차단하기 위한 조치로 해석되었다. 또 다른 해석은 사이버보안법(Cybersecurity Bill) 제정과 관련된 것이었다. 사이버보안법은 미얀마 군부가 정권을 찬탈하고 설치한 최고통치기구인 국가행정위원회가 1호 입법안으로 추진한 조치였다. 동 법안은 디지털 경제와 인권이라는 측면에서 시대에 역행하는 악법이었다. 개인정보 수집, 웹사이트 차단, 인터넷 접근 차단, 이른바 허위정보 유포자에 대한 영장 없는 구속 등 자의적이고 포괄적 권한을 군부에 부여하는 내용을 담고 있다. 양곤에 "책임 있는 경영을 위한 미얀마 센터"(MCRB: Myanmar Center for Responsible Business)라는 비영리 연구소가 있다. 미얀마 내 정치 경제 사회 분야의 주요 동향에 대해 상당히 균형 잡히고 깊이 있는 보고서를 발간하는 연구소로서 필자도 미얀마에 재임하는 동안 여러 차례 교류한 바 있다. 비키 보우만(Vicky Bowman)이라는 전 주미얀마 영국대사가 운영하고 있다. 동 연구소는 사이버보안법에 대해 인터넷 사용에 대한 광범위한 감시 및 통제 권한을 규정하여 시민 기본권 침해 우려가 크다고 지적했다. 또한, 데이터 저장 서버 지정 등 데이터 현지화 조항으로 IT, 금융 등 핵심 산업의 경쟁력을 크게 저하시켜 코로나19 장기화 속에 경제회복이 시급한 미얀마 경제에도 악영향을 줄 것이라고 강하게 비판하는 보고서를 내기도 했다.

정권 장악을 위한 군부의 조치는 사이버 공간에 그치지 않았다. 군부는 2월 8일 미얀마 전역에 밤 8시부터 다음 날 새벽 4시까지 통행

금지 조치와 5인 이상 거리집회금지 조치를 발표하였다. 국제 언론에서 이 조치를 계엄령이라고 표현하기도 했다. 그 당시 미얀마는 이미 국가비상사태 속에 있었기 때문에 계엄령이라는 상황 규정이 정확한지는 해석이 달랐다. 그러나 중요한 것은 미얀마 군부가 느낀 긴장감이 그만큼 컸다는 것이고, 경찰력 가지고 시위 대응이 되지 않는다고 판단하면 군을 투입할 수 있다는 점이었다. 그때 이미 군이 양곤 시내 도처에 완전무장한 채 출동 대기상태로 있었다. 대사관으로서는 손에 땀을 쥐는 순간들이었다. 필자가 긴밀히 연락을 주고받던 주요국 대사들도 군 투입에 따른 대규모 유혈사태 발생을 상정하여 자국민 철수를 포함한 비상대책을 강구하고 있었다. 한국의 경우 미얀마에 3천 5백여 명의 우리 국민이 체류 중이었기 때문에 당연히 교민 안전이 가장 큰 과제였다.

그런데 설왕설래하던 계엄령(martial law)이 3월 14일과 15일 양일에 걸쳐 양곤 시내 6개 타운십에 선포되었다. 원래 2008년 미얀마 헌법상에는 계엄령이라는 명시적 표현은 없다. 각 지역을 관할하는 사령관에게 행정 및 사법권을 이양할 수 있다는 조항이 있는데, 미얀마 군부는 그 조항에 따른 조치를 시행하면서 해당 발표문에 계엄령이라는 이름을 붙여 발표하였다.

쪼모툰 주유엔대사의 폭탄 선언, 그리고 CRPH와 국민통합정부(NUG)의 등장은 군부의 대응 방식을 완전히 바뀌게 만들었다. 3월 들어서면서 희생자가 눈덩이처럼 불어났다. 미얀마 군경은 조준사격을 서슴지 않았고 진압과정에서 차마 형언키 어려운 잔악행위도 벌어졌다. 2월의 마지막 날인 2월 28일은 미얀마 시민들이 이른바 펜타2(Penta 2-22222; 2021년 2월 22일) 국민총궐기에 이어 두 번째 총궐기의 날로 정하고 대규모 시위를 벌이자고 한 날이었다. 군부는 평화로운 집회와 시위를 전개한 시민들에게 조준 사격을 하며 무차별적인 폭력진압을 하였다. 이날 시위에 나선 무고한 시민 십여 명이 목숨을 잃는 참혹한 상황이 벌어졌다. 유혈진압을 시작한 군부는 브레이크 고장 난 열차처럼 피의 질주를 계속하였다. 3월 27일은 국군의 날(Armed Forces Day)이다. 미얀마 군부는 그날을 성대한 잔칫날로 삼고 싶어 했다. 러시아는 그해 1월 국방장관이 네피도를 방문한 데 이어 국군의 날 행사에 유일하게 본부에서 국방차관을 파견하였다. 그러나 군부의 기대와 달리 이날 행사는 반쪽짜리도 안 되는 모양새가 되고 말았다. 그들만의 잔칫날로 놔두지 않겠다고 벼른 미얀마 국민들은 전국 곳곳에서 시위를 벌였다. 미얀마 군부는 야만적인 유혈진압을 벌였고, 결국 이날 하루에만 최소 100명이 넘는 희생자가 발생하여 피의 토요일이라고 불리게 된다.

한국에서 1980년 광주사태와 비교하는 자막도 등장할 정도였다. 자세히 들여다보지 않으면 너무나 닮은꼴이라서 소름이 돋을 정도였다. 미얀마 군경이 더욱 악랄하다고 생각된 부분이 있는데, 집단처벌(collective punishment) 전술 때문이다. 예컨대, 도시에서 시위대들이 군경의 강력한 진압에 맞서 치고 빠지는 전술을 쓰는 가운데 초기에는 동네 주민들이 집에 시위대를 숨겨 주는 일이 많았다. 그런데 그 점을 간파한 군경이 시위대를 숨겨 주다가 적발되면 똑같이 처벌할 것이라고 엄포를 놓고, 실제 집 문을 부수고 들어가 총격을 가하는 일도 빈번히 생겼다. 공포 통치인 셈이다. 시간이 흐를수록 동네 주민들도 더 이상 시위대를 숨겨 주는 모험을 할 수는 없게 되었다. 한 가지 예를 더 들어본다. 시위대가 군경의 진압을 늦추기 위해 폐타이어 등으로 도로에 임시 장벽을 만들어 두었다. 이에 대해 군경이 해당 동네 주민들에게 장애물을 치우지 않으면 모두 처벌하겠다고 협박한 것이다. 결국 나중에는 군경의 무차별적 집단처벌이 무서워 시위대에게 자신들의 동네에 장애물을 설치하지 말아줄 것을 호소하는 상황이 벌어진 것이다.

군의 집권 플랜과 국제사회의 관여

군부는 당초 국가비상사태 시한을 1년으로 정했다. 시간은 우리편일 것이라는 계산일 때 일이다. 상황은 군이 생각하는 방향으로 흘러가지 않았다. 코로나19 3차 유행이라는 예기치 못한 변수마저 생겼다.

군부는 7월 26일 2020년 총선에서 1천 만 표 이상 부정이 자행되었다고 밝히면서 총선 무효를 공식 선언하였다. 군부가 2월 1일 국가비상사태 선포 직후 대국민 성명에서 1천만 표 이상의 부정투표를 강조하였는데, 결국 정확히 짜깁기를 한 셈이다. 이어서 민아웅흘라잉 군총사령관은 쿠데타를 자행한지 6개월이 되는 8월 1일 대국민 성명을 통해 2023년 8월까지 국가비상사태를 이어가겠다는 뜻을 밝혔다.

당초 자신들이 설정한 5개 항의 로드맵을 이행하기에는 너무 시간이 부족하다는 현실 인식을 한 것이다. 5개항 로드맵은 첫째, 총선 부정에 대한 철저한 조사, 둘째, 코로나19 극복, 셋째, 코로나19 장기화에 따른 경제위기 극복, 넷째, 항구적 평화구축을 위한 평화프로세스 진전, 다섯째, 총선 재실시 후 승자에게 권력이양 등으로 구성되어 있다.

군부는 자신들이 짜둔 집권 시나리오에 따라 나아가는 한편 정상적인 국가의 모습을 대외 과시하고자 노력하였다. 민아웅흘라잉 총사령관이 4월 24일 인도네시아 자카르타에서 열린 아세안리더스회의에 참석하였다. 아세안 국가들은 미얀마 사태 논의를 위해 특별히 소집된 동 회의 이름을 정상회의로 부르지 않고 아세안리더스회의로 호칭했다. 미얀마 군부 수장이 참석하는 만큼 정상회의로 부르지 못하고 궁여지책으로 마련한 이름이었다. 민아웅흘라잉 총사령관은 6월 20일부터 1주일간 러시아를 방문하였다. 모스크바국제안보회의 참석을 위한 것이었다. 그러나 내심 기대했던 푸틴 대통령이나 라브로프 외교장관 면담은 성사되지 못했다. 역사에서 자주 볼 수 있는 장면이지만 미얀마 군부 역시 국제사회의 인정을 갈구하였다. 2021년 UN총회를 앞두고 미얀마 군부는 스스로 임시 정부(Provisional Government)를 표방하고 민아웅흘라잉 군총사령관이 총리를 차지하였다. 유엔총회에서 누가 미얀마를 대표하느냐 하는 문제가 초미의 관심사가 되었다. 반군부 저항운동의 구심점 역할을 하는 국민통합정부는 쪼모툰 주유엔대사가 합법정부를 대표한다는 입장이었고, 군부는 국민통합정부는 테러단체라는 입장이었다. 이 문제에 대해서는 유엔총회에서도 명확한 결론이 내려지지 않을 가능성이 크다. 당분간 모호한 상태로 갈 가능성이 크다고 본다.

필자의 관찰과 전망

필자가 이 책의 집필을 마치는 2021년 말 시점에서 볼 때 미얀마 사태 관련 향후 전개될 시나리오를 몇 가지 생각해 볼 수 있다.

첫째, 가장 이상적이지만, 안타깝게도 기적에 가까운 시나리오로서, 군부가 실패하고 수찌 국가고문의 민선정부가 복귀하는 것이다. 쿠데타를 일으킨 군부는 달리는 호랑이의 꼬리를 잡고 있는 형국이다. 그

꼬리를 놓는 순간 호랑이에게 잡아먹힌다는 것을 잘 알고 있다. 아랍의 봄과 같은 국제사회의 무력 개입이 수반되지 않는 한 군부는 외부 압박에는 꿈쩍도 하지 않을 것이다. 보호책임(Responsibility to Protect)이나 비행금지구역(No Fly Zone) 설정과 같은 무력개입은 현실적으로 가능성이 크지 않다. 그렇다면 군 내부의 이반이 일어나서 민아웅흘라잉 군총사령관이 실각하고 쿠데타에 이견을 갖고 있는 온건파 군부가 정권을 다시 수찌 여사의 민선정부에 돌려주는 시나리오를 생각해 볼 수 있다. 그러나 이 또한 가능성이 희박하다. 장교도 포함된 병사들의 탈영이 이어지는 가운데, 군 고위층 내부의 불협화음 소문까지 겹치면서 군 내부 이반 가능성 관련 기사들이 있었다. 그러나 미얀마 군부의 구조와 생리를 잘 아는 전직 고위 장성출신 인사들은 운명공동체라는 의식이 워낙 강한 군부로서는 쿠데타라는 결정을 한 이상 스스로 돌아가는 일은 없을 것이라고 단언한다. 안타깝지만 현실적으로 민선정부로 평화롭게 회귀하는 유일한 시나리오는 총선 재실시라는 견해가 많다. 다만 군부가 2020년 총선 결과를 일방적으로 무효 선언을 한 상태에서 군부 집권 시나리오의 끝자락에 있는 총선 재실시를 국제사회가 공개적으로 언급하는 것 또한 매우 민감하고 조심스럽다. 만약 총선이 재실시된다면 미얀마 국민들이 2월 1일의 어둡고 아픈 기억을 절대 잊지 말고 표를 통해 민선정부를 복귀시켜야 할 것이다. 동시에 군부가 총선 재실시를 통해 승자에게 정권을 이양하겠다는 약속을 반드시 지키도록 미얀마 국민과 국제사회가 군부를 압박해야 할 것이다.

두 번째 시나리오는 불행하지만 가장 가능성이 높은 시나리오로서, 군부가 짜둔 집권 플랜에 따라 흘러가는 것으로서, 결국 총선 재실시를 통해 군부가 집권하는 것이다. 2020년 총선이 대규모 부정선거였다는 것이 정변을 일으킨 군부가 정당성으로 내세운 구실이었다. 군부는 결국 1천만 표 이상의 부정 투표가 있었다는 자신들의 주장을 차근차근 퍼즐을 맞춰 나갔고 7월에 이를 발표하였다. 군부의 게임플랜(game plan)은 명확하다. 제일 먼저 불법 통신장비 소지죄로 수찌 국가고문을 기소한 것은 불법적 구금을 연장하기 위한 조치일 뿐이고, 하나씩 새로운 기소를 추가해 나갔다. 불법 통신장비 소지죄에 이어 코로나19 제한조치 위반을 추가하고, 국가기밀법 위반 및 부정부패와 불법 정치자금 수수 등 혐의를 하나씩 추가시켰다. 수찌 국가고문 등 NLD 리더십에 대해 중형을 선고하는 것은 이미 정해진 수순이다. 대단히 폭발적인 문제지만 NLD를 해산할 가능성도 배제할 수 없다. 그런 경우 총선이 재실시된다 하더라도 수찌 여사와 NLD 없이 치러지는 판이 되는 것이다. 군부가 정변을 일으킨 후 며칠 지나지 않아 발표한 내용을 잘 관찰하면 "미얀마 현실에 맞는 민주주의"라는 단어가 등장한다. 군부의 의도를 담고 있는 무서운 메시지이다. 군부는 135개 민족으로 구성된 미얀마에서 어느 특정 정당이 NLD처럼 절대 다수를 점하는 것은 대의 민주주의 측면에서 결코 적절치 않다고 강조한다. 그래서 비례대표제 도입을 적극 추진하고 있다. 수찌 여사가 이끄는 NLD가 참여하지 못하는 총선을 통해 그 어떤 정당도 거대정당이 되지 못하는 선거판을 만들어 군부와 제1야당인 USDP가 군소정당들을 규합한 새로운 정치지형을 만들겠다는 전략이다. 군인들이 직접, 또는 군복을 벗고 정치인으로 신분 세탁하여 계속 집권하겠다는 것이다. 이렇게 된다면 미얀마 민주주의는 길고 암울한 터널에 다시 들어가게 될 것이다.

셋째, 쉽지 않지만 수찌 여사와 NLD가 없는 상황에서 피플 파워를 보여주는 시나리오이다. 어떻게 보면 2010년 총선 때 상황과 유사한 시나리오이다. 2010년 총선은 군부 최고 실권자 딴쉐 장군이 퇴임을 위한 각본에 따라 실시된 총선이었다. 그래서 당시 야권 지도자였던 수찌 여사가 이끄는 NLD는 총선 참여를 거부하였다. 현재 군부가 행정, 입법, 사법권을 모두 장악한 만큼 연방정부 차원의 국가기관은 물론 14개 주 지방 곳곳의 세포조직까지 장악해 나가고 있다. 게다가 재계도 상당히 군부 편으로 만들어 둘 것이다. 미얀마 기업들은 군부와 결탁한 소위 정실자본주의(crony capitalism) 문화에 익숙한 편이다. 실제로 대다수 기업인들은 NLD 정부 하에서도 불확실한 미래에 대한 보험 차원에서 군부 쪽과 크고 작게 네트워킹을 유지해 왔다. NLD 당이 완전 해체될 가능성도 있지만, 국내외 여론을 의식해 당을 공중분해하지 않고 총선에 참여케 할 수도 있을 것이다. 그렇게 되면 수찌 여사 등 구심력이 없는 NLD가 과연 제대로 힘을 쓸 수 있을지는 예측하기 어렵다. 유일한 희망은 Z세대로 대변되는 미얀마 신세대를 포함한 시민의 힘이다. 이들은 미얀마 민주주의의 희망 수찌 여사만을 위해서가 아니라 자신들의 미래를 위해서 반군부 투쟁에 나섰다. 그렇기 때문에 설령 수찌 여사가 진두지휘하지 못하더라도 NLD 또는 수찌 여사가 지목하는 정당에 힘을 모아줄 수 있을 것이다. 군부 회귀를 극도로 혐오하고 군부체제하에서는 미래가 없다고 믿는 국민들이 NLD 또는 NLD 부재시 대안 정당에 몰표를 줄 경우 정권 재탈환이 불가능하지는 않을 것이다. 쉽지 않은 시나리오지만, 미얀마 국민들이 군부에 반대하는 거국적 저항운동을 전개한 초심을 잃지 않고 어떤 판도의 총선이 되든지 상관없이 군부 직할 또는 친군부 세력에 표를 주지 않는다면 희망을 가져볼 수 있다.

넷째, 최악의 시나리오는 국가비상사태 기간 중 과거 1988년 민중봉기와 같은 반군부 항쟁 또는 반군단체와의 내전이 일어나 군부가 이를 유혈진압하고 사회질서 불안정과 국가안위 수호 등의 이유를 들어 국가비상사태를 무기한 연장하는 것이다. 미얀마 헌법에 따르면 국가비상사태는 1년 기간으로 할 수 있으며, 6개월씩 두 번에 걸쳐 연장할 수 있다. 따라서 이론적으로는 최대 총 2년이 가능하다. 이에 따라 군부는 2023년 2월까지 국가비상사태를 유지하고, 헌법이 정한 국가비상사태로부터 6개월 이내 총선 실시 규정에 따라 2023년 8월까지 총선을 실시할 것으로 보인다. 미얀마 군부에게 반군부 저항세력들 간 연대는 가장 두려운 시나리오이다. 특히 연방의회대표위원회(CRPH)가 4월 초 국민통합정부(National Unity Government)를 구성한 이후 양측 간 연대는 군부에게는 최악의 시나리오이다. 국민통합정부는 시민방위군(People's Defense Force)을 구성하였다. 시민사회에서는 양측간 연대를 통해 군부를 물리치고 정권을 되찾는 바람도 갖고 있겠으나 안타깝게도 실현 가능성은 낮다. 내전 수준의 상황이 전개되기 위해서는 대도시에 반군이 진격을 하고 계속해서 외부로부터 전투원과 무기가 공급되어야 한다. 그러나 미얀마 상황은 과거 아랍의 봄 당시 리비아, 시리아 등과는 크게 다르다. 오히려 반군단체에게는 지금의 정치위기 상황이 자신들의 군사적, 정치적, 경제적 이해관계를 극대화하기 위한 좋은 기회라고 여길 가능성이 크다. 국제사회의 군사적 개입이 없는 한, 군부와 전면전을 벌여서는 승산이 없다는 것을 잘 알기 때문에 적절한 수준에서 군부를 괴롭게 하면서 거래를 통해 각자의 입지를 강화하려 들 것이다.

미얀마 국민들은 조국이 겪고 있는 슬픈 역사를 누구보다 잘 알고 있다. 역사는 그대로 반복되지는 않더라도 그 리듬은 반복된다고 한다. 미얀마의 근대사를 보면 정말 그런 느낌을 받는다. 반세기 정도의 암울한 시기를 지나 잠시 희망의 빛을 보는 듯하다가, 이내 또 다른 반세기가 넘는 길고 어두운 터널로 빠져든 역사를 보여준다. 미얀마는 세 차례에 걸친 영국과의 전쟁을 통해 1886년 전 영토가 영국의 식민지배를 받는다. 60여 년이 지난 1948년 독립을 이루고 그해 10월 우누(U Nu)가 초대 버마공화국의 총리로 취임하였다. 1962년 3월 네윈(Ne Win) 총사령관의 쿠데타에 의해 권력에서 물러나고 군부독재 시절로 들어설 때까지 미얀마는 실패했지만 민주공화체제를 시험했던 것이다. 그로부터 반세기가 지난 2011년 미얀마 군부를 이끌던 딴쉐 장군이 물러나면서 미얀마는 떼인세인 정부에서 개혁 개방의 길로 들어서고, 마침내 2015년 역사적인 총선을 통해 최초의 민선정부 시대를 맞는다. 그러나 2011년 개혁 개방의 길로 들어선 미얀마의 짧은 희망의 시기는 정확히 10년 후인 2021년 터진 쿠데타로 다시 혼돈의 시기로 들어선다.

정변을 통해 민주정부를 무너뜨린 군부의 행동은 어떤 이유로도 정당화될 수 없다. 백번 양보해서 그들이 말하는 선거 부정이 있었다 하더라도 그걸 바로잡기 위해 쿠데타만이 해결책은 아니다. 그러나 안타깝게도 미얀마 군부가 국민의 저항과 국제사회의 압력에 굴해 원상복구를 할 것으로는 보이지 않는다. 그런 일이 벌어진다면 기적과 같은 일이 될 것이다. 따라서 현실적으로는 군부가 공언한 대로 국가비상사태 후 총선을 재실시하여 승자에게 권력을 이양할 것인지 지켜보아야 할 것이다. 더 엄밀히 말하자면 자신들이 승자가 될 수밖에 없는 판을 짜두고 정해진 수순에 따라 권력을 유지해 나갈지 말이다. 그러나 중요한 것은 희망을 버리지 말아야 한다는 것이다. 그리고 믿을 것은 깨어 있는 국민의 힘뿐이다.

03
한반도와 미얀마

 1 닮은 듯, 아닌 듯

2020년 수교 45주년을 맞은 한국과 미얀마 양국은 역사적으로나 정서적으로 여러 가지 측면에서 비슷한 경험을 갖고 있다.

아픈 역사의 기억

먼저 역사적 측면에서 한국과 마찬가지로 미얀마도 아픈 경험을 갖고 있다. 식민지 경험과 민주화 여정에서의 많은 좌절을 보면 정말 닮은 모습이다. 미얀마는 영국으로부터 3차례에 걸친 침략전쟁 끝에 1886년 버마 왕국의 막이 내리고 식민지 시대로 들어선다. 점령국 영국을 몰아내기 위해 일본을 끌어들여 독립투쟁을 벌이지만, 결국 아웅산 장군은 일본을 끌어들인 것이 여우를 쫓아내기 위해 호랑이를 끌어들인 격이라는 점을 깨닫고 항일투쟁을 벌인다. 길고도 험난한 독립투쟁 끝에 영국이 1948년 1월 떠나면서 미얀마는 그토록 염원했던 독립을 이룬다. 그러나 식민시절 영국이 펼친 전형적인 분할통치로 인한 버마족과 여러 소수민족 간의 반목과 불신 속에서 맞은 독립은 미완의 독립이었고, 이후 험난한 가시밭길을 예고하고 있었다. 일부 소수민족의 참여를 포기한 채 버마족 위주의 불완전한 독립을 택하느냐, 아니면 전체 소수민족이 참여한 독립으로 가느냐 하는 갈림길에서 아웅산 장군의 카리스마에 힘입어 1947년 2월 샨주 삥롱(Panglong)에서 평화회의를 통해 버마 연방이 탄생하였다. 그러나 악마는 디테일에 있다는 말처럼 연방제로 가는 길은 독립 70여 년이 지난 지금까지도 여전히 현재진행형의 국가적 과제로 남아 있다. 다른 장(chapter)에서도 다루고 있지만 진정한 국민 통합과 항구적 평화라는 미얀마의 꿈을 이루기 위해서는 민주적 연방제(democratic federal union)에 대한 국민적 합의가 반드시 필요하다. 이 문제가 해결되지 않으면 사회불안, 국론분열 그리고 라카인 이슈가 계속해서 갈 길 바쁜 미얀마를 괴롭힐 것이다.

미얀마의 민주화 과정 또한 한국과 닮은 면이 있다. 한국에 1980년 광주항쟁이 있다면 미얀마에는 1988년 랑군(현 양곤의 과거 이름) 민중항쟁이 있다. 이 민주화 항쟁은 1962년 집권한 후 철권통치를 휘둘러온 네윈 장군을 실각케 한다. 역사에서 우연과 필연의 관계를 설명하는 법칙은 없지만 우리는 역사의 기록에서 우연처럼 보이는 일들이 큰 흐름 속에서 보면 어쩌면 필연의 모습을 하고 있는 사례들을 접한다. 랑군 민중항쟁 때 아웅산 수찌 여사의 등장을 보면 그런 느낌을 받는다. 어머니 도킨지(Daw Khin Gyi) 여사의 병간호를 위해 영국에서 미얀마로 돌아온 수찌 여사는 수백만 시민들의 항쟁을 이끌면서 일약 미얀마 민주화의 아이콘으로 떠오른다. 네윈 장군이 실각한 후 군부는

1990년 총선을 허용하는데, 그 선거에서 가택 연금된 수찌 여사가 이끄는 NLD가 압승을 거둔다. 그러나 민주화는 그렇게 쉽게 손에 들어오지 않았다. 군부는 선거 무효를 선언하고 또 다른 독재자 딴쉐 장군이 1992년 집권하게 된다.

딴쉐 장군은 필자가 반기문 전 UN사무총장 비서실에 근무하던 당시 너무도 자주 접했던 이름이다. 반 총장이 사무총장에 취임한 2007년 이후 아시아 문제와 관련하여 관심과 시간을 가장 많이 투입한 이슈는 북한과 미얀마였다. 반 총장 재임 10년(2007~2016)은 더디지만 미얀마가 민주화의 길로 접어드는 변화를 관찰할 수 있던 시기였다. 여전히 서슬 퍼런 딴쉐 장군의 군부독재를 지나, 2011년 군부 영향력하에 있는 떼인세인 대통령이 취임하면서 미얀마도 개혁 개방의 길로 접어들게 된다. 미국 오바마 전 대통령은 2011년 11월 대선에서 승리하여 재선된 후 2012년 12월 미얀마를 처음으로 방문하였다. 미국 현직 대통령으로는 최초의 미얀마 방문이었다. 반기문 총장은 재임시절 4차례 미얀마를 방문하였다. UN사무총장이 193개 회원국 가운데 재임기간 중 한 국가를 4차례나 방문하는 것은 그리 흔치 않은 일이다. 그만큼 미얀마 평화, 민주화, 그리고 인권문제가 유엔의 큰 관심 사안이었음을 보여준다. 반 총장이 미얀마를 마지막으로 방문한 것은 임기 마지막 해인 2016년 8월 말 삥롱 평화회의 참석 계기였다. 수찌 여사가 이끄는 NLD의 2015년 총선 승리로 미얀마에 순수 민선정부가 출범한 것을 축하하기 위한 성격이기도 했다. 미얀마에 관한 서적 중《시간이 멈춘 땅, 미얀마(저자: 신봉길 전 주인도대사)》라는 책이 있다. 상당히 잘 쓰인 책이다. 군부통치가 한창이고 민주화는 요원해 보이기만 하던 시절인 1991년 발간된 서적인 만큼 그때만 해도 그런 느낌을 주었을 것으로 생각한다. 그 이후 미얀마의 시간은 5년, 10년 만에 다시 방문한 사람들이 상전벽해라는 표현을 쓸 정도로 빠르게 발전하고 있었으니 시간이 멈춘 땅이라는 표현은 옛 이야기로 치부할 수 있었을 것이다. 그러나 2021년 군사 정변은 미얀마의 시간을 또다시 한동안 멈추게 할 것으로 우려된다.

필자의 미얀마 재임 기간 중 군사쿠데타 발발 이전에 만난 많은 미얀마 인사들은 역사적으로나 정서적으로 공통점이 많은 한국을 롤모델로 언급하면서 미얀마도 한국이 걸은 민주주의와 경제번영의 길을 따라 갈 수 있을 것이라는 기대를 숨기지 않았다. 사실 한국 전쟁 당시 쌀을 지원해 주고, 아시아 최초로 유엔사무총장을 배출한 자부심 강했던 미얀마로서는 2021년 상황에서 보면 극복하기 불가능해 보이는 현실에 좌절감을 느낄 것이다. 2021년 한국은 1인당 국민소득 $35,000을 넘어선 반면, 미얀마는 같은 해 $1,300에도 미치지 못하는 암울한 상황이다. 미얀마의 쿠데타는 갈 길 바쁜 미얀마의 시계를 거꾸로 돌려놓았기에 그러한 좌절감과 상실감은 말할 수 없이 클 것이다. 현대사에서 많은 공통점을 가진 두 나라에 무엇이 이처럼 큰 차이를 만들어냈을까. 미얀마가 스스로 해답을 내놓아야 할 국가적 숙제일 것이다. 필자의 소견으로는 결국 리더십과 거버넌스의 문제로 귀결될 것 같다. 앞서 미얀마를 이해하는 키워드로서 정체성의 문제를 제시한 바 있는데, 국가통합을 이루지 못하는 나라치고 발전을 이룬 나라는 찾기 힘들다. 민주적 절차에 따라 국민의 지지를 얻고, 국민이 공감할 수 있는 비전을 통해 한 방향으로 이끌 수 있는 리더십을 갖추는 것이 가장 중요하고, 동시에 가장 어려운 숙제가 될 것이다. 지금의 1국가, 2체제 시스템이 지속되는 한 미얀마는 아세안에서도 가장 낙후된 나라라는 현실에서 벗어나기 어려울 것이다. 그런 리더십이 확보되지 않는다면 135개 민족으로 구성된 미얀마의 진정한 국가통합은 요원할 것이다.

모힝가에 담긴 情과 딴요진

역사적으로 식민지 경험과 민주화 항쟁이라는 점에서 미얀마가 한국과 닮은꼴을 지녔다면, 정서적으로도 미얀마는 한국과 가깝다고 할 수 있다. 한국인들이 "정"(情)을 중시하듯이 미얀마인도 그렇다. 미얀마에도 "딴요진"(Than Yaw Zin)이라는 단어가 있는데, 한국의 정과 같은 뉘앙스를 갖고 있다. 2019년 12월 대사관저에서 미얀마 현지 인사들을 초청하여 김치 만들기 행사를 한 바 있다. 그때 미얀마 측 주빈으로 참석한 양곤주지사 부인이 미얀마에 딴요진이라는 단어가 한국인들의 정에 해당한다고 했다. 한국에서 동네 사람들이 김장김치를 함께 만들면서 정을 나누듯이 미얀마에서는 아직도 시골에 가면 대표적인 음식인 모힝가를 만들 때 함께 모여 만들면서 딴요진을 나눈다고 소개하였다. 미얀마에 오면 모힝가를 한 번은 꼭 드셔 보길 권하는데 단순히 미얀마의 가장 전통적인 국민음식이라서가 아니다. 모힝가에는 미얀마 사

▲ 김치만들기 행사

람들의 정이 담겨 있기 때문이다. 불교도가 국민의 대부분을 차지하는 미얀마에서는 특별한 때뿐만 아니라 언제든 사찰에 가서 스님들께 공양으로 모힝가를 만들어 올리곤 한다. 사찰뿐만 아니라 같은 골목에 있는 이웃사람들에게 모힝가를 만들어 돌리는 모습도 일상적이다. 미얀마 사람들은 자신의 생일에 지인들과 모여 생일축하 자리를 갖기도 하지만 절을 찾아 공양을 하면서 덕을 쌓는 것을 더 좋아한다.

국민들의 정이 많은 미얀마는 비록 국민소득은 1,300달러대에 머무는 최빈국 그룹에 속하지만 기부 지수만큼은 세계 1위를 다툰다. 영국자선재단(CAF: Charities Aid Foundation)이 매년 발표하는 세계기부지수에 따르면 미얀마는 2014년부터 2017년까지 4년 연속 1위를 차지할 정도로 나눔의 문화가 생활 깊숙이 자리 잡고 있다.

유엔사무총장을 배출한 자긍심

제8대 UN사무총장인 반기문 총장을 배출한 한국과 함께 미얀마 역시 제3대 UN사무총장 우탄트(U Thant)를 배출한 아시아 국가이다. 한국인이 유엔사무총장에 선출된 것이 2006년 당시 한국의 국력과 위상을 반영하듯, 60년대에 유엔사무총장을 배출한 미얀마(당시는 버마)의 당시 위상을 가늠케 한다. 1962년 군사쿠데타로 군부독재의 길로 접어들고 쇄국정책을 펴면서 국력이 급속히 후퇴하기 전까지 미얀마는 아시아를 호령한 축구강국, 그리고 싱가포르 국부 리콴유 총리가 젊은 시절 버마 양곤대에 유학을 생각했을 정도로 강성했던 국가였다. 2020년은 양곤대(Yangon University)가 창설 100주년을 맞는 해였다. 수찌 국가고문은 여러 계기에 교육을 통한 인재양성이 한국의 급속한 경제발전을 가능케 한 원동력이었음을 언급하면서 미얀마가 낙후된 교육 시스템을 개혁하는 데 한국의 지원을 간곡히 요청하였다. 그런 만큼 한국 정부는 그간 농촌개발, 교통, 에너지, 공공행정에 집중되어 있던 개발협력사업에 교육을 추가시키면서 미얀마 측 기대에 호응하였다.

높은 교육열

로버트 캐플란(Robert D. Kaplan)은 그의 저서 《몬순》(Monsoon)에서 미얀마가 국민 1인당 교육에 40센트, 보건에 1.1달러를 할애하면서 전 세계에서 가장 많은 현역군인을 유지하는 국가 중 하나라고 강하게 비판하고 있다. 미얀마는 한때 아시아에서 가장 훌륭한 대학들을 자랑하는 국가였다. 미얀마의 역사학자 딴민우 박사는 《감춰진 버마의 역사》(The Hidden History of Burma)에서 미얀마 사회주의 건설을 꿈꿨던 독재자 네윈이 미얀마의 교육을 붕괴시켰다고 혹독히 비판한다. 딴민우 박사는 영국 식민주의가 미얀마의 역사를 왜곡하는 크나큰 아픔을 가져왔지만 아시아 최고 수준의 교육시스템을 구축한 것은 부인키 어려운 기여라고 평가한다. 그는 지금 미얀마가 낙후된 여러 원인 중 단연 낙후된 교육시스템을 꼽는 데 주저하지 않는다.

미얀마의 낙후된 교육 인프라 현실을 보여주는 사례를 들어보자. 미얀마 대학교들은 모두 국립대학교인데, 학생들 등록금이 3만 짯, 한화로 약 2만 5천 원이고, 기숙사 비용이 5만 짯, 우리 돈으로 약 4만 원 정도이니 믿기 어려울 정도이다. 교수들의 월급이 50만 짯(400달러 정도)이 안 된다. 미얀마에서도 과외 등 사교육이 성행한다. 대학입학 시험도 한국처럼 경쟁이 대단히 치열하다. 한국처럼 명문대, 그중에서도 법대, 의대, 이공대 등 인기학과에 들어가기 위해 사교육을 마다하지 않는다. 교수들도 부족한 월급을 보충하기 위한 수단으로 (법적으로는 허용되지 않지만) 제자들을 대상으로 과외수업을 하는 경우가 많다. 미얀마 정부의 예산 편성 가운데 가장 많은 예산을 쓰는 부처는 기획재정부, 전력에너지부, 국방부인데, 그 다음이 교육부이다. 한국의 경우 보건, 교육, 국민안전, 주택, 국방 순인데, 미얀마도 교육이 최상위권을 차지한다는 점은 공통적인 것 같다.

수찌 여사가 2019년 1월 "인베스트 미얀마 써밋"(Invest Myanmar Summit) 국제회의를 주관하면서 기조연설에서 "미얀마에 대한 가장 현명하고 위대한 투자는 바로 미얀마 사람들, 특히 교육과 보건에 투자하는 것이다"라고 호소한 바 있다. 2020년 총선을 몇 달 앞둔 시점에서 미얀마 국민들을 대상으로 정부와 집권 여당 NLD의 국정 수행에 대한 여론조사가 실시된 바 있다. 그때 긍정평가가 50%를 조금 넘는, 여권으로서는 상당히 실망스런 평가가 나왔는데, 국민들이 가장 간절히 개선되기를 바라는 부분이 교육과 보건 분야로 나타났다. 수찌 국가고문도 이러한 국민들의 갈망과 낙후된 교육, 보건의료 현실을 누구보다 잘 알고 있다. 수찌 국가고문이 개인적으로 심혈을 기울이는 외곽조직이 있는데 돌아가신 모친 이름을 딴 도킨지 재단(Daw Khin Gyi Foundation)이다. 수찌 여사의 양곤 사저와 담장을 사이에 둔 곳에 위치한 도킨지 재단이 하는 여러 가지 사업 가운데 가장 중점을 두고 있는 분야가 바로 교육과 보건이다.

한국전 당시 쌀을 지원해 준 친구의 나라

아직도 많은 미얀마 사람들은 과거 미얀마(당시 버마)가 한국과 함께 아시아 축구 양대 강국으로 군림하던 사실에 큰 자부심을 갖고 있다. 이 밖에 미얀마가 과거에 강성했던 흔적을 보여주는 일화로서 한국과의 인연은 또 있다. 미얀마 사람들은 기부와 나눔이 생활에 배어 있지만, 그렇다고 과시하거나 남이 알아주기를 추구하지는 않는다. 미얀마는 과거 한국전 때 5만 달러 상당의 쌀을 지원해 준 고마운 나라인데, 그 사실을 먼저 이야기하는 법은 거의 없다.

지금은 한국이 미얀마에 쌀을 지원해 주고 있다. "아세안 플러스 쓰리 비상 쌀 비축제"(APTERR: ASEAN Plus Three Emergency Rice Reserve)라는 제도를 통해서이다. 쌀은 아세안과 한, 일, 중 3국에서 예외 없이 중요한 식량이기 때문에 대규모 자연재해 등 비상시를 대비해 쌀을 비축해 두었다가 어려운 국가에게 도움이 되도록 운용하자는 취지로 만들어진 제도이다. 2000년대 초 전 세계적인 식량가격 폭등으로 식량안보의 위험에 눈을 뜬 아세안 국가들과 한, 중, 일 3국이 파일럿 프로젝트(pilot project)를 통해 운영하다가, 2013년 3월 APTERR 메커니즘을 공식 발족시키게 된다. 필자는 2018년 라카인 주에서, 2019년 바고 주에서, 그리고 2020년에는 양곤에서 APTERR를 통해 쌀을 미얀마에 기증한 적이 있다. 다음 사진은 2020년 쌀 기증식 행사 때 사진이다. 당시 600톤의 쌀을 미얀마 10개 주에 공급하였는데, 그 행사에는 태국 방콕에 본부를 둔 APTERR 사무총장도 화상으로 참여하여 한국의 지원에 사의를 표하였다. 미얀마는 전 세계적으로 주요 쌀 생산국이고, 영국 식민지 시절 버마는 한때 300만 톤의 쌀을 수출하여 당시

▲ APTERR 행사

전 세계 쌀 수출의 절반 가까이 차지할 정도로 농업 부국이었다. 하지만 오랜 국제 제재 속에 농업생산성이 뒤처지면서 지금은 식량안보 문제에 취약한 국가가 되어버렸다. 코로나19 사태를 거치면서 국제적으로 전 산업에 걸쳐 공급망에 문제가 생기면서 미얀마도 쌀 등 주요 농산품 수출에 상당한 타격을 입게 된다. 또한, 미얀마는 기후변화에 갈수록 취약성을 드러내고 있기 때문에 식량안보는 계속해서 국가적 도전이 될 것으로 우려된다. 2020년 노벨평화상을 수상한 UN 세계식량기구(World Food Programme) 사무총장은 2020년 세계가 경험한 코로나19는 닥쳐 올 식량안보 위기에 대한 경종을 울렸다면서, 국제사회가 힘을 모으지 않는다면 앞으로 "기아 팬데믹"(hunger pandemic)을 경험하게 될 수 있다고 경고한 바 있다. 그런 점에서 한국이 중요한 역할을 수행하고 있는 APTERR는 미얀마를 포함한 아세안 국가들로부터 상당히 좋은 반응을 얻고 있다.

한국과 자웅을 겨루던 축구, 씨름과 유사한 찐

스포츠와 관련된 닮은꼴을 소개해 본다. 한국에서는 설과 추석 같은 명절 때 흔하게 접하는 스포츠가 씨름이다. 대표적인 민속 스포츠인 씨름과 비슷한 경기가 미얀마에도 있다. 미얀마 서부 라카인주에 가면 '찐'(kyin)이라 불리는 전통 스포츠 동상을 볼 수 있다. 필자가 라카인주에 출장 가서 그 지방의 대표적인 전통 스포츠인 '찐' 동상을 보고 우리의 민속경기인 씨름과 너무도 흡사해서 깜짝 놀랐다. 모래판 위에서 겨루는 선수들의 차림새나 경기기술이 너무도 닮았다. 씨름의 샅바는 아니지만 미얀마 전통복장인 론지(longyi) 하의가 시합 중 벗겨지지 않도록 묶는 줄을 샅바처럼 사용하는데, 몽골의 브흐나 일본의 스모는 모두 샅바를 사용하지 않고 주로 상체, 팔을 많이 사용하여 상대를 공격하는 데 비해, '찐'은 우리 씨름과 같이 다리기술을 많이 구사한다.

2019년 6월 양곤에서 미얀마 전통스포츠 찐과 한국의 씨름 선수

▲ 전통운동경기. 찐

권 대회가 개최되었다. 미얀마 전통 찐 및 씨름 연합에서 주최한 경기인데 2015년 미얀마에서 씨름을 해외에 소개하는 경기가 개최된 것이 기원이 되었다.

또한 미얀마에는 우리나라의 줄다리기와 흡사한 '른쒜뻬'(lun swae pwe)라고 불리는 민속놀이도 있다. 6월에서 10월까지 이어지는 우기에 비가 집중적으로 내리고 건기에는 비가 잘 오지 않는 기후적 특성을 가진 미얀마에서 우기가 다가오는 데도 불구하고 비가 내리지 않으면 이 놀이를 하면서 비가 오게 해달라고 하늘과 부처님께 기원하곤 했다고 전해진다.

민속놀이나 스포츠뿐만 아니라 위에서 잠시 언급한 바와 같이 한국과 미얀마는 축구로도 인연이 많다. 2018년 FIFA 월드컵에서 한국이 독일을 2:0으로 이기는 이변을 일으키자 당시 미얀마 군총사령관은 필자에게 서한을 보내 같은 아시아 국가로서 한국이 너무도 자랑스럽다고 축하 인사를 보내왔다. 1960년대부터 1970년대 중반까지 당시 버마는 아시아 축구를 호령했다. 과거 박정희 대통령이 만든 박스컵 대회에서 원년부터 3회 대회까지 우승을 차지한 사실만 보더라도 그 당시 버마 축구의 실력을 가늠할 수 있다. 지금도 상당 부분 스포츠가 국력과 비슷하게 가는 걸 보면 그 당시 아시아권에서 상당했던 버마의 위상도 짐작할 수 있다. 지금도 미얀마에서는 가장 인기가 많은 종목은 단연 축구이다. 각 주마다 프로축구 클럽이 있는데, 재미있는 사실은 모든 클럽 팀 이름에 유나이티드(united)를 붙인다. 마치 박지성 선수가 활약하던 '맨유'(맨체스터 유나이티드)처럼 그 지역 이름에 유나이티드 단어를 붙인 이름을 쓴다. 미얀마가 평화와 단합을 국가적 과제로 하면서 국민 스포츠인 축구를 국민적 단합을 도모하는 매개로 하려는 의도에서 비롯된 것이라고 한다.

2 고마운 사람들이 놓은 다리

앞에서 다룬 바와 같이 한국과 닮은꼴이 많다 보니 자연스럽게 한국 문화에 대한 친숙함 또한 크다.

미얀마 해외송출 근로자들의 꿈

한국산업인력공단에서 시행하는 고용허가제(EPS: Employment Permit System)는 미얀마에서 해외 노동자로 나가기를 희망하는 사람들에게 꿈이라고 해도 과언이 아니다. 2020년 현재 주로 동남아, 서남아, 중앙아시아 등 16개국으로부터 해외노동자 한국 송출이 이루어지고 있는데 미얀마도 그 가운데 속한다.

필자는 사실 고용허가제에 대해 아는 바가 거의 없었다. 그런데 2018년 초 미얀마에 부임한 지 얼마 되지 않아 부산지역 한 제조공장에서 일하던 미얀마 노동자가 불의의 사고를 당해 뇌사상태에 빠지는 일이 있었다. 그 미얀마 노동자가 장기를 기증하고 세상을 떠났는데 그 덕분에 한국인 4명이 새 생명을 얻은 일이 보도되었다. 한국에서도 너무 아름다운 미담으로 당시 많이 회자되었는데, 필자도 양곤에 있는 고인의 누나와 매형을 만나 위로를 건넨 바 있다. 불교문화가 지배적인 미얀마에서도 장기기증 문화가 있다. 윈툿소(Win Htut Zaw) 씨 누님께서는 동생이 독실한 불교신자로서 평소에 자기보다 어려운 사람을 보면 돕는 데 주저함이 없었다면서 동생의 뜻을 기리고 후생에 좋은 인연으로 다시 태어나기를 기원하는 뜻에서 가족들이 장기기증을 결심했다고 하였다. 미얀마 동포사회(당시 한인회 전성호 회장)에서도 윈톳소 씨의 뜻을 기리기 위해 윈톳소 장학금을 만들어 그가 생전에 다니던 학교에 매년 일정 금액을 기증하고 있다. 재미얀마 한인사회가 미얀마 현지인들의 마음을 얻는 따뜻한 선행이라고 할 수 있다.

젊은 연령대의 노동력이 차고 넘치는 미얀마는 낮은 개발 수준으로 인해 일자리 창출과 청년 실업이 대단히 심각한 사회문제이다. 노동집약적 산업인 봉제공장의 경우 평균 임금이 25~30만 짯(한국 화폐가치로 약 20~25만 원) 정도 받는다. 한국에 송출된 미얀마 근로자가 제조업 분야에서 일할 경우 월평균 임금을 약 250만 원 정도 받는다고 하니 미얀마에서의 월급수준과 비교하면 정말 꿈꾸기 어려운 수준이라고 할 수 있다. 한국도 과거 어려웠던 시절에 중동 등지에 나간 우리 근로자들의 해외송금이 효자 노릇을 한 바 있는데, 미얀마와 한국의 닮은 모습을 보는 듯 했다.

미얀마에서는 고용허가제가 2008년부터 시행되었다. 매년 송출 인력이 꾸준히 증가하여 2020년 시점에서 43,500여 명이 송출된 것으로 집계되며, 주한미얀마 대사관의 통계에 따르면 2020년 현재 한국에 거주하고 있는 미얀마 근로자는 약 2만 5천 명에 달한다. 흥미로운 점은 현재 한국에서 생활하는 미얀마 근로자 중 여성 근로자는 단 한 명도 없다는 사실이다. EPS 제도가 시행중인 16개 국가 중 미얀마가 유일하다. 미얀마 정부가 법으로 금지하고 있는 것은 아니지만 노동이민 인구부에서는 1개 사업장에 미얀마 여성근로자가 최소 5명 이상 있는 곳에만 여성근로자를 보내는 것을 내부방침으로 하고 있기 때문에 미얀마 여성근로자의 한국행은 사실상 어렵다.

고용허가제를 통해 한국에 가려면 한국어 시험을 반드시 통과해야 하는데 EPS Topik이라고 불리는 이 시험을 치를 때면 원서접수부터 장사진을 이룬다. 미얀마 언론에 크게 보도될 정도로 이 시험의 인기는 하늘을 찌른다. 고용허가제는 한국어 보급에도 적지 않은 공을 세우고 있는 것으로, 미얀마에 불고 있는 한국 문화에 대한 열풍과 함께 상승작용을 하고 있다.

미얀마의 소파 방정환, 동화작가 마웅저

일제강점기 어린이의 날을 제정하고 아동잡지 〈어린이〉를 창간한 아동문학가 소파(小波) 방정환 선생님을 모르는 한국 사람은 없을 것이다. 성격은 다르지만 미얀마에 한국의 방정환 선생님을 연상시키는 동화작가가 있다. 양곤에서 "따비에 어린이 도서관"을 운영하는 마웅저(Maung Zaw) 대표이다. 따비에(Tha Byae)는 미얀마에서 흔히 볼 수 있는 나무인데 작지만 단단한 잎을 가지고 있고, 미얀마 사람들은 따비에 나무가 평화와 행복을 지켜준다고 믿는다. 그래서 사찰 또는 건물을 지을 때 공력이 높은 스님들을 모셔다가 따비에 나무에 물을 적셔 주춧돌이나 기둥, 또는 현판에 문지르는 의식을 한다.

마웅저 대표가 쓴 《미얀마, 마웅저 아저씨의 편지》라는 동화책이 있는데, 미얀마에 관심이 있는 사람들은 한번 읽어볼 만하다. 짧지만 미얀마의 아픈 현대사를 이해하는 데 도움이 된다. 스물다섯 살 청년시절 군부독재를 피해 한국으로 건너가 갖은 고생을 하면서 20년간 조국을 그리워하고 미얀마의 민주화와 발전을 기원한 마웅저 대표의 삶을

▲ 따비에 어린이 도서관 행사

잘 그리고 있다. 특히 미얀마의 발전을 위해서는 어려운 환경에 있는 미얀마 어린이들에게 글 배우기와 책 읽는 기회를 줘야 한다는 신념하에 한국에서 많은 노력을 기울였다. 2014년 마흔 다섯 살 중년이 되어 미얀마로 돌아온 마웅저 대표는 "따비에 어린이 도서관"을 만들어 불우한 환경에 있는 어린이들에게 도서관에서 자유롭게 책을 읽을 수 있게 해주고 있다. 양곤에서뿐만 아니라 도시에서 멀리 떨어진 곳, 심지어 미얀마 북부 소수민족 마을까지 다니면서 '찾아가는 도서관'을 운영하고 있다. 읽기 좋고 교훈적인 내용이 담긴 한국 동화책을 미얀마어로 번역하여 보급하고 있다. 마웅저 대표는 미얀마와 비슷한 아픔을 가진 한국이 이룬 발전을 보면서 미얀마도 하루빨리 군부통치에서 벗어나 한국처럼 눈부신 발전을 이루길 바라는 마음에서 어린이들에 대한 교육에 한평생을 바치기로 결심한 것이다. 위 사진은 한국 기업들의 지원으로 건립된 "따비에 어린이 도서관" 개관식 때 사진이다.

　필자가 마웅저 대표를 마지막으로 만난 것은 쿠데타가 발발한 지 100일이 조금 지난 시점이었다. 마웅저 대표 부부와 점심식사를 함께하는 자리에서 그가 고등학생 신분이었던 88항쟁 당시와 현재 상황에 대해 비교한 말이 오랫동안 기억된다. 한 달여 정도 만에 막을 내린 88항쟁 당시 시민들은 어린 학생들이 군경에 의해 희생되는 데 대해 분노했지만, 솔직히 민주주의가 무엇인지, 인권이나 평화, 시민사회라는 개념에 대해서도 잘 알지 못했다고 한다. 반면 2021년 시위 주도세력인 Z세대는 2010년대 민주화 과정에 대한 경험을 바탕으로 미얀마가 다시 군부통치로 회귀한다면 자신들의 미래는 없다고 생각했고, 따라서 더 이상 잃을 것이 없다는 결연한 각오로 저항을 이어 나가고 있다고 분석하였다. 또한 88항쟁 당시에는 양곤 등 주로 대도시에서 민주화 운동이 전개되었으나 2021년 민주화 시위는 대도시부터 외곽의 작은 마을, 그리고 분쟁지역까지 전국적으로 이루어지고 있다고 하였다. 민영 언론과 SNS를 통해 실시간으로 정보가 공유되고, 한계는 있지만 소수민족과도 연계가 이뤄지고 있는 점, 그리고 국제 시민사회와의 소통도 활발하다는 점도 88항쟁 당시와 크게 다르다고 지적하였다.

수찌 국가고문이 방한 연수를 요청한 Project-K

Project-K는 BTS처럼 7인조 남성 밴드로 구성된 미얀마 인기그룹이다. 2019년 11월 부산에서 열린 한-아세안 특별정상회의 때 양국 정상회담이 개최되었는데, 그때 아웅산수찌 국가고문이 문재인 대통령에게 한국 문화에 대한 미얀마 국민의 뜨거운 관심과 사랑에 대해 이야기하면서 Project-K 밴드가 한국에서 전문적인 연수를 받을 수 있도록 도와달라고 요청하였다. 문화, 관광교류와 관련된 의제를 다루는 자리라고 하더라도 양국 정상회담 자리에서 특정 연예인에 대해 그런 구체적인 요청을 하는 일은 매우 드물다.

수찌 국가고문이 Project-K 밴드에 대해 유달리 관심을 갖고 지원한다는 사실은 미얀마에서는 널리 알려져 있었다. 사람들을 특히 놀

▲ 수찌 여사 관저에서 함께 찍은 사진

라게 한 일화가 있다. 2020년 1월 미얀마 독립기념일 공식연회 때였다. 미얀마에서 매년 1월 4일 독립기념일을 기념하는데, 가장 중요한 국경일이라고 할 수 있다. 수도 네피도에 소재한 대통령궁에서 연방정부와 의회, 군부 최고위급 인사들과 외교단을 초청하여 연회를 갖는다. 이 자리에서는 항상 미얀마 공연단이 전통 춤과 노래를 공연하는데, 2020년 행사 때 전체 30여 분 가량 진행된 공연의 하이라이트격인 가장 중간 퍼포먼스를 Project-K가 장식하였다. 미얀마 전통 춤과 노래를 들어본 사람이라면 Project-K가 이런 공연무대에 등장하는 것이 얼마나 파격인지 금방 이해할 것이다. 필자 또한 깜짝 놀랐는데, Project-K가 공연하는 동안 이 밴드가 2016년 한국에서 열린 대회에서 수상한 사실이 자막으로 깔려 나왔고, 공연 중간 중간 안내자가 수차례나 한국에서 K-pop을 연마한 밴드라고 소개하였다.

필자는 2019년 5월 수찌 국가고문 네피도 관저에 저녁식사 초청을

▲ K-Wind Soul Beat 공연장에서 촬영한 사진

받아 간 적이 있다. 그때 수찌 여사가 Project-K 이야기를 먼저 꺼내면서 세계적으로 높은 인기를 누리고 있는 한국 케이팝을 미얀마 전통 춤에 접목하여 창의적 시도를 하는 걸 보고 기특하다고 여겼다면서 이후 정부가 주관하는 큰 행사에 이들을 불러 공연할 기회를 주기 시작했다고 들려주었다. 수찌 국가고문의 마음을 사로잡은 것이 무엇인지 궁금했다. 수찌 여사가 Project-K에게 꿈이 무엇이냐고 물었더니, 한국의 BTS가 노래와 춤을 통해 한국과 한국문화를 세계에 각인시킨 것처럼 자기들도 미얀마 노래와 춤을 통해 미얀마를 세계에 알리고 싶다는 포부를 말했다고 한다.

수찌 여사의 한국문화에 대한 관심은 미얀마 정부 내에서도 잘 알려져 있다. 2018년 11월 한국 대사관이 주최한 K-Wind Soul Beat라는 공연이 있었다. 한국에서 공연팀이 와서 네피도에서 공연을 가졌는데, 수찌 국가고문이 참석하겠다는 연락을 받았다. 큰 기대 없이 초청장을 보냈는데 참석 통보를 받고 너무 기뻤다. 수찌 여사는 공연 한 시간 내내 열중해서 관람했는데, 공연을 마치고 배웅을 하는 필자 부부에게 너무 흥미로웠으며 한국의 힘과 열정을 느낄 수 있었다고 하면서 구체적으로 어떤 프로그램이 특히 좋았다고 할 정도로 진지한 관심을 보였다.

현지 직원이 100% 한국어를 구사하는 공관

한국이 유지하는 재외공관 중 현지인 행정원이 100% 한국어를 구사할 줄 아는 공관은 주미얀마 대사관이 거의 유일할 것이다. 미얀마에는 양곤 외국어대학교와 만달레이 외국어대학교 두 곳에 한국어학과가 있다. 한국어과는 영어학과, 일본어학과와 함께 가장 인기가 좋고 입학 경쟁이 치열하다. 미얀마에 불고 있는 한류 확산 속에 갈수록 인기가 높아지고 있다고 하니 참으로 반가운 일이다. 필자도 양 대학교를 수차례 방문하여 한국어과 학생들과 교류의 시간을 가진 바 있는데 한국어 실력에 깜짝 놀라곤 했다. 학교수업과 함께 한국 드라마를 거의 한국과 동시간대에 접하는 것도 한국어 실력향상에 큰 도움이 되는 것 같았다. 특히 양곤 외대에는 "Window on Korea"라는 이름의 한국관이 설치되어 있다. 한마디로 한국어 교재와 다양한 분야의 서적들이 소장된 작은 도서관이라고 할 수 있다. 한국 대사관에서는 매년 한국 정부가 제공하는 도서와 한국어 강습교재들을 양곤 외대와 만달레이 외대에 전달하고 있다. 미얀마에서는 한국어에 대한 젊은이들의 관심을 반영하여 현재 대학교에서만 강의하고 있는 한국어 교육을 중학교에서도 확대 시행하는 방안을 한국 정부와 협의하고 있다. 수준 높은 대학교에서 배출되는 능통한 한국어 인재들에 더해 미얀마 근로자들의 한국 송출제도를 통해서도 한국어가 자연스럽게 보급되고 있기 때문에 앞으로는 중고등학교까지 한국어 교육이 확대되기를 기대해 본다.

미얀마에는 한국어 보급을 위한 세종학당도 2016년부터 운영되고 있다. 양곤에 있는 양곤대학교에 설치되어 있는데 매년 한국어 강좌를 수강하는 학생이 급격히 늘고 있다. 양곤대학교는 미얀마 학생들 가운데 가장 우수한 재원들이 입학하는 곳이다. 해를 거듭할수록 세종학당 수강생이 늘어나고 있어 운영 5년차가 되는 2020년에는 수강생이 200명을 넘었다. 워낙 우수한 학생들이 몰린 곳이다 보니 세종학당에서 한국어를 수강하는 학생들 수준이 양곤 외대와 만달레이 외대에 있는 한국어과 학생 실력을 뺨칠 정도이다.

한국어학과를 졸업한 학생들의 한국어 구사 및 한국문화에 대한 이해도가 높은 것은 차치하고, 필자를 놀라게 한 것은 미얀마에 부임하고 나서 공관에 근무하는 현지인 행정직원들이 모두 한국어로 소통이 가능한 것이었다. 놀라운 일은 외국어대에서 한국어를 전공한 출신들이겠거니 했는데, 대부분이 한국어학과를 다니지 않은 사람들이었다. 한국이 좋아서 한국 드라마와 영화를 보면서 한국어를 익힌 것이라고 한다. 사자성어를 구사할 정도로 한국어를 능통하게 구사하는 미얀마 젊은이들을 보면 미얀마가 1960년대 초 군사독재 정권이 교육제도를 망가뜨리고 우민화 정책을 펼치지만 않았더라도 지금과는 완전히 다른 모습을 하고 있을 거라는 안타까운 마음을 갖게 된다.

마음을 얻는 기업사회적책임(CSR) 활동

필자가 미얀마에 근무하면서 느낀 바는 미얀마에서의 투자활동을 위해서는 인내심을 갖고 미얀마 현지사업 상대의 마음을 얻는 것이 성공의 열쇠라는 것이다. 미얀마 사람들은 사람에게 마음을 쉽게 열어 보이지 않는다. 아마 오랜 군사독재와 사회주의체제 속에서 체득된 조심스런 자세로 보인다. 그런 만큼 신뢰를 쌓는 데 시간이 오래 걸린다. 그러나 한 번 신뢰관계가 형성되면 미얀마도 한국처럼 딴요진이라고 불리는 정(情)이 넘치는 나라임을 알게 된다. 미얀마에서 투자활동을 하려고 들어온 사람들 가운데 초기에 좌절하는 경우가 많다. 반면 미얀마에서 크게 자수성가한 분들도 많은데 이분들이 한결같이 지적하는 것이 현지인의 마음을 얻는 노력과 인내심이다.

그런 점에서 우리 기업들이 미얀마에서 행하는 기업사회적책임(CSR: Corporate Social Responsibility)이 불러일으킨 훈훈한 장면 몇 가지를 소개해 보고자 한다.

고통의 시간 밤을 희망의 시간으로 바꾼 마나웅섬 태양광발전소

2019년 12월 라카인주 마나웅(Man Aung)섬에 출장을 갔다. 미얀마에 진출한 한국기업 중 가장 규모가 큰 투자활동인 가스전 사업을 시행하고 있는 포스코인터내셔널이 미얀마에서 두 번째로 큰 섬인 마나웅섬에 태양광발전소를 기증한 행사가 열렸다.

미얀마는 동남아 국가들 중에서도 전력보급률이 가장 낙후된 곳이다. 2019년 12월에야 전력보급률 50% 달성을 축하하는 국가적 행사가 윈민 대통령 주관하에 열렸으니 말이다. 한반도 3배나 되는 큰 나라의 전력보급률이 그 정도이니 저 멀리 국경지대나 도서지역은 국가 송배전망에 연결되어 있을 리가 없다. 마나웅섬은 미얀마에서도 가장 개발이 저조한 라카인주에 있고, 그것도 섬이다 보니 미얀마 정부로서도 우리 기업이 기증한 태양광발전소 사업에 큰 기대를 가지고 있었다. 이 행사에 혹시나 기대했던 수찌 국가고문 참석이 확정된 것이다.

그만큼 미얀마 정부에게 전력문제는 민감하고 중요하다는 것을 보

▲ 마나웅 섬 태양광발전소 준공식

여주었다. 행사 축사를 한 수찌 국가고문은 미얀마에 진출한 한국 기업들이 다양한 CSR 활동을 통해 미얀마 현지주민들의 마음을 얻고 있다고 하면서 수차례나 이러한 윈윈(win-win) 파트너십이 중요하다고 강조하였다. 수찌 국가고문에 이어 현지주민 대표로 나선 연사의 말은 더욱 감동적이었다. "밤은 고통과 두려움의 시간이었는데, 한국 기업이 기증해 준 태양광발전소를 통해 하루 종일 전기를 공급받을 수 있게 된 것은 그야말로 꿈이 현실로 이루어진 것이다"라고 하면서 기쁨과 감사의 마음을 표했다.

나르기스(Nargis)로 인연을 맺은 교실 건립 활동

지금 한국에서도 애국가를 4절까지 제창하는 경우는 매우 드물다. 하물며 해외에서 그런 행사를 보기는 더욱 어렵다. 그런데 미얀마 양곤

외곽지역에 있는 한 고등학교에서 애국가가 4절까지 제창되는 가슴 뭉클한 일이 있었다.

한국의 한 장학재단이 우연한 계기에 2008년 사이클론 나르기스로 수십만 명의 사상자와 이재민을 낳은 미얀마를 찾은 일이 있다. 그때 처참한 폐허로 변한 낙후지역에 고등학교 교실을 지어주는 일을 시작으로 미얀마와 인연을 맺은 지 10년. 뜻을 세우기도 어렵지만 10년을 초지일관하기는 더욱 어려운 일이다. 이 장학재단이 10년간 한 고등학교를 대상으로 매년 교실 증축, 식수대 설치와 화장실 개조 등과 같은 장학사업을 펼쳐온 데 대한 보은의 뜻으로 이 고등학교와 지역주민들이 학교 이름을 '대한민국 석성고등학교'로 개칭했고 2018년 말 추가적인 장학사업차 방문한 재단관계자들을 위해 지역주민들이 운집한 가운데 정성을 모아 환영행사를 베풀어줬다. 그날 환영행사에서 4절까지 울려 퍼진 애국가를 따라 부르는 학생과 지역주민들의 모습은 '상대의 마음을 얻는 것'이 무엇인지를 웅변으로 보여줬다.

미얀마에서 가장 큰 도시인 양곤에서 조금만 외곽으로 나가도 제대로 된 교실조차 없는 학교가 많다. 과거 한국전 이후 변변한 교실이 없어 천장만 임시로 올린 공간에서 흙바닥에 앉아 공부하던 때를 떠올리게 된다. 그런 만큼 미얀마에서는 교실만 지어줘도 감사해 하는데, 미얀마에 진출한 한국 기업들 중 학교와 교실 지어주기 봉사활동을 하는 곳이 많다. 필자가 이런 덕을 본 적이 있다. 미얀마에서 상당히 알아주는 기업체로 쉐따웅(Shwe Taung) 그룹이 있는데, 그룹 회장이 90년대 초부터 미얀마 전역에 학교 건물과 교실 기증 사업을 전개하고 있다. 2018년 100번째 학교 건물 기증식 행사를 가졌는데, 미얀마에서 교실 기증 등 교육 분야에 기여가 큰 외국공관 세 곳을 선정하여 시상을 하는데 한국, 인도, 이스라엘이 선정되었다.

Team Korea 정신을 발휘한 코로나19 지원

미얀마에서 최초 확진자가 발생한 2020년 3월 말부터 5월 초까지 거의 매주 한국 정부와 미얀마 진출 우리 업체들의 코로나19 진단키트, 방역복 등 의료물품 지원이 이루어졌다. 여기에는 한국 NGO 단체와 미얀마 교민사회도 가세했는데, 미얀마 언론에서는 한국이 정부와 민간 차원에서 Team Korea로 미얀마가 어려울 때 따뜻한 지원을 해 준다는 좋은 평가를 받았다. 또한, 미얀마 국민들이 가장 많이 이용하는 SNS 채널인 페이스북에서도 '필요할 때 친구가 진정한 친구인데, 한국은 친구가 무엇인지를 보여주었다'는 반응들이 쏟아졌다.

미얀마에 코로나19 2차 유행이 불어 닥친 2020년 9월 이후에도 한국 기업들의 선행은 계속되었다. 이때 히트를 친 것은 신속진단키트였다. 신규 확진가가 급속도로 증가하는 상황에서 통상적인 방식의 검진역량만 가지고는 밀려드는 검진 수요를 도저히 감당해 내기 어렵게 되었다. 그러자 미얀마 보건당국은 한국 대사관에 SOS를 쳤다. 한국업체가 제조한 미국 FDA 승인을 받은 신속진단키트(또는 간이진단키트)를 긴급 지원해 달라는 요청을 한 것이다. 이에 한국 정부는 총 100만 달러 상당의 신속진단키트를 긴급 제공해 주었는데, 정부 차원의 지원뿐만 아니라 미얀마에 진출한 여러 기업들도 힘을 보탰다. 필자가 한국의 신속진단키트 공수 관련 업데이트 차원에서 하루는 국제협력부장관과 통화하였는데, 코로나19 2차 유행상황에서 한국이 독보적으로 지원을 제공해 주어 수찌 국가고문을 포함한 미얀마 정부와 국민들이 대단히 고마워한다는 인사를 전해 온 바 있다. 필자가 유엔에 근무하면서 접한 단어 중 '공여 피로증'(donor fatigue)이란 말이 있다. 전쟁, 기근, 자연재해 등 상황에서 인도적 지원을 필요로 하는 곳이 계속 생겨나고 그런 수요가 장기화되면서 주요 공여국들의 기여에도 한계가 있기 마련이다. 미얀마에서도 그런 현상이 발생한 것인데, 그럼에도 불구하고 한국이 적극적인 지원활동을 펼침으로써 한국의 K 메딕(K-Medic)에 대한 이미지가 크게 제고되고 한국 기업들에 대한 인식 또한 동반 상승하는 것을 확연히 느낄 수 있었다.

꼭 코로나19 지원에 대한 호응은 아니지만 미얀마 정부로부터 고무적인 반응도 있었다. 2020년은 미얀마 정부가 금융시장 개방 차원에서 외국계 은행에 대한 영업허가권을 발급하는 과정에 있었는데, 이 심사에서 중요한 평가기준 중 하나가 해당 은행이 미얀마에서 어떤 CSR 활동을 전개하면서 미얀마 사회에 동화되기 위해 노력했는지를 본 것이다. 2020년 신규 영업허가권 부여 당시 한국계 은행은 2016년 영업허가를 받은 신한은행이 유일했다. 이런 상황에서 우리 진출기업들이 코로나19로 어려운 상황에 처한 미얀마에 가장 발 빠르게 지원활동을 전개하면서 좋은 이미지를 공고히 한 것이다. 결국 2020년 4월 중순 발표된 외국계 은행에 대한 신규 영업허가권 발급에서 한국계 은행이 3곳이나 선정되었다. 이로써 2021년 현재 한국은 4개 은행이 영업허가를 획득함으로써 미얀마 금융시장에 진출한 국가 가운데 최고 반열에 올랐다.

미얀마에서 생산한 코로나19 방역복 ― 누이 좋고 매부 좋고

한국에서 코로나19가 한창 기승을 부리던 2020년 3월, 마스크는 물론이고 방역복(PPE: Personal Protective Equipment) 확보가 지상과제

▲PPE 공수 관련 공군기 앞에서 촬영한 사진

로 부각되었다. 이때 미얀마에 진출한 우리 봉제업체, KM헬스케어가 생산하는 수술용 가운 8만 벌을 우리 공군 수송기를 통해 한국으로 긴급 수송한 일이 있었다.

우리 업체가 생산한 방역복을 한국으로 수송하는 것이 뭐가 어려운 일이냐고 생각할 수도 있지만, 정상 방문 또는 동맹국간 합동군사훈련의 경우도 아니고 평시에 타국 군 수송기가 투입되는 것은 생각만큼 간단한 일이 아니다. 더구나 당시는 WHO가 코로나19를 세계적 대유행(팬데믹)으로 선언할 즈음이었기 때문에 방역복과 같은 코로나19 대응에 절실한 물품이 턱없이 부족한 미얀마 당국의 반출 승인을 당연시하기는 어려웠다.

미얀마에는 약 100여 개의 우리 봉제업체들이 조업하고 있는데 한국이 코로나19로 어려울 때 해외 생산공장이 방역복 생산기지로서의 역할을 훌륭히 해낸 것이다. 또한, 우리 해당업체는 자체 생산한 마스크에 "힘내라, 대한민국" 구호를 미얀마어로 "힘내라, 미얀마" 로고를 새겨서 미얀마 정부에 기증하였다.

미얀마에 진출한 한국 기업들은 기업사회적책임(CSR) 활동을 통해 좋은 이미지를 구축하고 있다. 위에 기술한 방역복 공수작전은 우리 업체들이 평소에 쌓은 윈-윈 파트너십에 대한 미얀마 정부와 국민들의 신뢰가 없었다면 쉽지 않을 수도 있었다. 그만큼 평소에 마음과 신뢰를 얻는 것이 중요하며, 미얀마에 투자진출을 생각하는 사람들에게 꼭 당부하고 싶은 메시지이다.

 알고 보면 재미난 사실들

미얀마에는 없어서 좋은 것들과 없어서 불편한 것들이 있다. 투자든, 여행이든, 봉사활동이든 현지사정을 잘 파악해야 효과를 거둘 수 있는 법. 그런 시각에서 필자가 관찰한 바들을 공유해 본다.

저가항공사가 취항하지 않는 미얀마

미얀마를 찾는 한국 관광객들에게 가장 불편한 점 중 하나는 한국의 저가항공사가 취항하지 않는 것이다. 항공분야 전문가에 따르면 미얀마 양곤국제공항까지 약 6시간이 걸리는 거리가 저가항공이 논스톱으로 취항하기에는 애매하다고 한다. 양곤에서 비행시간 1시간 거리의 방콕과는 달리 항속거리가 한국 저가항공사 보유 비행기로는 조금 미치지 못하기 때문에 중형 비행기를 추가 구매해야 한다는 설명이다.

물론 채산성이 높다면 이야기는 달라질 것이다. 필자가 2019년 미얀마 제2의 도시인 만달레이에서 열린 투자유치박람회에 참석했을 때의 기억이 난다. 미얀마 마지막 왕조 도읍이었던 만달레이는 외국 관광객이 많이 찾는 도시 중 하나이고, 같은 만달레이 주에 속하고 차편으로도 이동이 가능한 거리에 세계적 불교유적지 바간(Bagan)이 위치하고 있어 더더욱 관광명소로 잘 알려진 곳이다. 투자유치박람회에서 만달레이 주의 관광활성화를 다루는 세션에 참석했는데, 발표자가 미얀마 바간과 캄보디아 앙코르와트를 비교하는 것이었다. 발표자는 두 고대 유적지를 비교하면서 한국인 관광객 수를 표를 통해 설명했다. 바간은 1년에 한국인 관광객이 4만 명 정도 방문하는 데 비해 앙코르와트는 40만 명이 방문한다고 하면서 3천 8백 개 이상의 파고다와 탑을 간직한 세계적 불교유적지 바간이 왜 앙코르와트와 비교할 때 관광지로서의 흡인력이 그토록 크게 차이 나느냐는 반성어린 질문을 던진 것이다. 그 투자유치박람회가 열린 2019년은 바간이 유네스코의 세계문화유산으로 지정된 해였다.

2020년 *Forbes*지가 포스트 코로나19 시대 가성비 좋은 관광지로 미얀마와 함께 필리핀, 이란, 튀니지, 에티오피아, 조지아, 슬로베니아 등 7개국을 선정하였다. 그만큼 미얀마는 천혜의 관광자원을 갖춘 곳이다. 한반도 3배에 달하는 넓은 영토를 갖추고 있고, 따닌띠리(Tanintharyi)주 최남단 지점부터 까친(Kachin)주 최북단 지점까지 남북으로 종단길이가 약 2,100km에 달한다. 동남아 국가 중 유일하게 만년설이 위치한 나라이기도 하다. 그러니 아직 세상에 많이 알려지지 않은 훌륭한 자연경관을 가진 곳이 많다. 한국 관광객들에게도 널리 알려진 바간, 만달레이, 인레 호수, 응야빨리 해변 등은 한국에서 오는 비행기가 착륙하는 양곤에서 차로 이동하기에는 너무 멀다. 국내선 비행기로 이동해야 하는데, 미얀마는 국내선 항공요금이 상당히 비싼 편이다. 외국인과 내국인에 대한 요금이 크게 차이가 난다. 내국인의 경우에도 일반인과 정부 공무원, 군인에게 적용되는 요금에 차이가 제법 난다. 한국 같으면 상상하기 어려운 일이다. 필자가 미얀마 관광분야 정부 인사들과 만날 때 해외관광객 유치 등 관광산업 활성화를 위해서는 주변국에 비해 너무 비싸게 책정된 국내 항공요금을 인하할 필요가 있다는 조언을 자주하였다. 그러나 시장경제 자본주의에 대한 이해가 아직은 부족한 탓인지 취약한 국내 항공업계 보호를 위해서는 당분간 부득이한 조치라는 반응이었다.

미얀마 정부가 2018년 10월부터 한국 관광객을 대상으로 비자면제 조치를 일방적으로 취한 데 힘입어 2019년 미얀마를 찾은 한국 관광객 수가 처음으로 10만 명을 돌파하였다. 외교관계에서 상호주의는 기본인데 미얀마 정부가 일방적으로 비자면제 조치를 결정한 것은 상당히 이례적인 것이었다. 미얀마 정부가 관광인프라와 서비스개선을 위한 조치에 적극 나서고 있는 만큼, 국내 저가항공사가 취항하고, 미얀마 국내 항공요금이 인하된다면 한국 관광객들에게도 미얀마는 분명 더 매력적인 행선지가 될 것이다.

오토바이 없는 양곤 도심

동남아 도시들을 방문하면서 도로를 빼곡히 메운 무질서한 오토바이들 때문에 깜짝깜짝 놀라거나 정신없다는 인상을 받은 분들이 많을 것이다. 그런 분들이 양곤에 오면 대개 보이는 반응이 차분하고 깔끔하다는 것이다. 필자는 그런 반응에 대해 아마 오토바이가 없는 도로 모습도 한 몫 하는 것 같다고 호응하곤 했다.

양곤 도심에 오토바이 운행을 금지시킨 결정이 언제, 어떤 배경에서 이루어졌는지에 대해 명확한 설명을 들은 바는 없다. 혹자는 과거 군부통치 시절 오토바이 소음을 극도로 싫어하는 군부지도자의 명령에 따른 것이라고 하고, 혹자는 점성술에 의지하던 군부지도자가 점성술사의 말에 따라 그렇게 한 것이라고도 한다. 여하튼 양곤 도심에서는 경찰 오토바이 이외에는 오토바이를 찾아볼 수 없으니 그로 인한 소음과 무질서에 시달릴 일은 없다. 단, 오토바이 운행이 금지된 곳은 양곤 도심지역에만 해당되고 도심을 조금 벗어나면 오토바이 행렬을 쉽게 볼 수 있다. 그리고 양곤 이외에 다른 지역에 가면 오토바이 소음과 무질서한 모습을 접하게 된다.

미얀마에서 음식배달 서비스도 갈수록 성행하는데 양곤 도심에서는 모두 자전거로 이루어진다. 상대적으로 자전거 타는 사람들이 많은데 야간에 차량을 운전하는 사람들은 자전거를 조심해야 한다. 자전거 통행로가 따로 없기 때문에 차량들과 섞여 도로를 달리고, 심지어 도로 중앙선을 타고 아슬아슬하게 다니기도 한다. 문제는 밤에는 차량을 운전하는 사람에게 이런 자전거가 자동차 불빛 사이에 가려 시야에 안 들어오는 경우가 많아 조심할 필요가 있다.

전국에 터널이 하나도 없는 도로망

샨주에 여행을 간 적이 있다. 샨주는 미얀마에서 가장 큰 지역으로서 아름다운 풍광을 간직한 땅인데, 한국에도 제법 많이 알려진 거대한 규모의 산정호수인 인레(Inle) 호수가 있는 곳이다. 샨주에서 자동차로 여행하면서 굽이굽이 산악지대에 터널을 뚫으면 이동시간이 절반 이하로 단축될 텐데 왜 터널이 하나도 없는 걸까 하는 궁금증을 가졌다.

샨주뿐만이 아니다. 미얀마처럼 넓은 나라에 터널이 하나도 없다면 믿기지 않을 것이다. 미얀마 최대도시 양곤에 지하철이 없는 데 대해서는 아직 지하철망을 깔 역량이 안 되고 우기가 너무 긴 미얀마 환경에서 그나마 이해할 수 있었으나, 전국에 터널이 하나도 없다는 데 깜짝 놀랐다. 혹자는 군부 산하에 있는 국경관리부가 관리하는 터널이 있다는 말도 하는데, 군사시설로 관리되어 그런지는 몰라도 그런 사실이 확인된 바는 없다. 어쨌든 2021년 현재까지 미얀마에는 산악지대에 도로를 내기 위해 뚫은 터널이 없다는 것이 공인된 사실이다.

그러나 미얀마 북부지역은 산악지형이 대부분이고 태국, 중국 등 접경국가와의 물류 이동이 많기 때문에 터널 건설은 반드시 필요하다. 특히 미얀마에서 샨주는 가장 면적이 큰 데다 광물자원이 풍부하고 자연경관이 뛰어나기 때문에 접경국과의 육상교역과 지역개발 측면에서 터널 공사는 절실히 필요하다. 이런 가운데 미얀마 건설부는 샨주 주도인 따웅지(Taunggyi)와 태국 접경지대에 있는 도시인 따칠렉(Tachileik)으로 이어지는 구간에 터널공사를 추진 중이며, 미얀마 측 요청에 따라 한국도로공사에서 타당성조사를 실시한 바 있다. 터널공사는 공사 자체도 고난도 기술이 요구되지만 각종 케이블, LED 조명, 정비시설 등이 수반되는 종합 건설프로젝트이다. 한국이 각종 해외건설에서 입증한 훌륭한 터널공법에 대해서 미얀마 정부도 익히 알고 있는 만큼, 한국형 터널이 미얀마에 도입된다면 상당한 파급효과를 기대할 수 있다.

2020년은 경부고속도로가 개통된 지 50주년이 되는 해였다. 미얀마에도 한국의 경부고속도로에 해당하는 고속도로가 있는데 양곤에서 출발해 수도 네피도를 지나 만달레이까지 이어지는 총 연장 520km의 도로이다. 일각에서는 죽음의 도로라고도 알려져 있는 도로이다. 한국의 국토교통부와 도로공사 관계자들이 실제 이 구간을 차로 왕복해 본 바에 따르면 아스팔트가 아닌 콘크리트로 깔린 도로상태는 소문처럼 그렇게 위험하지는 않다고 한다. 다만 고속으로 주행시 커브 길에서 도로 선형 커브각이 너무 커서 자동차가 차선을 벗어날 위험성은 있다고 지적한다. 필자가 차로 양곤-네피도를 수차례 다녀본 바에 따르면, 왕복 4차선의 도로에 외곽과의 경계를 두는 난간이 없어 고속도로가 지나는 동네에서 오토바이, 개, 소 등이 도로에 진입하는 일이 있어 조심해야 한다. 또한, 가로등이 거의 없어 특히 우기 시즌에 야간운전은 피하는 것이 좋다.

미얀마는 건설부가 도로와 교량을, 교통통신부가 철도를 관리한다. 철도와 도로가 얼마나 촘촘히 연결되어 있느냐는 그 나라의 발전 정도를 가늠해 볼 수 있는 대표적인 기준이다. 그런 점에서 미얀마는 갈 길이 멀다. 필자가 대사로 재임하는 동안 교통통신부장관과 건설부장관 모두 한국을 방문한 경험이 있는데 돌아와서 한결같이 한국의 교량, 도로, 철도, 지하철 현황 및 컴퓨터로 제어되는 시스템이 너무나 인상적이었다고 말하였다. 워낙 이 분야의 인프라 수요가 많기 때문에 해외 건설사업에서 세계적인 역량을 인정받는 한국으로서는 투자 진출할 여지가 크다. 이런 이유에서인지 미얀마는 아세안지역에서 한국도로공사가 정식 사무소를 유지하고 있는 유일한 국가이다. 그만큼 도로, 교량, 철도 등 인프라 투자 가능성이 크다는 것을 의미한다. 도로공사 전문가에 따르면 앞으로 적어도 20~30년은 미얀마 인프라 건설 수요가 무궁무진할 것으로 보인다. 미얀마 진출을 공격적으로 전개하는 중국과 일본과의 경쟁에서 한국이 입지를 확고히 해 나가기를 기대한다.

음악, 미술, 체육이 없는 학교 수업

필자가 미얀마에서 근무하면서 안타깝게 생각한 부분이 미얀마 사람들이 대단히 명석하고 교육열이 높음에도 불구하고 한창 전인교육이 필요한 나이의 어린이들에게 음악, 미술, 체육 수업이 없다는 점이었다. 반세기 가까이 교육이 무너진 미얀마는 교육을 통한 인재양성에 힘을 쏟고 있다. 국어, 영어, 수학만 잘한다고 인재가 양성되는 것은 아니다. 균형 있는 교과목을 통해 글로벌 시민으로 자라나기 위해서는 음악, 미술, 체육과 같은 과목도 교과과정에 포함되어야 하는데 미얀마에는 아직 그런 토양이 갖추어져 있지 못하다.

2019년 9월 한국의 한 방송사에서 한국 유명가수 5명이 출연하는 〈나의 음악 쌤, 밍글라바〉라는 프로그램 제작을 위해 미얀마를 방문한 적이 있다. 양곤, 바간, 만달레이 등 주요 도시의 학교를 방문하여 어린 학생들에게 음악수업을 제공하는 프로그램을 기획한 것이다. 미얀마 교육부와 방송채널을 관장하는 공보부 등 관련부처에서도 적극 협조를 해주었다. 2020년 2월부터 총 6회에 걸쳐 방영되었는데, 미얀마 태권도협회장이 경영주로 있는 포춘티비(Fortune TV)에서 방영된 이 음악프로그램은 큰 인기를 얻었다.

체육도 마찬가지이다. 학교에서 구기종목 등 운동을 하는 수업이 없다는 사실에 놀랐다. 한창 성장기에 있는 학생들에게 체육수업이 없다는 것은 안타까운 일이다. 또래 한국 학생들에 비해 미얀마 학생들의 신장이 작은 것은 영양문제를 떠나서 체육교육이 제대로 시행되지 않

▲ 민퉤 보건체육장관이 태권도복 입은 사진

는다는 점도 원인 중 하나라고 본다. 미얀마에서 축구 다음으로 학생들
이 방과 후 활동으로 많이 하는 운동 중 하나가 태권도이다. 이 점에
착안해서 한국대사관은 미얀마 보건체육부와 함께 학교에서 태권도를
보급하는 문제를 협의하였다. 미얀마 정부 측 반응은 의외로 좋았다.
보건체육부에서는 학생들이 수업을 모두 마치고 집에 돌아가기 전에
반드시 30분 정도 운동을 해야 집에 가도록 하는 방침을 전국 시·도
교육당국에 하달했다. 한국 국기원에서는 태권도 보급에 적극적인 관
심을 보여준 미얀마 보건체육부 장관에게 태권도 명예 태권도 단증과
도복을 선사하기도 했다.

빅 데이터까지 갈 길 먼 미얀마

공문서에 여전히 도장을 찍는 일본이 종이결재 시스템을 탈피하려
고 한다는 기사가 실린 적이 있다. 미얀마에서 근무하는 동안 여전히

많은 부분에서 수작업으로 문서와 기록이 유지되는 것을 보면서 놀란 때가 많다.

우리로 치면 주민등록증조차도 전산화되어 있지 않아 미얀마 국적 사람들이 소지한 시민증(national identity card)도 일일이 수기로 작성되어 있다. 나이 10살이 되면 발급받는 미얀마 시민증에는 이름과 생년월일, 혈액형, 주소 이외에도 소지자의 신장이 얼마인지, 신체적 특징이 무엇인지와 함께 직업도 기재된다. 특히 어느 민족인지와 종교까지 기재하도록 되어 있어 인권단체 등으로부터 차별 소지가 있다는 비판을 받는다. 혈액형을 넘어 신장과 신체적 특징까지 기재하게 되어 있다는 것은 한국처럼 보편적 건강보장시스템이 갖춰져 있지 않다는 것을 의미한다. 필자가 양곤에 가장 최근 설립된 종합병원에 진료를 위해 드나든 적이 있는데 방문할 때마다 일일이 문서에 수기로 접수해야 하는 번거로움을 겪어야 했다.

자동차와 관련해서도 등록, 면허개정, 정기점검, 보험 등이 일원화되어 있지 않기 때문에 겪는 불편함도 크다. 금융시장이 개방되면서 시중은행들은 이제 전산망을 갖추었지만 국영은행에서는 여전히 수기로 작성하는 일이 허다하다. 이처럼 국민들 생활과 직결된 다양한 부분에서 국가전산망이 구축되어 있지 않은데, 이런 문제는 시민들이 겪는 불편함은 물론이거니와 국가 기간인프라인 교육, 보건, 재정 등 많은 부분에서 심각한 결함이다. 이런 문제는 미얀마가 국제신용평가 기관들로부터 평가대상에서 제외되는 이유가 되기도 한다. 국제신용평가사들은 미얀마 기업들 대부분이 회계장부를 투명하게 관리하지 않는다는 지적을 하고 있는데, 이 또한 국가전산망 부재에도 일부 기인한다. 미얀마 정부도 이런 문제의 심각성을 인식하고 전자정부(e-Government)

구축을 위해 박차를 가하고 있다. 예컨대 기업체를 전산시스템에 등록하는 MyCO라는 제도를 2018년 말에 발족시켰다. 업체 등록절차가 너무 번거로웠던 과거 관행을 타파하고 전산등록으로 간편하게 절차를 개선한 것인데, 한국 기업들도 200개 가까이 등록되어 있다.

한국은 전자정부 측면에서 세계 최고 수준이다. UN이 2년마다 193개 회원국들 대상으로 '전자정부 발전지수'를 발표하는데, 온라인 서비스, 통신 인프라, 인적 자본 등 3가지 분야를 종합적으로 평가한다. 한국은 지난 10여 년간 최상위권을 유지하고 있는데 2020 유엔 전자정부 발전지수에서는 2위를 차지하였다. 이뿐만 아니다. 경제협력개발기구(OECD)가 처음 실시한 2019년 디지털정부평가에서 한국 정부가 종합 1위를 차지하였다. 회원국 29개국과 비회원국 4개국 등 총 33개국을 대상으로 실시된 조사에서 종합 1위를 차지한 것은 대단한 성과이다.

미얀마도 한국의 우수한 전자정부 시스템과 서비스를 잘 알고 있으며 우리의 제도를 도입하는 데 많은 관심을 갖고 있다. 필자가 미얀마에서 근무하던 2018년 한국 법제처가 코이카(KOICA)와 함께 미얀마 통합법령정보시스템을 발족하는 행사를 가진 바 있다. 그 전까지만 해도 일반 국민들은 자기 나라에 어떤 법령들이 있는지 알기 어려운 상황이었는데 한국이 구축해 준 통합법령정보시스템을 통해서 스마트폰을 이용해 미얀마어와 영어로 현행 모든 법령 정보를 검색할 수 있게 된 것이다.

이 밖에도 미얀마 정부가 서둘러 구축해야 할 전자정부사업 분야는 너무도 많다. 2020년 현재 코이카가 새롭게 착수한 자동차통합정보시스템 이외에도 전자주민증, 출입국통합관리시스템, 통합고용정보시스템, 그리고 국가 균형발전 관리에 필수적인 지적도 구비 등 실로 많은 분야에서 전자정부 시스템을 도입하기 위한 검토를 진행 중이다. 전자정부 시스템 구축은 파급효과가 큰 만큼 블루오션이라고 할 수 있는데, 한국이 이런 분야에서 좀 더 적극적인 영역을 확보하기를 기대한다.

무좀이 없는 나라

미얀마 사람들은 무좀이 없다고 한다. 양말과 구두를 신을 일이 거의 없기 때문이다. 미얀마는 동남아에서도 거의 유일하게 사람들이 평상시에도 전통 복장인 론지와 슬리퍼를 착용한다. 수찌 국가고문이 외국을 공식 방문하는 경우에도 론지와 슬리퍼 차림으로 각종 행사에 참석한다. 서양문명에 길들여진 사람들 눈에 의아하게 보일 수도 있지만 그것이 미얀마가 보여주는 공식 의복인 것이다.

필자가 한국에서 오는 손님들에게 농담 섞어서 미얀마에서 구두와 양말 장사는 설 자리가 없다고 말하곤 한다. 그런데 넥타이도 비슷하다. 평소 론지를 입는 미얀마 사람들이 넥타이를 맬 일은 거의 없다. 해외출장을 가는 공무원의 경우에는 넥타이를 가지고 가지만 그렇지 않은 이상 1년에 넥타이를 맬 일은 거의 없다. 의복은 기후와도 상당히 밀접한 연관성을 가지는데 미얀마의 론지와 슬리퍼 차림은 미얀마의 더운 기후에서 기원을 찾을 수 있다.

미얀마에서 몇 년 이상 살아본 사람들은 계절적인 차이를 느낀다. 비를 좋아하는 사람들에게 미얀마 우기는 매우 운치 있다. 11월 하순부터 1월까지는 미얀마 사람들은 겨울이라고 부른다. 더위에 약한 사람은 그때도 땀이 날 정도지만, 현지인들의 경우 12월이 되면 파커 복장의 중무장한 사람도 볼 수 있다. 미얀마에는 집에 난방시설이 없다. 믿거나 말거나 양곤에서 12월에 기온이 10도 대로 떨어지면 얼어 죽는 사람도 나온다고 한다. 눈을 보는 것이 소원이라는 사람들도 많다. 그 래서 눈을 보기 위해 겨울에 한국으로 여행가는 사람들도 점차 늘어나 고 있다.

스타벅스와 맥도날드가 없는 미얀마

외교관이나 기업 주재원들이 부임하는 나라가 험지인지 여부를 측 정하는 지표 가운데 스타벅스와 맥도날드 매장이 진출해 있는지를 따 지기도 한다. 미얀마에는 아직 스타벅스와 맥도날드가 없다. 한국의 톰 앤톰스 커피 전문점, 그리고 롯데리아가 성업 중인데 왜 세계적인 네트 워크를 갖춘 미국의 대표브랜드 스타벅스와 맥도날드는 없는 것일까. 필자가 있는 동안 스타벅스가 곧 들어온다는 소문은 여러 차례 있었지 만 실현되지는 않았다. 미국 대사에게 물어본 적이 있는데 미 행정부나 의회에서는 결코 이들 대기업의 미얀마 진출과 관련하여 압력을 가한 바 없다고 한다. 기업들이 평판도 위험 측면의 자체 판단에 따라 아직 진출하지 않고 있다고 한다. 결국은 로힝자로 불리는 라카인 이슈와 연 관된 국가 이미지 때문이라는 뜻인데, 그렇다면 가까운 시일 내에 이들 브랜드를 미얀마에서 접하기는 쉽지 않을 수도 있다. 물론 기업은 시장 성과 미래 투자가치를 가장 중요시 여기는 만큼, 앞으로의 상황은 단언 키 어렵다. 그러나 2021년 미얀마에 군사 정변이 일어남에 따라 기업 평판도 측면에서의 부담은 더 커졌다고 하겠다.

4 Big Three

한국과 미얀마를 잇는 우정의 다리

아웅산수찌 국가고문이 2018년 한국이 미얀마에 크리스마스 선물을 주었다고 한 프로젝트가 있다. 달라대교(Dala Bridge) 착공식에서 필자에게 한 말이다. 달라대교는 한-미얀마 우정의 다리로 더 잘 알려져 있다. 달라대교는 미얀마 최대도시이자 경제허브인 양곤 남쪽의 구도심과 양곤강(江) 건너 위치한 달라지역을 잇는 교량이다.

수찌 여사는 매년 12월 크리스마스를 양곤에 있는 사저에서 보낸다. 미얀마 정부는 한국으로 치자면 강남에 해당하는 달라지역 개발에 있어 우정의 다리를 필수적인 사업으로 인식하고 있었으며, 그런 이유에서 하루라도 빨리 착공식을 통해 양곤 시민들에게 희망을 주고 싶어했다. 그런 이유로 수찌 국가고문은 2018년을 넘기지 말고 착공식을 개최하라는 지시를 관련부처에 하달한 것으로 알려졌다. 수찌 국가고문이 크리스마스를 지내기 위해 양곤에 오는 때를 맞춰 착공식 날짜를 잡았는데 마침 12월 24일 크리스마스 이브였다. 그날 행사에서 수찌 국가고문 비서관이 필자에게 들려준 바에 따르면 수찌 여사는 2016년 집권 이후 달라지역을 처음 방문한 것이라고 한다. 양곤에서 가장 낙후된 지역인 이곳 민심을 감안할 때 지역개발을 위한 희망의 메시지를 발신하기를 바라던 차에 한국의 지원으로 건설하는 달라대교만큼 좋은 기회는 없었던 것이다. 착공식 행사장에 달라 지역 주민들 수천 명이 운집함은 물론 항구로부터 착공식이 거행된 행사장까지 이동하는 도로

▲ 우정의 다리 공사현장 방문

에 주민들이 몰려나와 '메이 수'(Amay Suu), 우리말로 '어머니 수'(수찌 여사를 부르는 애칭)를 연호하는 시민들 모습이 아직도 선하다.

양곤강은 측정지점에 따라 차이가 있으나 강폭이 700m에 달하고 깊은 곳 수심은 20m나 되는 큰 강이다. 배로 건너면 약 1시간이 소요되고 우회도로로 강 건너 달라지역으로 가려면 1시간 반 이상 걸린다. 우정의 다리가 개통되면 5분이면 건널 수 있으니 그 편리함과 경제적 효과는 대단히 클 것으로 기대된다. 양곤강에는 2020년 현재 교량이 4개가 있다. 필자가 양곤주 주지사, 건설부차관 등 일행과 2020년 8월 우정의 다리 공사현장을 방문한 적이 있는데, 그때 미얀마 정부 인사들에게 한강에는 현재 교량이 30개가 있다고 들려준 바 있다. 현대사회에서 연결성은 사회경제적 발전을 가늠하는 중요한 잣대라는 점에서 볼 때 교량의 숫자로도 양국의 발전 정도를 비교해 볼 수 있을 것 같다.

우정의 다리는 수찌 국가고문과 틴쪼 대통령(틴쪼 대통령은 2018년

3월 건강상 이유로 사퇴하고 후임 원민 대통령이 취임하였다)을 처음 예방했을 때 두 사람 모두 언급할 정도로 한국과 미얀마 양국의 대표적 협력 사업이다. 그러나 실제 착공에 들어가기까지의 과정은 결코 순탄했던 것만은 아니다. 미얀마에서 가장 큰 현대식 교량 건축 프로젝트이다 보니 우여곡절이 많았다. 교량 건설은 건설부 소관이지만 양곤강 등 하천 관리와 내륙 운송을 종합 관리하는 부처는 교통통신부였다. 그리고 미얀마 의회는 대외부채에 매우 보수적인 태도를 갖고 있었다. 그래서 기획재정산업부에서는 아무리 좋은 조건에서 제공되는 한국 정부의 유상 원조라고 해도 채무 규모에 대해 상당히 엄격한 잣대를 들이댔다.

무엇보다 교통통신부 산하 항만청에서 양곤강을 오가는 선박 운항에 따른 안전을 확보하는 문제와, 이 강을 터전으로 하는 페리 운항 등 기득권 설득에 시간이 필요하다는 입장을 보였다. 말이 페리(ferry)지 양곤강에 교량이 없다 보니 사람과 물자 운송은 모두 선박과 나룻배 같은 작은 보트들로 이루어졌는데 이 일에 종사하는 사람들에게는 생계와 직결된 문제였던 것이다. 결국 선박 운항상 안전을 위해 주경관장(main stay)을 200m 더 넓히는 것으로 정리되었다. 교량 건설과 관련된 이견과 이해관계의 대립이 있다 보니 교량이 아닌 해저터널 아이디어까지 있었다. 어느 나라라고 이름은 밝히지 않겠지만 위에 언급한 이견들이 있음을 알아챈 서구권 제3국이 미얀마 당국에 해저터널 구상을 조용히 타진한 것이다. 물론 미얀마 당국에 의해 심각하게 검토된 아이디어는 아니었지만 크고 의미 있는 사업을 하다 보니 이런 저런 일들이 참 많구나 하는 현장 경험을 하였다.

필자가 재임하는 동안 미얀마 건설부장관, 교통통신부장관, 투자대외경제관계부장관, 양곤주지사 등 우정의 다리 사업과 관련된 고위인사들이 한국을 연이어 방문했다. 인천대교는 세계적 수준의 사장교(cable–stayed bridge)로서 우정의 다리도 같은 공법으로 건설될 것이다.

미얀마를 3년 내지 5년 만에 다시 방문하시는 분들은 도시의 모습이 변하는 것을 확연히 실감한다고 한다. 양곤국제공항도 그렇고, 양곤에서 가장 훌륭한 특급호텔인 롯데호텔도 그렇고, 대형 쇼핑몰인 미얀마 플라자가 들어서는 것이 대표적인 변화라고 하겠다. 그런 점에서 볼 때, 우정의 다리가 갖는 파급효과는 훨씬 클 것이다. 양곤의 얼굴이 바뀌는 것은 물론, 우정의 다리가 가져올 경제적 파급효과는 호텔, 쇼핑몰에 비할 바가 아닐 것이다.

미얀마 생산 전진기지, 한-미얀마 경협산단

우정의 다리와 함께 미얀마에서 한국이 펼치는 프로젝트 사업의 대표선수로 한–미얀마 경제협력 산업단지, KMIC(Korea–Myanmar Industrial Complex)가 있다. KMIC는 양곤시 북쪽으로 약 10km 지점에 위치한 야웅니삔(Nyaung–hnit–pyin) 지역에 조성될 예정이다. 면적은 약 68만 평으로서 여의도 면적의 약 80% 정도이다.

해외 인프라 사업, 특히 미얀마 최초로 건설될 한국 정부 차원의 산업단지와 같은 중요한 사업을 힘 있게 추진하기 위해서는 해당국 정부의 정치적 의지가 매우 중요하다. 2019년 9월 문재인 대통령의 국빈 방문 계기에 맞춰 KMIC 기공식을 거행한 것은 이런 한국 정부의 의지를 행동으로 보여준 것이었다. 당시 양곤 롯데호텔 그랜드볼룸에서 가진 기공식에서 미얀마측은 1부통령을 비롯하여 건설부장관, 투자대외경제관계부장관, 상무부장관, 양곤주지사 등 고위인사가 대거 참석하여 산단 프로젝트에 대한 높은 기대를 보여주었다. KMIC가 한국형 스마트·그린 산단으로 조성되면 약 150~200개의 한국 중소·중견기업이 입주함으로써 한국 기업의 미얀마 생산 전진기지 역할을 할 것이라는 기대를 반영한 것이다. 이런 기대는 미얀마 정부 내에서 확연히 느껴진다. 코로나19 위기가 닥치면서 미얀마 정부는 포스트 코로나19 시대에 글로벌 공급망 재편이 미얀마에 기회가 될 수도 있음을 인지했다. 중국, 베트남, 인도네시아 등지에서 새로운 해외 생산공장 이전의 움직임이 있을 수 있다는 데 착안했고, 그런 맥락에서 KMIC가 가진 매력에 주목한 것이다.

미얀마에는 2021년 현재 3개의 특별경제구역이 조성되었거나, 조성중이다. 양곤에 위치한 띨라와(Thilawa), 라카인주 짜욱퓨(Kyaukpyu), 그리고 따닌띠리주 다웨이(Dawei)이다. 미얀마 특별경제구역을 관장하는 법령에 따르면 특별경제구역으로 지정되기 위해서는 최소 1,000헥타르(약 3백만 평)가 되어야 한다. KMIC가 68만 평이기 때문에 특별경제구역으로 지정되기에는 규모가 미치지 못한다. 그러나 미얀마 정부는 한국 정부가 조성하는 최초의 산단 프로젝트로서 경제허브인 양곤의 발전을 위해 절대적으로 필요하다는 판단하에 KMIC에 원스톱서비스(one-stop-service) 센터를 입주시켜 특별경제구역에 준하는 혜택을 부여해 준다는 방침이다.

KMIC는 2022년 말까지 전체 68만 평 가운데 38만 평을 1단계로 준공하고, 나머지는 2024년 말까지 2단계로 단계적으로 조성될 예정이다. 위 사진은 2020년 12월 24일 거행된 KMIC 착공식 장면이다. 미얀마측은 이 행사에 수찌 국가고문이 네피도에서 코로나19 대응을 지휘해야 하는 관계로 축하 영상메시지를 보내왔고, 투자대외경제관계부장

▲ KMIC 착공식 사진

관, 양곤주지사, 양곤주 의회의장, 건설부차관 등 고위인사들이 대거 참석하였다. 수찌 국가고문은 KMIC를 통해 21세기형 일자리 창출이 기대되며 미얀마 제조, 산업분야 발전에 기여해 미얀마의 지역 및 글로벌 가치사슬 참여를 더욱 용이하게 할 것이라는 기대감을 표명하였다. 특히, 수찌 여사는 한국이 이룬 한강의 기적에 빗대어 "KMIC는 에야와디강의 기적을 만드는 데 새로운 발걸음이 될 것"이라는 큰 기대를 표명하기도 하였다. 착공식이 거행된 다음날, 즉 12월 25일 성탄절에 미얀마 언론은 KMIC 착공식을 1면 톱기사로 다루면서 대대적으로 보도하였다.

한편, 2020년 10월 말 LH는 우리나라의 해외 도시개발사업 최초로 국제투자보증기구(MIGA: Multilateral Investment Guarantee Agency)의 '정치적 보험'에 가입해 안정적인 사업추진 기반을 마련했다고 발표했다. '국제투자보증기구'는 개발도상국에 대한 민간 투자를 보장하고, 투자를 촉진하기 위해 1988년 설립된 World Bank 그룹의 국제기구로서, 설립 이후 약 118개국 900여 개 프로젝트에 70조 원 규모의 보증을 제공했다. KMIC 사업주체인 LH가 이 보험에 가입함으로써 LH는 전쟁, 내란, 송금제한, 계약불이행 등 사업손실 최소화 방안을 마련했고, 국제기구의 공신력을 활용해 미얀마 정권교체 등 정치리스크와 무관하게 안정적인 사업추진이 가능해졌다. 또한, 산업단지 개발과정에서 국제기구에서 요구하는 높은 수준의 환경, 노동 등 기준에 부합해야 한다는 의무도 부과됨으로써 ESG(환경, 사회, 거버넌스 앞 글자를 딴 지속가능 경영의 핵심요소)로 대변되는 사회적 책임을 다하는 신뢰성 높은 프로젝트라는 이미지도 공고히 하게 되었다.

필자는 한−미얀마 경제협력 사업의 양대 축이라고 할 수 있는 우정의 다리와 한−미얀마 경협산단 착공식을 재임기간 중 현장에서 지켜보는 행운을 가졌다. 두 행사 모두 12월 24일 거행된 것도 범상치 않은 우연이었다.

한강의 기적을 양곤강의 기적으로

미얀마 사람들에게도 한국 가수 싸이(Psy) 씨의 〈강남 스타일〉은 익히 알려져 있다. 꼭 그 노래 때문은 아니지만 한국을 안 가본 미얀마 사람들도 상당수가 강남이 어떤 곳인지 알고 있다. 강남 개발의 역사를 어렴풋이나마 알고 있기에 미얀마, 특히 양곤 시민들이 가지고 있는 꿈이 있다. 양곤강 서남쪽에 위치한 달라(Dala)지역을 강남처럼 발전시키는 꿈이다. 달라 지역을 가 본 사람들은 그 꿈이 이루어진다면 그야말로 상전벽해라는 표현이 무색하지 않다고 여길 것이다. 그만큼 달라 지역은 미얀마 최대도시이자 700만 명 인구가 밀집한 양곤에서 가장 낙후된 지역이다.

달라 지역은 방대한 땅이다. 3,600만 평으로 600만 평 규모의 분당 신도시보다 6배나 크다. 그중에서 한국이 시범단지로 약 100만 평을 개발하는 것으로 타당성 조사를 실시한 바 있다. 달라 개발은 앞에서 다룬 우정의 다리와 불가분의 관계에 있다. 우정의 다리가 착공되었을 때부터 달라 지역 주민들은 가장 낙후된 자신들의 터전이 드디어 개발될 것이라는 꿈에 부풀었다. 한국도 미얀마 연방정부와 양곤 주정부에 우정의 다리가 완공된 이후 달라 개발 청사진을 그리는 것은 너무 늦으니 우정의 다리가 완공되기 전에 서둘러 달라 지역 신도시 개발사업에 착수해야 한다고 조언하였다. 달라 지역 개발에 있어 중요한 관건은 용수 확보이다. 강과 바다가 만나는 위치에 놓인 델타지대인지라 자체적으로 담수 조달이 어렵기 때문에 양곤 도심에서 용수를 끌어다 쓰거나 운하를 통해 물을 확보해야 한다. 한국이 건설 중인 우정의 다리에 용수를 실어 나르는 파이프가 연결될 예정인데 이것만으로는 수요를 충족시키기 어렵다. 양곤주에서는 향후 뚠떼(Twante) 운하에 보를 설치하여 달라 신도시에 용수를 공급하는 방안을 구상중인데 계획이 구체화되면 이 사업에도 한국의 투자를 기대하고 있다. 한국이 총사업비 약 7천만 달러의 EDCF 차관지원을 통해 양곤강 서부지역의 수로 정비, 제방 축조, 하상 침식방지 등을 추진하고 있기 때문에 향후 달라 신도시 개발관련 양곤주에서는 기존 한국의 뚠떼운하 건설사업과의 시너지를 염두에 두고 있는 것이다.

달라 지역 개발 인프라가 워낙 미진하기 때문에 미얀마 정부로서는 개발 프로젝트에서 신뢰도가 높은 한국과의 파트너십에 적극적이다. 양곤주의 경우 달라 개발사업이 본격 착수되면 구도심에 집중되어 있는 관공서와 공공시설을 달라 지역으로 이전시켜 개발에 필요한 수요를 창출하는 데 적극 협조한다는 입장을 갖고 있다. 한편, 부동산 개발사업에는 늘 투기의 위험이 따라다니는데, 우정의 다리 착공식 이후 달라 지역 땅값이 상승하고 외지인들의 토지매입이 늘고 있다고 한다. 미얀마는 한국처럼 공익 목적의 개발 사업관련 토지보상법 같은 시스템이 없다. 스쿼터(squatter)라고 부르는 알 박기 형태의 불법주거를 임의로 철거 또는 퇴거시키기가 어렵다. 특히 달라 지역처럼 유망한 국책사업지로서 높은 시세 차이를 거둘 수 있을 것이라는 소문이 퍼지면서 미얀마 대기업들까지 투기성 토지매입에 뛰어드는 현상까지 벌어지고 있다고 한다.

미얀마도 스마트 도시 건설에 많은 의욕을 가지고 있다. 2018년 4월 아세안 10개국 정상들은 당시 아세안 의장국인 싱가포르에서 개최된 제32차 아세안 정상회의에서 아세안 스마트시티 네트워크를 출범시켰다. 아세안 역내 26개 도시를 시범도시로 선정했는데, 미얀마에서는 양곤, 네피도, 만달레이 3개 도시가 포함되었다.

2017년 한국에서도 번역 출간된《지도로 읽는 아시아》라는 책을 보면 아시아에서의 급속한 도시화가 가져올 사회경제적 위험요소에 대해 경고하고 있다. 2015년 도시거주 인구는 전 세계 인구의 약 54%에 달했는데, UN에 따르면 아시아와 아프리카에서 도시화가 가속화됨으로써 2050년에는 이 수치가 69%로 치솟을 것으로 보고 있다. 미얀마는 주변 국가들에 비해 도시화 비율이 낮다. 2018년 현재 도시거주 인구가 1,600만 명 수준으로 도시화 비율이 30%에 불과하지만 미얀마 정부는 2030년을 목표로 설립한 미얀마지속가능발전계획(MSDP: Myanmar Sustainable Development Plan)에 따라 2030년경에는 최소 2천만 명이 도시에 집중될 것으로 보고 있다. 2020년 현재 전체

5천 5백만 명 인구 중 70%가 농촌지역에 거주하고 있는 것으로 추산되는 만큼, 미얀마의 도시화 속도가 그만큼 빠르게 증가할 것으로 예측하고 있는 것이다. UN 지속가능발전목표 중 하나는 사람들을 포용적이고 안전하며 회복력 있고 지속가능하게 거주케 하는 것이다. 도시화 전략에서 갈 길이 먼 미얀마 정부는 한국과 스마트 시티 분야에서의 협력에 많은 관심을 갖고 있다. 유엔 해비타트(UN-HABITAT)도 미얀마의 도시화 성장가능성에 주목하고 있다. 유엔 해비타트는 2017년부터 2021년간 5개년 프로젝트로 아세안지역에서 미얀마, 중동지역에서 이란, 아프리카지역에서 나이지리아 등 3개국을 선정하여 국가 도시정책 수립을 지원하는 사업을 하고 있다.

2020년에 바라본 미얀마와 10년 후인 2030년 시점에서 바라보는 미얀마는 크게 다를 것이다. 그중에서도 도로, 철도, 교량, 공항, 항만 등 국가인프라 연계성과 함께 도시화 측면에서 정말 큰 변화가 있을 거라고 생각한다.

5 미얀마 투자를 위한 조언

경제에서 가장 두려운 적은 불확실성이라고 한다. 그런 점에서 미얀마는 이 책의 제목이 시사하는 것처럼 불확실성이 너무 크다. 2020년 총선에서 수찌 여사가 이끄는 NLD 정부가 압승을 거두면서 국제사회에서는 2021년 4월 출범할 NLD 2기 정부에서 해외투자 유치가 탄력을 받을 것으로 전망했다. 그러나 그런 장밋빛 기대감은 오래 가지 못했다. 2021년 2월 초 미얀마 군부가 군사 정변을 일으켰고, 미얀마 정국은 한 치 앞도 분간할 수 없는 깊은 안개 속을 헤매게 된다. 필자는 2018년 1월부터 거의 4년 간 미얀마에 근무하면서 미얀마야말로 아세안(ASEAN)지역의 마지막 미개척 시장이라는 말에 공감하고 미얀마의 밝은 미래에 강한 기대를 갖고 있었다. 그러나 군부의 총칼 아래 민선정부가 허무하게 무너지고 성난 시민들이 거리를 가득 메우면서 군부 타도를 외치는 혼돈의 모습을 보면서 당초 가졌던 기대감과 낙관적인 생각은 크게 바뀌었다.

미얀마 총선 직후인 2020년 12월 코리아 데스크(Korea Desk)가 공식 오픈되었다. 코리아 데스크는 아세안의 마지막 미개척 시장이라고 일컬어지는 미얀마를 대상으로 한 투자관심이 커지면서 미얀마 시장 진출을 지원하는 원스톱서비스를 위한 전담창구라고 할 수 있다. 미얀마에서 이런 전담창구를 유치하고 있는 나라는 일본, 독일, 호주 등 몇 나라에 불과한 만큼 코리아 데스크 설치는 그 자체로서 상당한 의미가 있다. 인도·태평양 지역에서 인도와 베트남에 이어 미얀마가 세 번째로 코리아 데스크가 설치된 국가인데, 그만큼 미얀마가 한국 투자유치에 적극 나선 결과이기도 하다. 코트라(KOTRA) 사무소가 양곤에 문을 연 시점이 한국과 미얀마가 수교한 1975년이었으니 코트라가 미얀마에 진출한 지 45년 만에 코리아 데스크를 설치한 것도 의미를 더욱 깊게 해준다.

한국 기업과 개인의 미얀마 투자 진출을 돕기 위한 전담창구인 코리아 데스크에는 코트라에서 파견된 전문가가 배치되어 있다. 코리아 데스크는 미얀마 상무부와 투자대외경제관계부 산하 투자청(DICA: Directorate of Investment and Company Administrations) 두 기관 청사에 각각 설치되어 있다. 인도와 베트남에도 코리아 데스크가 있지만 각각 상무부와 산업무역부 한 군데만 설치되어 있기 때문에 중앙부처 두 개 기관에 설치된 것은 미얀마가 유일하다. 미얀마 정부도 외국 투자유치를 효율적으로 지원하기 위해 원스톱 숍(One Stop Shop)이라는 개념을 도입하였다. 외국기업의 투자 관련 행정서비스가 필요한 관련부처 공무원들을 같은 공간에 배치하여 통합적이고 신속한 행정지원을 제공한다는 취지이다. DICA에 설치된 코리아 데스크는 이 부처에 파견된 투자관련 정부부처 공무원들과 같은 건물에서 일하기 때문에 시너지 효과를 기대할 수 있다.

미얀마에 진출코자 하는 기업 또는 개인은 코리아 데스크를 적극 활용하면 좋을 것이다. 또한, 미얀마 투자와 관련된 법률적 자문과 금융시장 환경도 사전에 꼼꼼히 파악해야 할 것이다. 이런 점에서 이미 미얀마에는 한국 대형 금융기관들과 해외사업 분야에 실력을 갖춘 로펌이 진출해 있기 때문에 그동안 미얀마 투자환경에 대해 축적된 자료와 투자사례를 통해 쌓인 실전 경험들을 비교적 잘 갖추고 있다. 참고로, 코트라(KOTRA)와 미얀마 진출 법무법인이 만든 〈2021 미얀마 투자진출 FAQ〉 책자에 투자, 노동, 조세관련 가장 궁금해 하는 질문에 대해 상세한 해설이 정리되어 있으니 좋은 길라잡이가 될 것이다. 또한, 재미얀마 상공회의소(KOCHAM)와 미얀마 연방상공회의소(UMFCCI: The Republic of the Union of Myanmar Federation of Chambers of Commerce and Industries)를 적극 활용하실 것을 권하고 싶다. UMFCCI 는 2019년 창설 100주년을 맞은 유서 깊은 조직이다. 미얀마가 시장경제 시스템에 본격적으로 진입하면서 민관 파트너십의 중요성도 커지고 있다. 특히 코로나19를 거치면서 민간부문의 역할에 대한 인식이 커진만큼 미얀마 정부에서도 UMFCCI의 목소리와 건의를 더욱 존중하는 분위기가 자리 잡혔다.

미얀마에 대한 시장조사를 꼼꼼히 할 것을 권유하는 이유는 흔히들 동남아지역의 여건이 비슷할 것으로 생각할 수 있는데 현실은 전혀 그렇지 않기 때문이다. 동남아는 아세안 연대성(ASEAN solidarity)을 강조하기는 하지만 속을 들여다보면 매우 다양하고 이질적인 요소들이 많다. 미얀마가 속한 메콩(Mekong)지역만 해도 그렇다. 지역 강국으로 자존심이 센 태국, 무서운 기세로 발전하면서 2020년 아세안 의장국을 맡아 남중국해 문제와 같은 민감한 이슈에 있어 중국에도 할 말은 하는 베트남에 비해 (국명 알파벳 첫 글자를 따서) CLM이라고 일컬어지는 캄보디아, 라오스, 미얀마는 개발 수준에서 많이 뒤처져 있다. 국민정서와 취향 또한 국별 차이가 크다. 자동차산업의 예를 들어본다. 미얀마에는 현대자동차를 조립, 생산하는 공장이 있다. 점차 중산층이 넓어지고 이들의 구매력이 높아지면서 가격대비 성능, 즉 가성비가 좋은 한국산 차량에 대한 선호도가 높아지고 있다. 2021년 현재 이 조립공장에서 5개 차종이 생산되고 있다. 미얀마뿐만 아니라 동남아 주변국들에서도 자동차 생산공장을 운영하고 있는데 동남아 국가마다 선호하는 차종이 달라 마케팅전략을 수립하는 데 어려움이 있다고 한다. 어느 나라는 소형 승용차, 어느 나라는 픽업 차량, 어느 나라는 패밀리 사이즈 밴 등 인기 차종이 제각각이기 때문에 시장 수요조사를 철저히 하지 않으면 낭패를 볼 수 있다는 것이다.

소비가 많은 제품의 경우에도 정밀한 수요조사가 요구된다. 식용유의 예를 들어본다. 미얀마는 연중 더운 날씨 탓에 튀김 음식이 흔한데, 그러다 보니 식용유 소비가 많다. 한국산 제품에 대한 인기가 높다는 판단하에 고급 식용유도 잘 팔릴 것으로 생각하고 들어왔다가 크게 고전한 경우가 있다. 미얀마에서는 상대적으로 많이 저렴한 팜(palm)유를 대량으로 유통하고 있는데 유통방식도 드럼통에서 퍼 담는 식이어서 위생 측면에서도 한국산 고급 식용유가 시장점유율을 높여 나갈 것으로 본 것이다. 그러나 상황은 그렇지 못했다. 가정에서 워낙 식용유를 많이 쓰다 보니 가격이 저렴한 제품에 대한 선호가 생각보다 훨씬 견고했고, 검사결과 드럼통에서 대량으로 퍼서 판매하는 팜유가 위생기준에 크게 벗어나지 않는 것으로 드러났다.

미얀마 제빵왕으로 통하는 교민 성공스토리를 하나 더 소개한다. 필자가 미얀마에 근무하는 동안 해당 교민에게 직접 들은 이야기인데 동남아라고 해서 막연히 먹거리 문화가 비슷하겠거니 쉽게 생각했다가는 큰 코 다친다는 경험담이었다. 미얀마와 함께 인도차이나반도에 있는 인근국인 라오스, 베트남, 캄보디아에서는 겉이 딱딱한 바게트빵이 인기가 있는 데 비해, 미얀마는 그렇지 않다. 미얀마 사람들은 식빵과 같이 부드러운 빵을 선호한다. 실제 베이커리에 가 보면 바게트빵보다 부드러운 빵들이 훨씬 잘 팔린다. 미얀마에서 16년 넘게 베이커리를 운영한 미얀마 제빵왕의 설명에 따르면 베트남, 라오스, 캄보디아는 프랑스 식민지 경험을 한 나라들로서 프랑스의 바게트빵에 익숙한 반면, 영국 식민지를 경험한 미얀마는 부드러운 빵 문화에 길들여져 있다는 것이다. 막연히 한국이나 미국, 유럽에서 제빵사 자격증을 따고 국제적으로 유행하는 제빵기술을 보유했다는 자신감만 가지고 뛰어들었다가는 낭패를 볼 수 있는 만큼 그 나라의 역사, 풍습, 문화, 종교 등 철저한 시장조사를 하는 것이 필요하다는 생생한 교훈이라고 생각한다.

2016년 봄 출범한 수찌 국가고문의 NLD 정부는 그해 10월 기존 외국인 투자법을 개정한 신(新) 투자법을 발표하였다. 투자허가가 필요한 일부 사업분야를 제외하고는 외국인 투자를 훨씬 용이하게 하고, 별도의 양허허가에 따라 토지 장기사용에 대한 승인과 세제혜택을 부여받을 수 있도록 하였다. 또한, 2018년 8월에는 신 회사법을 공포하여 외국인의 미얀마 내국회사 지분 취득을 허용하였다. 이에 따라 외국인 지분 35%까지는 내국회사로 취급된다. 영국 식민지 시절 법령인 기존 1914년 회사법하에서는 불가능했던 외국인 주식거래도 가능해졌다. 증권거래법도 제정되어 증권거래소가 설치되어 있는데, 2020년 현재 6개 기업만이 상장한 상태이다. 이 밖에도 미얀마 투자위원회(MIC: Myanmar Investment Commission)의 투자 승인절차 간소화, 투자청(DICA)의 온라인 법인등록 시스템 구축 등 투자 간소화를 위한 다양한 조치들이 시행되었다.

이 대목에서 한 가지 마음 무거운 부분에 대해서도 남겨야 균형 잡힌 제언이 될 것으로 생각한다. 2021년 2월 정권을 찬탈한 군부는 국내 반대세력을 제압하고 권력을 공고화하기 위한 악법들을 추진하였다. 그중 대표적인 것이 사이버보안법이다. 인터넷 서비스 공급자에게 사용자 정보를 정부가 지정하는 장소에만 저장하고, 정부가 요청할 경우 자료를 서면으로 제공할 의무를 부과하는 등 정부의 감시권한을 대폭 확대하였다. AI와 정보통신기술이 선도하는 지금의 세계에서는 데이터가 바로 힘이다. 인터넷 서비스 공급자를 넘어 동 조치의 적용범위를 확대코자 한다면 엄청난 반대와 비판에 직면할 것이다. 특히 외국인 투자자들에 대해 고객 신상과 데이터 관련 통제를 가하고자 한다면 미얀마는 해외투자지로서 매력을 상실하게 될 것이다.

법령과 제도 개선을 통한 투자 환경에서 특히 주목할 분야는 금융시장이다. 미얀마는 아세안지역에서 금융시장 개방이 가장 늦게 시작된 나라이다. 미얀마는 5,500만 명에 달하는 인구 중 은행계좌를 갖고 있지 않은 사람이 60%에 달한다. 아직은 일반 국민에게 금융은 가까이 하기엔 먼 존재이다. 뱅크 런(bank run)에 대한 아픈 기억이 남아 있고 여전히 부실한 미얀마 은행권에 대한 불신이 깊기 때문일 것이다. 2021년 쿠데타 이후 시중은행이 정상 작동하지 않으면서 시민들이 은행도산에 대한 두려움 속에 ATM 앞에서 장사진을 이룬 모습은 오랫동안 잊혀지지 않을 것 같다.

그러나 후발주자인 만큼 미얀마 금융산업의 잠재력은 여전히 크다고 생각한다. 단독 지점만 허용되던 외국계 은행에 대해 2020년 4월부터 법인 전환이 가능케 되었다. 외국계 은행에 대한 라이선스(영업허가권)가 부여된 것도 2014년이 되어서다. 한국의 경우 신한은행이 2016년 이루어진 2차 라이선스 때 영업허가를 받았다. NLD 정부가 출범한 이후 처음으로 2020년 3차 라이선스가 이루어졌는데 여기서 한국계 은행 3곳(KB국민은행, IBK기업은행, KDB산업은행)이 추가로 영업허가를 받았다. 기존 두 차례의 라이선스에 따라 13개 은행이 영업을 하고 있었고, 추가로 7개 외국은행들이 영업허가를 받아 전체 20개 외국계 은행이 미얀마에서 영업을 하게 된 것이다. 그중 한국계 은행이 4개가 됨으로써 미얀마에서 한국이 영업허가를 가장 많이 받은 나라가 되었다. 법인 설립이 허용됨에 따라 미얀마에서 정식 영업허가권을 확보한 한국계 은행들의 지점과 사무소가 확장될 것으로 보인다. 미얀마에 진출한 한국 은행들은 외국계 은행의 영업범위가 2018년 확대되어 로컬기업을 대상으로 제한 없이 거래가 가능하게 되었다.

미얀마 금융시장에서 주목할 부분으로 소액금융(Micro-financing institution) 분야가 있다. 2020년 현재 한국계 소액금융 기관이 15개 이상 진출해 있다. 필자가 미얀마에 재임하는 동안 약 190개의 외국계 소액금융기관이 진출해 있었는데, 한국이 투자 자본대비 약 20% 이상을 차지해 최대 투자국의 위치를 점하고 있었다. 미얀마에 소액금융기관 진출이 활발한 것은 미얀마 정부가 소액금융 단독진출을 허용하고 있는데다가, 이 나라의 국민소득 수준을 감안할 때 마을단위로 개인당 200~300달러 정도 소액을 대출하는 환경이 잘 맞아떨어지기 때문이다. 미얀마에 유독 한국 소액금융기관들의 진출이 러시를 이루는 이유 중 하나로 채무자의 의무를 중시하는 불교문화를 꼽기도 한다. 2019년에는 생명보험과 손해보험업에 대한 외국계 합작 및 단독 진출을 승인했는데, 이 분야 역시 금융산업에서 큰 시장이 될 것으로 전망된다. 제1금융권과 소액금융권에 이어 앞으로 비은행금융기관(Non-Banking Financial Institution)에 대한 외국계 진출도 허용될 것으로 기대된다.

04
알에서 깨어나는 공작새*

1 넘어서야 할 도전들

불과 얼음: 미얀마 마약문제

"불과 얼음." 미얀마 마약문제의 심각성을 적시한 국제위기그룹 (International Crisis Group)이 2019년 1월 발간한 보고서 제목이다. 14개 주로 구성된 미얀마에서 가장 큰 샨(Shan)주는 미얀마 마약문제의 본거지라고 할 수 있다. 국제위기그룹이 샨주의 분쟁과 마약문제의 연관성을 다룬 보고서 제목을 '불과 얼음'으로 붙인 것인데 그 연유를 살펴보자.

UN마약범죄사무소(UNODC: United Nations Office on Drugs and Crime)와 국제위기그룹에 따르면, 미얀마는 아프가니스탄에 이어 세계에서 두 번째로 큰 아편 생산국이자, 세계 최대 규모의 메스암페타민

---

* 공작새는 수찌 여사가 이끈 NLD당기(旗)에 그려진 새이다.

생산지이다. 2018년 미얀마 내 아편경작 면적은 37,300헥타르(약 1억 1,500만 평)에 달하며 생산량은 약 520톤으로 추정된다. 그런데 주요 아편 경작지가 바로 샨주로서, 전체 생산량의 88%나 차지하는 것으로 알려져 있다.

최근 들어 더욱 심각한 문제는 합성마약이다. 얼음처럼 보이기 때문에 아이스로 불리는 메스암페타민은 마약 가운데도 중독성도 높고 한 번 중독되면 대단히 치명적이라고 한다. 메스암페타민과 같은 합성 마약류 공급과 유통이 대단히 심각한 문제를 야기하고 있다. 마약문제 근절이 어려운 이유는 미얀마─중국 간 교역증진에 따라 중국산 마약 원료 밀수입이 늘고 있고, 미얀마 내 최대 마약 생산지대인 샨주 소재 소수민족 무장단체와의 분쟁이 지속되면서 치안이 불안하고, 해당지역 공무원들의 부정부패까지 연루되기 때문이다. 2016년 출범한 NLD 정부는 마약과의 전쟁을 선포하면서 무관용 원칙하에 이 문제를 다루고 있으나 쉽지 않은 싸움이다.

마약문제는 미얀마 경제를 왜곡시키는 주요인의 하나이다. 정확한 수치를 알 수는 없으나 마약경제 규모가 11~23억 달러로 추산되는데, 유엔 등 국제기구의 추산과는 달리 미얀마 내 평화프로세스 전문가들은 그보다 훨씬 많은 40억 달러까지 이를 것으로 보고 있다. 미얀마 국내 총생산이 700억 달러 수준인 점을 감안할 때 마약거래에서 파생되는 불법수익은 미얀마 경제질서를 크게 왜곡하고 있다.

경제 왜곡뿐만 아니라 마약문제는 미얀마 정부가 최우선 과제로 추진 중인 평화프로세스 진전에도 심각한 도전요인이다. 샨, 까친, 라카인 등 정세가 불안정한 접경지역에서의 불법 마약재배 및 거래는 아라칸군대 등 소수민족 무장반군의 자금원으로 활용되고 있기 때문이다. 또한, 인신매매, 자금세탁, 테러 등 범죄자금으로도 전용되고 있다. 국제위기그룹 보고서는 중국이 미얀마를 대상으로 공격적으로 전개하는 일대일로 이니셔티브와의 연관성에도 주의를 기울여야 한다고 주문한다. 미얀마 서부 라카인에 위치한 짜욱퓨 지역과 중국 윈난성 쿤밍을 연결하는 1,700km 길이의 중국－미얀마 경제회랑(China－Myanmar Economic Corridor)이 건설될 경우 이 루트가 마약유통 허브로도 이용될 위험성을 경고한 것이다. 세계 최대 마약생산지 중 하나로 알려진 미얀마－태국－라오스 3개국 국경이 접하는 골든트라이앵글(golden triangle)에서 이루어지는 마약 생산유통을 촉진할 수 있다고 본 것이다.

트라이앵글 지대가 얼마나 위험한 마약 근거지인지는 2020년 4월 미얀마 군부가 샨주에서 아시아 사상 최대 규모의 마약을 압수한 사건이 잘 보여준다. 미얀마 군부는 UN마약범죄사무소와 공조하여 샨주에서 메스암페타민 17.4톤, 필로폰 500킬로그램, 헤로인 292킬로그램, 아편 588킬로그램, 모르핀 49킬로그램, 케다민 6.9킬로그램, 메틸펜타닐 3,748리터를 압수했다고 발표하였다. 미얀마 마약단속국 관계자에 따르면 펜타닐의 경우 미얀마에서 최초 적발된 사례이며, 메스암페타민 17.4톤은 지난 2년간 압수된 양에 맞먹는다면서 UN마약범죄사무소가 언론에 발표한 바와 같이 이번에 압수된 마약은 아시아 사상 최대 규모라고 하였다. 펜타닐은 헤로인보다 50배, 모르핀보다 100배 강한 마약으로서 헤로인보다 제조와 밀수가 쉽고 판매수익도 훨씬 높아 최근 세계적으로 유행하고 있다고 한다.

이처럼 세계적 마약생산지로 잘 알려진 골든트라이앵글에 대사관 관계자들이 영사 활동차 2020년 8월 방문했던 적이 있다. 메콩강이 흐르고 있어 사실상의 국경이 없는 상태이고 산악지형이라 미얀마, 태국,

라오스 세 나라 어느 곳의 치안력도 미치기 어려운 위치라고 할 수 있다. 육로 이외에는 외부에서 접근하기 어려운 곳이라 현지 주민들에게는 마땅한 일거리가 없고 그렇다고 농사에도 적합하지 않은 땅이라서 궁여지책으로 마약재배를 해온 것으로 짐작된다. 지금은 과거 성행했던 대규모 마약재배는 사라졌지만 여전히 마약이 유통되고 있다고 한다. 대사관 직원이 현지 관계자에게 마약이 여전히 유통되고 있다면 왜 경찰에 신고하지 않느냐고 묻자 이 지역에서는 경찰서에서도 마약이 만들어진다고 농담 반 진담 반 대답을 들었다고 한다. 과거 마약을 재배하던 자리에 고무나무 등 여타 대체작물 농장이 조성되고 있는 모습을 목격했는데 현지 주민들에게 제대로 된 일자리로 자리 잡기까지는 상당한 시간이 필요해 보인다. 결국 정부에서 현지 주민들이 먹고 살 수 있도록 인구 6만 명도 채 안 되는 골든트라이앵글 국경도시 타칠레익(Tachileik)에 카지노를 허용했는데, 이 작은 도시에 카지노가 20군데가 넘으며 한 해 카지노 관광을 위해 이곳을 방문하는 외국 관광객이 1백만 명이 넘는다고 한다. 미얀마 전체 외국인 관광객 수가 한 해 4백만 명 수준이니 대단한 숫자로서, 마약과 카지노의 흡인력을 실감할 수 있다. 현지에서 우리 대사관 관계자들이 가장 이상하다고 느낀 점은 미얀마 땅임에도 불구하고 미얀마 화폐보다 태국 화폐가 기본으로 통용된다는 점이었다. 태국 바트(baht)가 기본화폐이고 미얀마 짯(kyat)은 환전을 해야 한다니 믿기 어렵지만 씁쓸한 현실이었다.

합성 마약류가 염가로 대량 유통되면서 일용직 근로자, 학생, 가정주부에 이르기까지 다양한 계층의 사회구성원들이 마약에 쉽게 노출되면서 심각한 사회적, 환경적 문제를 일으키고 있다. 메스암페타민과 카페인, 신경각성제 등을 혼합한 합성마약인 야바(yaba)가 대량 유통되

고 있는데, 알약 1정이 약 400짯, 즉 한국 화폐로 320원 정도의 헐값
에 시중에서 팔리고 있다.

검은돈 마약과 자금세탁의 필연적 결합

마약과 같은 검은돈은 필연적으로 자금세탁 문제와 연계된다. 필
자가 2020년 초 네피도에 출장 갔을 때 미얀마가 자금세탁방지기구
(FATF: Financial Action Task Force)에서 자금세탁 주의국가로 등재되느
냐 하는 문제가 초미의 현안으로 대두되어 있었다. FATF는 1989년 파
리에서 열린 G7 정상회의 이후 자금세탁방지를 위한 국제협력 및 각
국의 관련제도 이행상황 평가 등을 목적으로 설립된 국제기구이다. 미
얀마는 2011년부터 2016년 2월까지 FATF의 블랙리스트에 포함되어
있었다. 블랙리스트는 자금세탁 방지노력에 비협조적인 국가라는 불명
예이다. 미얀마가 오랜 군사독재를 거치면서 국제사회의 강력한 제재
와 압박 속에서 해외투자 유치 등 경제에 많은 제약이 가해지면서 마
약은 달콤한 유혹이 되었다. 당연히 자금세탁과 관련된 문제가 많았을
것이다. 그러나 2010년 총선 이후 개혁 개방으로 나선 미얀마 정부로
서는 마약과 자금세탁이라는 멍에를 벗어내지 않을 수 없었다. 법과 제
도, 관행 등에 있어 국제기준에 부합하기 위한 노력을 기울인 결과
2016년 2월부터 그해 6월까지 그레이 리스트(grey list)로 한 단계 완화
되었다가 동년 6월부터는 그레이 리스트에서도 빠지는 성과를 거두었
다. 그레이 리스트는 자금세탁 근절 노력이 미흡한 국가들이다.

그런데 갈 길 바쁜 수찌 국가고문과 미얀마 최초 민선정부에게 악
재가 발생하였다. 미얀마 정부는 2020년 2월 파리에서 개최된 자금세
탁방지기구 총회에 투자대외경제관계부장관 및 기획재정산업부차관 등

고위급 인사들을 대거 파견하여 자금세탁 및 테러자금 조달 근절과 관련한 미얀마 측 노력을 적극 개진하였다. 그럼에도 불구하고, 결국 FATF 총회에서 미얀마를 포함한 7개국이 감시대상국(jurisdictions under increased monitoring)에 신규 지정되었다. 부실한 은행권과 국내 기업의 불투명한 경영관행으로 인해 국제적 신용평가가 부재한 미얀마에게 자금세탁과 관련한 국제사회의 부정적 평가는 매우 민감한 문제이다. 해외투자를 적극 유치하고 기업 활동 환경개선과 관련한 이미지 제고를 위해 노력하고 있는 미얀마에게 악재가 된 것이다. 엎친 데 덮친 격으로 EU 집행위원회도 2020년 6월 22개국을 자금세탁과 테러자금 조달 관련 '고위험국가'(EU list on high-risk third countries) 명단을 발표하였는데, FATF의 결정과 마찬가지로 미얀마를 포함한 12개국을 신규로 지정하였다. 북한, 이란, 시리아 등 기존 10개국 명단에 미얀마 등 12개국이 추가됨으로써 총 22개국이 지정된 것이다. 결국 미얀마는 FATF 차기 총회까지 액션플랜을 충실히 이행하여 자금세탁 및 테러자금 조달과 관련된 조치에 진전이 있음을 입증해야 하는 부담을 지게 되었다.

크지만 초민감 이슈, 토지

미얀마에 투자 진출하려고 처음 들어온 사람들이 한결같이 호소하는 어려움 중 하나는 토지 문제이다. 공장 부지로 토지를 구하는 과정이 결코 간단치 않다. 어떤 이들은 땅은 엄청 큰 나라에서 땅 욕심이 너무 많다고 하소연하기도 한다.

미얀마는 인구의 70% 가량이 농촌 인구이다. 농사를 업으로 삼는 사람들에게 가장 중요한 것은 뭐니 뭐니 해도 땅이다. 땅 문제가 민감할 수밖에 없는 구조이다. 미얀마 사람들에게 땅 문제는 어쩌면 DNA에 내재된 방어기제적인 측면도 있다고 본다. 인류학자들에게 단골 연구대상 중 하나인 뉴기니(New Guinea) 사례를 잠시 들어보자. 세계적 명저인《총, 균, 쇠》저자 자레드 다이아몬드(Jared Diamond) 교수가 뉴기니에서 인류 역사의 발자취를 연구하는 과정에서 예측할 수 없는 외부의 어떠한 위협도 뉴기니와 같은 고립된 환경에는 생존적 위협이 될 수 있고, 그렇기 때문에 아무리 작더라도 낯선 요소에 대해서는 극도의 경계와 주의를 기울일 수밖에 없었다는 이론을 제시한다. 땅에 의존해 수렵과 채집생활을 하던 원주민들에게 비가 얼마나 내리느냐, 메뚜기 떼 또는 병충해가 창궐하느냐 하는 자연적인 위협이 생존 자체를 위협하는 환경에서, 자신들이 접해 보지 못한 낯선 외부요소에 대해서는 본능적인 방어기제가 작용할 수밖에 없다는 것이다. 다이아몬드 교수는 이를 "건설적 편집증"(constructive paranoia)으로 설명하고 있다. 지금도 여전히 전체 인구의 70%가 땅에 의존해 농업사회를 구성하고 있는 미얀마에서 땅 문제는 어쩌면 다이아몬드 교수가 지적한 건설적 편집증 수준으로 미얀마 국민의 DNA에 새겨진 방어기제일 수도 있다.

미얀마에서 땅 문제가 가진 민감성을 이해하기 위해서는 역사적인 배경을 조금 살펴볼 필요가 있다. 1988년 대규모 민주화 봉기 이후 쿠데타를 통해 정권을 잡은 군사정부는 미얀마 농민과 소지주들로부터 토지를 수탈, 몰수하였다. 정확한 규모는 추산하기 어려우나 최소 2백만 에이커에 달할 것이라는 것이 평화프로세스 전문가들의 의견이다. 토지 수탈은 개발 프로젝트라는 명목하에 이루어졌는데, 군부대 확장, 자원탐사 및 채굴, 영농사업, 관광시설 건설 등 다양한 명목으로 토지를 몰수 내지 강제 수용하였다. 이때 매우 가혹한 방식으로 토지를 몰수, 수탈한 것으로 알려지는데, 예컨대 군사정부는 미얀마농업생산거래 (Myanmar Agricultural Produce Trading)라는 국가기관을 신설하고 농부들에게 경작할 논밭을 지정, 토지 면적당 고정 생산량을 할당한 후, 이를 채우지 못하는 농민들의 농지를 몰수하고 군부의 건설프로젝트에 강제 동원했다고 알려진다.

아웅산 수찌 국가고문이 이끄는 NLD 정부는 2015년 총선 당시 군부독재 시절 강제 몰수, 수용당한 토지반환 문제를 공약으로 내세웠는데 이것 또한 민심을 얻는 데 주효했다는 분석이다. 2018년 3월 건강상 문제로 물러난 전임 틴쪼 대통령에 이어 대통령에 취임한 윈민 대통령도 농부들은 그들의 토지를 되찾을 권리가 있고, 반환이 불가능한 경우 합당한 보상을 받아야 한다고 여러 차례 강조하였다. 다만, 토지반환이 현실적으로 그리 녹록한 문제는 아니었다. 몰수된 토지 대부분이 그 당시 군부와 결탁된 사업가나 군 장성 친인척들에게 사적으로 매각되었고, 이후 제3자에게 또다시 양도된 경우들이 있는데, 이렇게 소유권 이전관계가 복잡하고 불분명해짐에 따라 실질적인 반환이 어렵게 되었다고 보는 견해도 많다. 예전에 몰수된 토지가 현재도 군에서 사용하고 있는 경우는 반환이 상대적으로 어렵지 않은데, 필자가 대사로 재임하던 2018년 11월 만달레이(Mandalay) 소재 4,900에이커(약 615만 평) 규모의 농지를 반환하는 행사가 성대하게 열린 바 있다. 군부 소유로 있는 땅을 돌려준 대표적인 사례였다. 미얀마 정부는 2019년 3월 2일 농민의 날을 맞아 2부통령이 참석한 가운데 에야와디(Ayeyarwady) 주에서 과거 군부 독재 시절 몰수 토지를 반환하는 행사를 개최하면서 NLD의 공약을 이행하는 모습을 계속해서 보여주려고 노력하였다.

수찌 국가고문은 2019년 초부터 다음 해 2020년 총선을 포석에 두고 적극적인 지방 민심행보를 시작하였다. 수찌 여사는 지방순회에서 마을주민들로부터 직접 애로사항을 청취하는 데 많은 시간을 할애하였다. 해당 마을을 방문하기 전에 주민들의 청원을 접수하고, 실제 마을방문 때 타운홀 미팅을 통해 현장에서 애로사항을 청취하는 모습을 보여주려고 노력했다. 그런데 가장 주된 불만사항과 건의가 토지관련 문제였다고 한다. 2020년 11월 실시된 총선을 몇 달 앞두고 실시된 여론조사에서 집권여당인 NLD에 대한 국민들의 지지가 50%대로 하락했다는 결과가 나왔다. 그때 여론조사를 실시한 기관 분석에 따르면 지지율 하락의 주된 이유가 토지 문제였다. 특히 지방의 경우 과거 군정 시기 몰수되었던 토지를 원래 주인에게 돌려주겠다는 집권당의 약속이 제대로 이행되지 않는다는 불만이 컸던 것으로 나타났다.

미얀마 정부로서는 과거 부당하게 몰수된 토지를 반환해 주는 문제도 중요하지만, 국가균형개발이라는 목표하에 토지를 체계적으로 관리할 필요성도 컸다. 이런 배경 속에 NLD 정부는 2012년 제정된 공한지, 휴경지, 처녀지 관리법(Vacant, Fallow and Virgin Lands Management Law)을 2018년 9월 개정, 이런 범주에 해당하는 토지를 2019년 3월까지 당국에 신고하여 토지이용 허가를 신청하도록 하였다. 미얀마 당국이 조사한 바에 따르면 이 범주에 속하는 것으로 분류된 토지가 미얀마 국토의 30%에 달하는 것으로 조사되었는데, 이는 남한 국토면적의 약 2배에 달하는 엄청난 크기이다. 국토균형개발이 시급한 연방정부로서는 당연히 손을 대야 할 문제였으나, 문제는 이러한 토지들의 75%는 소수민족 거주지역에 소재하고 있다는 점이다. 이들 소수민족 거주지역의 농민들은 이런 법의 시행 여부조차 인지하지 못하고 있고, 본인들은 수세대 동안 사실상 토지를 점유하고 경작해 왔기 때문에 해당 토지에 대한 관습적인 권리를 주장하고 있다. 이런 상태에서 무리한 추진을 하는 경우 많은 농민들이 범법자로 전락할 가능성도 있고, 미얀마 정부의 평화프로세스 추진에도 큰 부담이 될 것이라는 우려가 제기되었다.

이처럼 제대로 활용되고 있지 않은 토지들을 농경, 축산, 산업, 광산개발 프로젝트 등 목적으로 사용할 근거를 만들기 위한 취지에도 불구하고 토지관련 조치는 역풍을 맞을 가능성도 많은 초민감 이슈이다. 다만, 미얀마의 발전과 외국인 투자촉진이라는 관점에서 볼 때 지적도가 정비되고 토지대장 문서화를 통해 토지정보를 객관화, 투명화하는 작업은 반드시 필요하다고 생각한다. 그렇게 되면 우리 기업의 미얀마 투자와 관련해서도 토지임대 관련 제도적 투명성, 안정성이 보장됨으로써 미얀마 투자환경 개선에도 긍정적 영향을 미칠 것이다.

미얀마의 아킬레스건, 전력난

역설적이게도 석유와 천연가스 생산국인 미얀마는 전력난이 심각하다. 동남아 도시를 여러 곳 방문해 본 분이라면 미얀마 양곤 국제공항에 착륙할 때 내려다보이는 도시가 상당히 어둡다는 인상을 받을 것이다. 공항에 내려 도심으로 이동하는 길에서는 그런 느낌을 확연히 더 받게 된다. 아직도 가로등이 드물고 그나마 있는 가로등 불빛은 너무 약하다. 미얀마 최대도시인 양곤에서도 아직은 현란한 네온사인으로 뒤덮인 번화가는 찾기 어렵다. 외교공관인 대사관에서도 일주일에 몇 번은 정전을 경험한다. 미얀마를 몇 년 만에 다시 찾는 사람들도 여전히 정전이 발생하는 걸 보면서 낯익은 장면에 헛웃음을 짓곤 한다. 이제 50%를 갓 넘긴 낮은 전력보급률과 30%에 달하는 높은 송전 손실률로 인한 전력부족 문제는 미얀마가 해외투자 유치를 늘리기 위해서 가장 우선적으로 해결해야 할 도전과제이다. 2019년 12월 전력보급률 50% 달성을 축하하는 행사를 윈민 대통령 주관 하에 가졌을 정도이니 미얀마가 경제발전을 하는 데 가장 큰 장애요인으로 열악한 전력사정을 꼽아도 전혀 어색하지 않다.

미얀마는 다른 국가들과 달리 화력발전에는 별로 의존하지 않고 있다. 국제사회가 2050년까지 온실가스 배출을 제로화(Net Zero) 하는 목표를 세우고 있는 상황에서 온실가스 배출이 큰 화력발전 의존도가 낮은 것은 다행스러운 일이다. 화력발전 의존도가 낮은 반면 2020년 현재 에너지 믹스의 50% 가까이 수력발전에 의존하고 있다 보니 그린에너지 측면에서 미얀마는 희망이 있다고 하겠다. 2020년 12월 기후야심정상회의(Climate Ambition Summit)가 개최되었는데 영국 기업에너지부 장관이 "미얀마는 그린에너지 경제로 도약할 수 있다"(Myanmar can leapfrog to a green−energy economy) 제하 기고를 게재하였다. 화력발전에 의존하지 않으면서 풍부한 일조량과 풍력, 수력을 활용하여 저렴한 그린에너지를 개발하겠다는 미얀마 정부의 에너지 정책방향을 긍정 평가한 것이다.

그렇다고 미얀마 정부의 에너지 미래가 밝은 것만은 아니다. 수력발전에 대한 의존도가 상대적으로 많이 높은데, 수력에너지가 기후변화로 인해 위협을 받고 있다. 지역별로 차이가 있지만 대개 6월부터 9월 말, 10월까지 이어지는 우기철 비에 수력발전이 의존하는 구도인데, 갈수록 우기 강우량 관련 가변성이 커지고 있다. 이런 상황에서 미얀마 정부가 수력발전에 대한 의존도를 점차 줄여 나가는 대신 LNG, 태양광 같은 신재생에너지 부분을 확대한다는 계획을 세우고 있는 것은 바람직한 일이다. 미얀마는 아직 원자력에너지에 대한 준비는 전혀 되어 있지 않은 상태이다.

미얀마에 진출한 한국업체들 가운데 가장 큰 비중을 차지하는 봉제업도 전력문제에 대단히 민감한 산업이다. 우리 업체들이 운영하는 봉제공장을 여러 군데 방문해 보았는데 단 몇 초만 정전이 되어도 제품을 모두 망친다고 한다. 미얀마 전력당국이 순환단전을 실시하는 가운데 사전예고를 한다고는 하지만 전력당국이 손쓰지 못하는 상황도 발생하기 때문에 예고 없이 정전을 당하면 업체로서는 그 손실이 막대할 수밖에 없다. 그래서 거의 모든 봉제공장들은 비상발전기는 물론 안정적인 전압을 유지하는 고가의 특수장비들을 쓸 수밖에 없는 현실이다.

에너지 분야와 관련하여 필자는 미얀마에서 평생 잊지 못할 경험을 했다. TV를 통해 망망대해에 떠있는 가스전 플랫폼을 본 적은 있었는데 미얀마에 부임한 후 포스코대우(지금은 포스코인터내셔널)가 운영하고 있는 라카인주 벵갈만의 쉐(Shwe)가스전 해상 플랫폼을 2018년 5월 방문하였다. 당시 윈카잉(Win Khaing) 전력에너지부장관은 필자를 처음 만난 자리에서 미얀마 정부와 국민들은 한국 기업들이 신의 있고 행운을 가져다주는 것으로 명성이 높다고 하였다. 특히 2004년 쉐 가스전 발굴 당시 국제적인 명성의 석유회사들이 거의 포기한 상황에서 당시로서는 특별한 기술이자 시도였던 경사시추(side-tracking) 방식의 시추를 시도하여 천연가스 발견에 성공한 것은 미얀마 가스전 발굴사에 대표적 성공사례로 기록되고 있다.

또 한 번의 잊지 못할 경험은 새로운 가스전을 발견하여 천연가스

▲ 천연가스 점화 현장 방문

분출 및 점화 시험을 하는 현장을 방문한 것이다. 2020년 2월 전력에너지부장관과 시추 탐사정에 올라 새로 발견한 가스전에서 뽑아 올린 천연가스가 분출되면서 점화되는 장면을 현장에서 바라본 감동은 지금도 잊혀지지 않는다. 전문용어로 드릴 스템 테스트(Drill Stem Test)라는 천연가스 산출시험 현장에 가서 보니 안전거리를 유지한 상태였음에도 그 열기가 온몸으로 느껴졌다. 앞서 설명한 쉐 가스전에서 뽑아 올리는 천연가스는 수년이 지나면 생산량이 감소될 것으로 예상되는데 한국 기업이 새롭게 가스전을 발견함으로써 쉐 가스전의 생산수명을 연장하는 큰 성과를 거두게 된 것이다.

자원부국의 고민

필자가 2019년 참석한 환경관련 회의에서 미세먼지 해결을 위한 국가기후환경회의 반기문 이사장의 연설을 인용한 적이 있다. "신은 언제나 용서한다, 사람은 때때로 용서를 한다, 그러나 자연은 결코 용서하지 않는다(God always forgives, human being sometimes forgives, but nature never forgives)." 반기문 총장이 프란치스코 교황을 만났을 때 들은 말을 연설에서 인용한 것인데, 필자가 이 말을 빌려 쓴 바 있다. 그 회의에 참석했던 환경 분야 인사들이 미얀마가 명심해야 할 메시지라고 호응해 주었는데, 그만큼 미얀마도 환경과 기후변화라는 도전에 취약하다.

미얀마는 아시아에서 중국, 인도 다음으로 산림자원이 풍부한 국가이다. 미얀마 최대도시 양곤을 방문하는 사람들은 도시에 이처럼 나무가 많은 곳은 찾기 힘들다는 말을 하곤 한다. 가장 큰 도시가 그럴진대 미얀마 지방은 말할 나위가 없다. 미얀마는 남한 면적의 약 7배에 달하는데, 이 중 50% 이상 면적이 산림으로 이루어져 있다. 미얀마는 최고급 목재인 티크(teak) 최대 생산지로서, 한때 전 세계 생산량의 75%를 차지할 정도였다. 지금은 연방정부에서 티크 등 고급목재 벌목을 철저히 통제, 관리하고 있다. 과거 식민지시절 티크나무의 무분별한 벌목이 이루어졌고, 티크나무 주서식지가 국경인근 깊은 산림지대 또는 반군 활동지역이기 때문에 불법벌목이 여전히 자행되고 있다고 한다.

그런데 아이러니하게도 산림자원 부국인 미얀마는 브라질, 인도네시아 등과 함께 전 세계에서 산림황폐화가 가장 심각한 나라 가운데 하나이다. 환경 전문가들은 미얀마에서 심각한 삼림파괴가 계속 진행 중이라고 경고하고 있다. 여기에는 몇 가지 구조적인 원인이 있다고 한다. 우선 전체 인구 중 농업에 종사하는 인구가 70% 이상을 차지하는 경제구조와 밀접히 관련되어 있다. 전력보급률이 50%를 갓 넘긴 미얀마 격오지에서는 여전히 나무를 땔감으로 사용하는 경우가 많다. 많은 지역에서 반군이 활동하고 있는 미얀마 치안상황 또한 산림황폐화를 악화시키고 있다. 반군이 활동하는 지역들은 대부분 국경 및 산간지대인데, 우수한 산림자원을 무분별하게 남획하고 있는 것으로 알려진다. 지역 경제권을 유지하는 데 있어 마약, 벌목, 광물 등 불법활동에 상당 부분 의존하고 있기 때문에 정부군의 통제가 미치지 못하는 지역에서의 산림황폐화는 상당히 심각한 문제이다.

　　미얀마 역사학자 딴민우 박사는 《감춰진 버마의 역사》(The Hidden History of Burma)에서 미얀마가 통제할 수 없는 두 가지 요소로 날로 강성해지는 접경국 중국과 함께 기후변화와 환경위기를 들고 있다. 그만큼 기후변화와 환경문제가 곳곳에서 관찰되는데 산림황폐화에도 큰 영향을 미치고 있다. 미얀마 천연자원환경보전부에서는 미얀마 중부 건조지대의 산림황폐화 문제를 상당히 심각하게 여기고 있다. 미얀마는 아세안지역에서 거의 유일하게 만년설과 사막지대 등 거의 모든 기후대를 보유한 국가이다. 아직 사막화가 심각한 상황은 아니지만 건조지대의 산림파괴 현상은 경각심을 가질 필요가 있다. 미얀마는 우기와 건기가 뚜렷이 구분되어 있다고 알려져 있는데 반은 맞고 반은 틀리다. 인구 최대밀집지인 양곤 등 델타지역의 경우 6월부터 10월까지 뚜렷한 우기가 진행된다. 하지만 수도 네피도와 조금 더 위에 위치한 만달레이에는 우기철에도 그다지 비가 많이 오지 않는다. 문제는 연 강우량 600mm가 안 되는 중부 건조지대의 건조화 현상이 갈수록 뚜렷해진다는 데 있다. 그러다 보니 산불이 나는 경우 대형 산불로 커질 가능성이 있다. 작물과 산림자원에 있어 기후변화 적응력이 뛰어나고 물 의존도가 적은 품종을 개발하고 조림하는 것이 갈수록 중요해지고 있다.

미얀마는 조림과 산불진압 등 산림황폐화 예방과 대응역량이 많이 부족하다. 한국은 제2차 세계대전 이후 산림복구에 성공한 대표적인 국가로 꼽힌다. 조림과 녹화사업에 많은 노하우와 역량을 보유하고 있어 미얀마에서도 한국과의 협력에 큰 기대를 갖고 있다. 천연자원환경보전부장관이 2019년 두 차례 한국을 방문했는데 산림자원 보전과 기후변화 대응 산림협력에 대해 많은 협의를 가졌다. 필자가 수찌 국가고문을 처음 만났을 때도 한국 코이카가 시행하는 농촌공동체 개발사업에 대해 언급하면서 미얀마에서 갈수록 기후변화의 영향이 커지고 있는 만큼 농업과 산림분야에서 기후변화 적응력을 높이는 데 관심을 기울여 줄 것을 당부하기도 했다.

산림자원이 풍부한 미얀마는 생물다양성(bio-diversity)의 보고(寶庫)로도 불린다. 한국 정부는 까친 주 푸따오(Putao)에 2019년 12월 생물다양성센터를 설립하였다. 까친 주는 미얀마에서 가장 북쪽에 위치한 중국과의 접경지이고, 푸따오는 미얀마에서 비행기로 갈 수 있는 최북단에 위치한 곳이다. 카까보라지(Hkakabo Razi) 국립공원은 동남아지역에서 만년설을 관찰할 수 있는 유일한 곳으로서, 푸따오는 카까보라지 산에서 가장 근접한 도시이다. 이곳은 원시림이 거의 원형 가까이 보존되어 있어 생물다양성을 연구하는 데 있어 최적지라고 할 수 있다. 한국이 이곳의 가치를 주목하여 생물다양성센터를 설치한 것이다.

미얀마 천연자원환경보전부 관계자들에게 한국 방문은 유익한 공부의 시간이 되었다. 환경쓰레기 매립지를 공원으로 탈바꿈하고 매립지에서 나오는 가스를 포집하여 에너지 자원으로 활용하는 한국의 기술력에 깊은 감명을 받았다고 한다. 그리고 미얀마 인근 국가에서 채취한 식물을 통해 한국 기업이 천연화장품을 생산하는 현장을 방문했는데 미얀마에는 그런 식물이 훨씬 풍부하다면서 화장품, 약재 등 생물다양성을 통한 바이오산업 협력에도 지대한 관심을 보인 바 있다.

2018년 창설된 아시아산림협력기구(AFoCO: Asia Forest Cooperation Organization)가 한국에 본부를 두고 있는데, 이 국제기구의 유일한 지역훈련센터(RETC: Regional Education & Training Center)가 미얀마 양곤에 있다. 2018년 7월 발족된 이 센터가 미얀마에 소재하는 것은 미얀마가 가진 훌륭한 산림자원과 생물다양성 측면의 가치를 반영한 것이다. AFoCO가 2020년 유엔총회 옵서버 자격을 취득함으로써 유엔과 협력하는 국제기구로서의 위상을 갖춘 만큼 양곤에 소재한 지역훈련센터의 활동에도 탄력이 붙을 것으로 기대된다. 양곤 모비(Hmawbi)지역에 위치한 AFoCO 지역훈련센터는 양곤에서 가장 아름다운 현대식 건축물 중 하나로도 꼽힌다. 넓은 부지에 자리하고 있어 앞으로 둘레길도 조성될 예정인데 머지않아 양곤의 관광명소로도 자리매김할 것으로 기대된다.

AFoCO가 미얀마에서 하는 일 가운데 맹그로브 숲 복원사업이 있다. 중미의 작은 나라 엘살바도르의 맹그로브 숲에서 조개를 캐며 살아가는 남매의 이야기를 감동적으로 그린 〈맹그로브 숲의 아이들〉이라는 영화가 주는 교훈처럼 맹그로브 숲은 인간에게 엄청난 혜택을 준다. 사실 필자도 미얀마에 근무하면서 맹그로브 숲의 소중함에 대해 알게 되었는데 그 시작은 2008년 미얀마를 덮쳐 10만 명 이상의 사상자를 낸 사이클론 나르기스(Nargis)이다. 나르기스는 미얀마 사람들에게 악몽 같은 기억으로 남아 있다. 양곤과 에야와디 주에 특히 큰 타격을 준 나르기스의 피해가 그토록 컸던 원인 가운데 에야와디 지역의 맹그로브 숲 파괴가 꼽힌다. 주로 열대 해안선 부근에 서식하는 나무인 맹그로브

(Mangrove)는 염도가 높아 여느 식물들은 잘 버티지 못하는 해안선에서 적응의 귀재라는 별명처럼 울창한 숲을 이루며 서식한다. 각종 수산물의 보금자리 역할을 하고 해안생태계 보호역할을 함은 물론, 기후변화 대응에 탁월한 역할을 한다고 알려져 있다. 기후학자들에 따르면 열대우림보다 맹그로브 숲이 이산화탄소를 줄이는 데 더 큰 역할을 한다고 한다. 기후변화 대응뿐만 아니라 사이클론 나르기스의 예에서 보듯이 태풍, 쓰나미와 같은 자연재해로부터 피해를 줄여주는 역할도 한다.

미얀마가 가진 뛰어난 산림자원과 생물다양성에 대한 가치는 한국만 주목한 것이 아니다. 2019년 11월 부산에서 열린 한－메콩 정상회의에서 한－메콩 생물다양성센터(Korea－Mekong Biodiversity Center)를 미얀마 수도 네피도에 유치키로 합의되었다. AFoCO 지역훈련센터뿐만 아니라 한－메콩 생물다양성센터까지 미얀마에 설립되는 것이다.

산림자원과 생물다양성 보전은 미얀마 평화에도 기여할 수 있다. 미얀마는 세계에서 가장 오랜 내전이 진행되고 있는 국가 가운데 하나이다. 소수민족 거주지역에서 산림협력사업을 효과적으로 추진한다면 산림황폐화 방지는 물론 소수민족 주민들과의 소통과 신뢰도 촉진할 수 있을 것이다. 2019년 유엔사막화방지협약 당사국 총회에서 한국이 주도하여 출범한 평화산림이니셔티브(Peace Forest Initiative)가 있다. 분쟁지역 또는 분쟁 우려가 있는 곳에서 접경국가 또는 당사자들 간 공동 산림협력 사업을 추진토록 지원하는 이니셔티브이다. 산림협력과 생물다양성 공동개발은 한반도에서뿐만 아니라 미얀마에서도 큰 효과를 발휘할 수 있을 것이다.

난민, 합집합이자 교집합

지금도 많은 사람들이 난민하면 떠오르는 사진 한 장이 있다. 시리아 사태가 한창이던 2015년 9월 터키(터키 국명은 2022년 6월부터 '튀르키예'로 바뀌었다) 남서부 해변에서 차가운 주검으로 발견된 시리아 난민 세 살배기 어린이 알란 쿠르디(Alan Kurdi) 군의 비참한 사진은 난민문제의 참상과 긴급성에 대해 전 세계에 경종을 울리는 계기가 되었다. 시리아 난민문제 못지않게 미얀마 로힝자 난민문제 또한 국제사회가 직면한 최대 인도적 난민위기 가운데 하나이다.

로힝자 해상난민(또는 보트피플로 더 잘 알려진) 문제는 2015년 안다만(Andaman)해에서 4천 명 정도로 추산되는 로힝자 난민들이 구조되지 못하고 바다에서 목숨을 잃는 비극이 발생하면서 국제사회에 경각심을 불러 일으켰다. 이 사건은 UN에서 바다를 떠도는 난민들의 인도적 참상을 막기 위한 기존 국제사회의 협력체계를 근본적으로 재점검하게 하는 계기가 되었다. 이 중 대표적인 것인 발리 프로세스(Bali Process)이다. 원래 발리 프로세스는 2002년 인도네시아와 호주가 주도하여 "밀입국·인신매매 등 초국가적 범죄에 관한 각료급 지역회의"를 계기로 구축된 아태지역 국가 간 협력 메커니즘이다. 그런데 2015년 안다만해에서 발생한 로힝자 난민 희생은 발리 프로세스를 보완할 필요성을 부각시켰다. 미얀마도 참여하고 있는 동 프로세스 당사국들은 2016년 3월 장관급회의를 갖고 해상난민 관련 동남아와 서남아 인근 국가들에게 난민보트의 정박을 허용하고 필요시 수색 및 구조작업에 적극 협력할 것을 약속하는 발리선언을 채택하였다.

안다만해 로힝자 해상난민 비극이 발생한 지 5주년이 되는 2020

년 들어 이 문제에 대한 국제사회의 관심이 재점화되었다. 코로나19 상황 때문이다. 세계 최대 난민수용소인 콕스 바자르(Cox's Bazar)는 가장 대표적인 초밀집 커뮤니티로서 코로나19와 같은 전염성 강한 바이러스가 창궐하기에 너무나 취약한 환경이다. 코로나19 팬데믹 상황 속에서 많은 나라들이 국경을 폐쇄하고 이동 제한조치를 취하는 상황에서 콕스 바자르 지역을 떠나 해상을 떠도는 난민을 수용하는 데 주저할 것이라는 점은 익히 짐작할 수 있다. 이런 상황에서 해상난민들이 운 좋게 육지에 정박하더라도 이들은 인신매매 등 각종 불법행위의 표적이 될 수도 있는 것이다.

한편, 2020년 사회복지구제재정착부가 발표한 바에 따르면 미얀마 내 전국에 127개의 IDP 캠프가 산재해 있으며 약 18만 명 규모의 난민이 수용되어 있다. 이 중 까친 주에 84개, 샨 주에 23개, 라카인 주에 18개가 집중되어 있다.

UN 난민 고등판무관 사무소(UNHCR: UN High Commissioner for Refugees)에 따르면, 전 세계 최대규모 난민정착지인 콕스 바자르 내 캠프에는 2020년 말 현재 86만 명의 로힝자 난민이 소재하고 있으며, 동남아와 남아시아 역내 국가들에서도 15만여 명의 로힝자 난민들을 수용하고 있다고 한다. 또한, 미얀마 라카인 주에도 약 60만 명의 로힝자족이 거주하고 있다고 한다.

2 열릴 듯 열리지 않는 황금시장

수찌 여사의 특명

필자가 미얀마에서 대사로 근무하면서 느낀 점은 미얀마는 분명 아세안(ASEAN)지역의 마지막 남은 미개척 시장이라는 것이다. 그런데 그렇게 정의하기에는 중요한 단서가 하나 붙어야 하겠다. 유발 하라리 (Yubal Harari)의 말대로 현대 경제의 성장과 자본주의의 발전은 '미래에 대한 신뢰'가 뒷받침되어야 한다. 미래에 대한 신뢰, 안정적인 정치환경이야말로 가장 중요한 동력이라고 할 수 있다. 그런 점에서 2021년 2월 초 미얀마 군부가 수찌 국가고문과 NLD 정부를 무너뜨리는 정변을 일으킨 것은 미얀마의 한계를 여실히 보여주었다.

S&P, Moody's, Fitch 등 국제신용평가 3사는 2020년 말 현재 미얀마에 대해 신용등급을 부여하고 있지 않다. 성격은 다소 다르지만 경제협력개발기구(OECD)에서도 국별 신용등급을 매기고 있는데, 미얀마는 전체 7개 등급(등급 1이 가장 신용도가 높은 단계) 중 6등급에 해당한다. 참고로 한국, 미국, 일본 등 고소득국가는 OECD 국가등급의 평가대상이 아니다. 그래서 어떤 사이트에는 한국의 OECD 신용도 국가등급을 0등급이라고 표기하는 곳도 있다. 한편, 우리나라 수출입은행도 국가등급을 매기는데 전체 9개 등급으로 관리하고 있으며, 미얀마의 경우 8등급에 해당한다.

미얀마에서 사업하는 한국인들로부터 한국 국책은행의 전대차관을 미얀마에 제공하면 우리 국민들의 미얀마 사업에 크게 도움이 될 것이라는 건의가 있어 대사관이 움직인 적이 있다. 공여국 입장에서는 자기 나라의 수출을 촉진시킴은 물론 차입국과 경제협력 관계도 발전시킬 수 있다는 점에서 전대차관 제도가 의미가 있을 수 있다. 그런데 전대금융은 양허성 ODA 차관과 달리 상업적 성격이 있기 때문에 전대차관 취급을 위해서는 무엇보다 해당국가의 국가 리스크를 우선적으로 고려한다. 따라서 국제적 신용등급이 없는 상태에서 미얀마 국책은행에 대해 차관을 제공하는 데 대한 위험부담이 너무 크다는 판단에서 결국 전대차관 문제는 성사되지 않았다. 2021년 국가비상사태 상황 속에서 미얀마에 대한 전대차관은 앞으로도 요원할 것으로 보인다.

다보스 포럼으로 더 잘 알려진 세계경제포럼(WEF: World Economic Forum)이 발표하는 세계경쟁력보고서(The Global Competitiveness Report)가 있다. 동 보고서는 전 세계 141개국을 대상으로 발간되는데, 동 보고서의 인프라 분야는 육상교통 인프라, 항공교통 인프라, 해상교통 인프라, 공공서비스 인프라 등으로 구성되어 있다. 그런데 아세안 10개국과 한·중·일 3개국, 아세안＋3에서 미얀마만이 평가대상에 포함되지 않는다. 메콩(Mekong)지역 5개 국가(미얀마, 베트남, 태국, 캄보디아, 라오스) 중 미얀마와 개발 정도에서 비견되는 캄보디아, 라오스도 포함되는데 미얀마는 평가지표가 부족하다는 이유로 아예 동 보고서에 반영되지도 않는 것이다. 참고로 2019년 상기 보고서를 보면 아세안＋3 국가들 가운데 인프라 분야 경쟁력이 가장 높은 국가는 싱가포르로, 세계 순위 1위를 차지할 정도로 우수한 인프라 경쟁력을 평가받았다. 싱가포르에 이어 한국과 일본이 90점 이상의 높은 평가를 받고 있다. 약 8천km에 달하는 철도 연장을 보유한 미얀마는 중국, 인도, 아세안을 연결하는 지정학적 위치로 인해 아세안 국가 중에서도 철도와 도로 등 인프라 수요가 가장 큰 국가로 꼽힌다.

한국이 시행하는 EDCF 사업 중 만달레이－미찌나 구간 철도 현대화 사업이 있다. 필자가 2019년 12월 미얀마 교통통신부 장관과 함께 사업현장을 방문한 적이 있다. 가장 생경했던 기억은 열차가 지나는 주요 교차로와 역사마다 모든 교통통제가 수신호로 이루어지는 것이었다. 전국 곳곳이 철도로 연결되고 고속철도도 자동제어 시스템으로 움직이는 한국의 현실에서는 상상하기 어려운 장면이다. 사람이 손으로 쓴 기록지를 열차 기관사가 창을 열고 잠자리채 같은 도구로 낚아채는 모습에 웃어야 할지 표정관리가 어려웠던 기억이 난다. 미얀마 중앙부처 장관인들 그런 모습을 한국 대사에게 보여주고 싶지는 않았을 것이다. 그만큼 한국 철도역량 전수에 거는 기대가 컸음을 보여준 것이다.

미얀마는 여전히 영국 식민지 시절에 놓인 철로 연결망에서 벗어나지 못하고 있다. 그런 만큼 경제개발 과정에서 동맥과도 같은 철도, 도로 연결망을 대폭 확충하는 것이 급선무이다. 미얀마 정부는 중국 이외에 한국과 일본도 육상 인프라 연결망 사업에 적극 참여해 주기를 간절히 기대하고 있다. 철도개발 사업은 단순한 인프라 프로젝트를 넘는 의미를 갖는다. 분단국인 한국도 남북관계 개선을 위해 철도연결 사

▲ 교통통신부 장관과 특별열차에서 찍은 사진들

업을 구상하듯이 미얀마에서도 철도연결 사업은 평화의 메시지를 담고
있다. 최북단 까친주에 위치한 미찌나(Myitkyina)와 같은 곳에서 세계적
수준의 철도건설 기술을 갖춘 한국이 깔아주는 철도와 철도안전 시스
템은 신뢰와 희망 그 자체인 것이다. 주민들 이동의 편의성과 안전을
획기적으로 개선해 주는 일이야말로 평화를 거창한 구호로 외치는 것
보다 훨씬 현실성 있는 노력인 것이다.

국가경쟁력 제고를 위해 미얀마 정부가 심혈을 기울이는 분야로
반부패 노력이 있다. 특히 율사 출신인 윈민 대통령은 하원의장 시절부
터 반부패, 마약과의 전쟁을 펼친 바 있는데, 평소 부패 청산은 미얀마
사회경제 발전의 걸림돌을 제거하는 것과 같다는 소신을 갖고 있었다.
미얀마의 반부패 노력은 국제사회로부터도 평가를 받고 있는데, 국제
투명성기구(Transparency International)가 발표한 2020 세계부패지표에
서 조사대상 아시아 17개국 중 정부 반부패 노력 부문에서 미얀마가 1
위를 차지하였다. 실제로 미얀마에 진출한 우리 기업들에 따르면 1990
년대, 2000년대 초기만 해도 공무원들에게 뇌물을 주는 일이 공공연히
이루어졌으나 최근에는 그런 관행은 거의 사라진 것 같다고 입을 모은
다. 미얀마 정부가 반부패 노력과 관련하여 특히 공공분야에서 반부패
문화를 진전시켜 나가는 것은 분명 평가해 주어야 하지만 두 가지 측
면에서 개선이 필요하다. 하나는 정부 공무원들의 봉급을 현실화시켜
줄 필요가 있다. 2020년 현재 미얀마 연방정부 국장급 공무원의 월급
이 500달러 정도 수준이다. 이 월급 가지고는 자녀교육 등 현실적인
문제를 해결하기가 쉽지 않다. 생계와 어느 정도 품위를 갖출 정도의
봉급체계가 따라주지 않는 한 부정부패의 유혹에 노출될 위험은 상존
한다. 반부패 노력과 관련하여 개선되어야 할 다른 문제는 군부에 대한

민간 차원의 적절한 감시와 통제이다. 미얀마 반부패 위원회는 연방정부 산하 조직에 대해서는 강력한 감시와 통제권한을 발휘하지만 군부에 대한 영향력은 사실상 없다. 군부가 내무부, 국방부, 국경부 등 3개의 거대 부처를 관할하고 재향군인회 등 자체적으로 막강한 경제네트워크를 가지고 있는 상황에서 이런 사각지대가 존재하는 한 반부패 노력에도 한계가 있을 수밖에 없다.

누에고치 꿈

필자가 미얀마에서 지내는 동안 여러 가지 측면에서 한국의 1970~1980년대 모습을 떠올렸다. 2011년 떼인세인 정부 때 개혁개방의 길로 막 나섰고, 수찌 여사의 NLD 정부 5년간 자본주의 경제의 궤도에 올라서면서 미얀마는 아세안의 마지막 황금시장으로서 그 가치를 꽃 피울 듯 보였다. 그러나 2021년 군부가 일으킨 정변은 미얀마 민주주의뿐만 아니라 자본주의 시장경제의 발전에도 큰 족쇄가 될 것이다.

미얀마는 여러 가지 측면에서 전환기 경제의 모습을 많이 간직하고 있는데 미얀마를 대상으로 한 교역과 투자를 하는 데 있어 전환기 구조적 문제에 대한 이해가 중요하다고 생각한다.

미얀마 경제를 왜곡하는 구조적 문제들 - 역사적 고찰

1988년 민주화를 향한 민중봉기 이후 미얀마의 봄이 찾아올 것이라는 기대는 신군부가 1990년 총선 결과를 거부하면서 군부의 직접 통치라는 또 다른 암울한 터널 속에 묻혀버렸다. 민주화 운동과 자유 시장경제 체제를 향한 갈망이 군부 압제라는 현실적 한계에 부딪힌 것이다. 신군부에 대한 국제사회의 제재와 압박도 거셌다. 미 의회는 주버마대사 내정자에 대한 인준을 거부했고, 미국 내에서 이른바 "보이콧 버마(Boycott Burma)" 캠페인이 전국적으로 확산되었다. 펩시(Pepsi), 리바이스(Levi's), 월마트(Walmart), 리복(Reebok) 등 버마에 조심스럽게 진출을 막 시작한 미국 기업들이 대부분 1990년대 중반까지는 버마에서 철수했다. 독재자 네윈의 "버마식 사회주의"(Burmese Way to Socialism)가 막을 내리면서 막 시작된 시장경제 시도들도 벽에 부딪친 것이다. 민주화와 시장경제 노력이 물거품이 되는 위험한 국면을 맞은 것이다.

군부정권에게는 국제사회의 강력한 제재 속에 생존 자체가 당면과제가 되었으며, 이 틈을 타서 중국과의 접경지대에서 소수민족 반군단체가 발호하면서 관할지역 경제를 좌지우지하게 된다. 또한, 미얀마 경제에 암적인 존재가 되는 마약 경제가 뿌리를 내린다. 버마 태생 컬럼비아대학 경제학과 로널드 핀들레이(Ronald Findlay) 교수는 버마 경제의 초기 자본금은 헤로인(heroin)이었다고까지 지적한다. 티크 등 최고급 원목과 옥(玉)이 군부 및 북부 군벌과 결탁된 세력들에 의해 마구잡이로 벌목되고 채굴되어 중국으로 밀무역된다. 1990년대에 불법 유통된 마약, 원목, 옥 밀무역 규모는 작게는 수십억 달러, 많게는 수백억 달러에 이른 것으로 추산된다. 중국과 이루어지는 천문학적 규모의 밀무역뿐만 아니라, 중국산 값싼 소비재가 버마로 물밀 듯 들어오게 된다. 당장 필요한 소비재들이 값싼 가격에 수입됨으로써 위기에 처한 민생경제에 산소호흡기 역할을 한 듯 보였지만 이는 미얀마 경제구조를 심각하게 왜곡시키는 후과를 낳는다. 값싼 중국산 수입대체산업에 길들여짐으로써 제조업 등 자국산업이 자생할 기반을 잃은 것이다.

정경유착 자본주의로부터 탈피하기 위한 힘겨운 노력

UN 글로벌 콤팩트(Global Compact)라는 제도가 있다. 세계 각국의 기업들이 이윤추구 활동을 하는 가운데서도 환경, 인권, 노동, 반부패 등 10가지 분야에서 국제적 표준에 해당하는 규범을 준수할 것을 촉구하기 위해 유엔이 발족한 강령이라고 할 수 있다. 미얀마는 동남아 10개국 중 글로벌 콤팩트에 가입한 기업 수가 가장 많다. 2020년 현재 미얀마 기업이 120개이고, 102개의 싱가포르와 91개의 인도네시아가 그 뒤를 잇고 있다. 미얀마 자본주의가 투명하고 책임성 있는 방향으로 나가야 한다는 점에서 볼 때 긍정적으로 평가할 만하다.

1962년 군부 쿠데타 이후 미얀마에서 사라진 것은 선거를 통한 의회민주주의만이 아니다. 미얀마 자본주의도 고통스럽고 오랜 단절의 역사를 경험하게 된다. 군부통치 시절 미얀마는 군부와 군부 유착기업 사이에 전형적인 정경유착의 행태를 보인다. 그로 인해 국제사회에서 미얀마는 오랫동안 대표적인 정실자본주의 또는 크로니 캐피털리즘(crony capitalism)으로 인식되었다. 군부에 유착한 재벌들은 광산개발, 은행영업, 부동산사업 그리고 심지어 무기거래와 같은 분야에서 군부로부터 인·허가권을 받아 천문학적 부를 거머쥐었다. 그 대가로 군부에 막대한 검은돈이 흘러들어 갔을 것이란 점은 명약관화하다. 이처럼 손쉽게 부를 축적하는 구조 속에서 제대로 된 시장자본주의가 형성되기를 기대할 수는 없다. 두 세대에 걸친 군부독재로 인해 붕괴된 민주주의를 회복하기 위해 애쓰는 것처럼 미얀마 시장자본주의 경제도 진통이 클 수밖에 없다.

한국은 인구 5천만 이상에 소득 3만 달러를 달성한 국가들을 나타내는 지표인 소위 '30 – 50 클럽'(30 – 50 Club)에 7번째로 속한 자랑스러운 국가이다. 전 세계 많은 나라들로부터 부러움을 사는 놀라운 성취에 이르기까지 투명하고 책임성 높은 시장자본주의를 정착하는 데 상당한 진통과 시간이 소요되었다. 물론 이러한 노력은 여전히 현재진행형이다. 그런 점에서 볼 때 두 세대에 걸쳐 자본주의의 기억을 송두리째 빼앗긴 미얀마의 시장자본주의가 궤도에 오르기까지 많은 시행착오가 따를 것이며, 오랜 시간이 걸릴 것이다.

필자가 미얀마에서 근무하면서 많은 미얀마 기업 총수들을 만나 보았다. 그중에는 과거 군부와의 유착관계로 곱지 않은 시선을 받는 기업도 있었다. 2021년 초 쿠데타라는 커다란 암초에 부딪치기는 했지만 필자가 미얀마의 미래를 긍정적으로 보는 이유를 꼽으라고 한다면 그 가운데 하나는 신진세대 기업인들에 대한 기대 때문이다. 미얀마의 신흥기업 총수들 가운데는 40대의 상당히 젊은 인사들이 포진하고 있다. 이들은 미얀마의 미래를 위해서는 손쉽게 이윤을 낳을 수 있는 분야뿐만 아니라 제조업과 같이 장기적인 투자가 요구되는 분야에 역할을 해야 한다는 건전한 의식도 갖고 있다. 또한 인재육성, 보건 및 교육과 같은 분야에 기업의 사회적 책임을 행하는 데 적극 참여해야 한다는 인식도 가지고 있다.

다만 미얀마 기업가들은 대부분 불안한 정치 환경으로 인해서 민선정부가 들어선 이후에도 군부와 척을 지지 않으려고 일정한 네트워킹과 관계유지를 해왔다. 그들 나름대로 생존하기 위한 동물적 본능인 것이고 이를 탓하기는 어렵다. 그런 점에서 2021년 국가비상사태 속에서 건강한 자본주의 의식을 갖춘 젊은 기업인들이 어떤 생각을 하게 될지 걱정스럽기만 하다.

디지털 경제를 향한 바쁜 걸음

필자가 미얀마에 부임하기 전 안내 자료를 보면서 대부분의 식당에서 카드결제가 잘 안 되고 현금으로 지불한다는 내용에 놀란 적이 있다. 현금결제가 많다 보니 지폐 또한 많이 낡았다. 1인당 국민소득이 1,300달러 정도로 낮은 미얀마에서 가장 많이 유통되는 지폐는 1천 짯(kyat; 한화로 약 750원)이다. 미얀마에서 2020년 1천 짯과 5백 짯 지폐가 신권으로 교체되었는데 1만 짯 지폐보다 1천 짯 지폐가 시중에서는 훨씬 많이 유통된다는 것을 보여준다. 낡은 지폐는 코로나19 시대에서 특히 애물단지 취급을 받게 된다. 식당이나 상점, 택시에서도 가급적 직접 접촉을 피하는 것이 새로운 추세이다 보니 누가 봐도 너무나 낡은 지폐를 만지는 것을 꺼리게 되었다.

미얀마에서 디지털 경제의 미래는 어떻게 될까? 수찌 국가고문은 2018년 9월 싱가포르 방문 때 제27차 세계경제포럼(World Economic Forum) 본회의에서 연설을 통해 미얀마가 디지털 경제, 그리고 4차 산업혁명 조류에 충분히 올라탈 수 있다고 하였다. 그 예로서 과거 미얀마가 유선 전화기에서 4G 네트워크로 바로 점프했으며, 불과 5년 전만 해도 모바일 전화기 보급률이 1%에 그쳤으나 지금은 105%에 달한다는 점을 들었다.

필자는 2030 미얀마의 모습을 그려볼 때 디지털 미래 부분에서 가장 드라마틱한 변화가 있을 것으로 점쳐 본다. 실제로 이런 변화는 여러 곳에서 감지된다. 미얀마에 진출한 비자(Visa) 카드에서 2020년 미얀마 시장조사를 한 결과는 흥미로운데, 미얀마가 무현금 경제(cashless economy)로 얼마나 빨리 전이될 것인지를 예측할 수 있다. 비자카드사 조사에 응답한 사람 중 약 25% 정도만이 신용카드 또는 선불카드를 보유하고 있으며 이들 대부분 카드 사용에 적극적인 자세를 보이고 있다. 물론 아직 미얀마는 응답자의 97%가 현금사용이 더 익숙하다고 답하고 있지만, 갈수록 지갑에 지니고 다니는 현금의 양은 줄어들고 있다고 답했다. ATM 등 현금인출이 훨씬 용이해졌기 때문이고, 카드를 취급하는 매장도 갈수록 많아지기 때문이다. 카드사용에서 한 발 더 나아가 매출전표에 카드를 갖다 대는 컨택리스 카드(contactless cards) 사용도 생겨나고 있다. 매장에서 카드를 꺼내 주고받을 필요도 없고, 서명이나 핀 번호를 입력할 필요도 없기 때문에 코로나19 상황에서 더 환영받는 방식이 되고 있다. 응답자의 72%가 이러한 탭투페이(Tap-to-Pay) 방식에 관심을 보이고 있다. 비자카드에 따르면 미얀마에서 이러한 무접촉 결제방식은 전년도 대비 50% 이상 증가할 정도로 가파른 상승세를 보이고 있다고 한다. 스마트폰을 통한 모바일 결제 또한 빠르게 확산될 것으로 전망하고 있다.

미얀마 디지털 미래 가속화는 금융시장 개방과도 밀접히 맞물려 이루어질 것으로 보인다. 미얀마 금융시장도 2014년부터 해외은행에 영업허가를 부여하면서 속도를 냈다. 2020년 세 번째 영업허가 부여가 이루어졌는데 한국계 은행도 3곳이 승인을 받으면서 미얀마 금융시장 참여가 확대되었다. 미얀마에서도 갈수록 디지털 결제 등 금융시장에서의 스마트폰 등 통신시스템과 연동된 상품이 보편화되는 만큼 디지털 경제도 속도를 낼 것이다.

디지털 경제의 미래에 대한 기대 섞인 관찰을 제시했다면, 걱정스런 관찰도 적어본다. 앞서 다룬 바와 같이 2021년 봄 미얀마의 상황은 디지털 경제의 미래로 가는 시계를 거꾸로 돌린 것 같다. 미얀마 군부는 인터넷보안법이라는 악법을 추진했는데 미얀마연방상공회의소(UMFCCI)에서 즉각 미얀마 디지털 경제의 숨통을 조이는 조치이며, 외국인 투자에도 심각한 영향을 미칠 것이라고 강한 반대를 표명하였다. 이 밖에도 미얀마 군부는 2월 15일부로 새벽 1시부터 아침 9시까지 인터넷 차단조치를 장기간 시행했다. 21세기 인공지능 등 4차 산업혁명 기술이 선도하는 세계적 조류에 올라타기도 버거운 세상에 인터넷 차단조치를 취하는 미얀마를 바라보면서 장탄식이 나온다.

좌우가 혼재된 교통시스템

미얀마에서 차들은 한국처럼 우측통행을 한다. 그럼 당연히 자동차 핸들이 좌측에 위치해 있어야 맞을 터인데 아직도 거리의 상당수 차들이 우측 핸들이다. 과거 영국 식민지 당시 좌측통행 시스템에서 벗어나 국제적 표준이라고 할 수 있는 우측통행 시스템으로 전환했지만 여전히 도로를 누비는 차들 가운데 우측 핸들이 절반을 넘는다. 미얀마 정부가 2016년부터 좌핸들 차량만 수입을 허용하고 있고, 미얀마에 진출한 한국, 일본 등 조립공장에서 생산되는 차들도 당연히 좌측 핸들이기 때문에 아마도 5년 후 정도면 우핸들 차량이 구시대를 상징하는 날이 오지 않을까 싶다.

자동차 이야기를 조금 더 해보자면, 미얀마 자동차시장은 급속히 성장하고 있다. 자체 자동차 브랜드가 없기 때문에 수입에 의존하고 있는데, 미얀마가 자본주의로 본격 나서면서 신차 수요도 급속히 늘고 있다. 미얀마 통계청에 따르면 2013년 50만 대 정도에 불과하던 자동차 등록대수가 2018년에는 100만 대를 넘어섰다. 미얀마 최대도시이자 경제허브인 양곤에 60만 대 정도가 몰려 있다고 하는데, 현대차와 기아

차의 인기가 날로 늘어가는 것을 실감할 수 있다. 동남아를 조금 아는 분들은 방콕에 가면 한국 국산차를 찾아보기 힘들 정도로 일본차가 독주하고 있는걸 보게 된다. 이에 비하면 미얀마 수입차 시장은 아직 한국산 브랜드에 기회의 땅이다. 예를 들어 쉐대한(Shwe Daehan) LMVC가 2018년 여름 양곤에 조립공장을 설립하여 현대자동차를 생산하고 있는데 미얀마 정부 인사들이 필자에게 소개를 부탁할 정도로 높은 인기를 누리고 있다. 2019년 12월에는 처음으로 신차시장 점유율이 10%를 돌파하였는데 놀라운 신장세이다. 구매력이 높아질수록 젊은 층의 소비패턴이 핸드폰, 해외여행, 그리고 신차로 확대된다고 하는데, 미얀마의 중산층은 공식통계에 잡히는 것보다 높다고 보아야 한다. 그만큼 신차시장이 빠르게 확대될 것이라는 이야기다. 한국 브랜드에 대한 높은 인지도를 바탕으로 한국 자동차 브랜드가 미얀마 시장을 석권해 나가기를 바라는 마음이다.

물먹는 하마 공기업 개혁

미얀마는 군부정권 시절 서방의 경제제재에 대응하여 자주적 생산 역량을 키운다는 명목하에 100개가 넘는 공기업을 만들었다. 그러나 사회주의 체제 속에 시장경쟁 구조가 없는 상태에서 공기업이 제대로 성장했을 리가 만무하다.

필자가 2018년 미얀마 부임 초 수찌 국가고문을 처음 예방했을 때 일이다. 수찌 여사가 미얀마에 대한 한국의 투자와 교역증진에 대한 기대를 언급하면서 미얀마의 공기업들이 생산성은 형편없고 방대한 직원들 봉급으로 막대한 예산만 축내는 물먹는 하마와 같은 존재라고 혹평을 한 바 있다. 한국처럼 자국 제조업을 훌륭히 육성한 국가가 미얀마 공기업 일부를 인수해서 완전히 탈바꿈해 주면 좋겠다는 말과 함께.

미얀마 공기업과 관련하여 한국과 북한이 관련된 일화가 있다. 현재 미얀마 내에 가장 성공한 특별경제구역이 양곤 띨라와(Thilawa)에 위치해 있다. 2021년 초 현재 8개 한국 업체들이 입주해 있는데, 2020년 띨라와에 입주한 D사가 미얀마 천연자원환경보전부 산하 주석(tin) 제련공장 인수를 검토한 적이 있다. 2020년 8월 D사 관계자들과 대사관 상무관이 타당성을 살펴보기 위해 해당공장을 방문하였다. 현장 방문에서 재미있는 사실을 발견했는데, 그 주석 가공공장이 1981년 북한의 지원으로 건설되어 약 40년간 운영되어 오다가 2017년부터 가동이 중단된 상태로 있는 것이었다. 지금도 공장 내부에 북한이 지어준 시설임을 입증하는 표지석이 존재한다. 과거 북한이 지어준 공기업인 것을 인지하지 못한 채 우리 업체에 인수를 타진했던 것이라고 생각되는데, 그만큼 미얀마에서도 한국과 북한의 격차를 확연히 느낄 수 있는 대목이었다.

제2의 베트남을 향해

미얀마에서도 동남아의 떠오르는 별 베트남은 부러움의 대상이다. 사실 2021년 초 쿠데타가 나기 전까지만 해도 미얀마가 제2의 베트남이 될 수 있다는 말도 회자되었다. 태국, 캄보디아, 라오스와 함께 메콩지역에 속해 있는 미얀마와 베트남은 역사, 지리적인 측면에서, 그리고 민족정체성의 측면에서도 공통점이 많다.

식민지, 내전, 군부독재를 거친 미얀마도 누구보다 아픈 역사를 가지고 있지만 베트남의 역사도 파란만장하다. 미얀마와 베트남 양국은 식민지 경험을 갖고 있다. 1883년부터 프랑스의 식민지가 된 베트남은 1945년 독립을 쟁취하는데, 영국과 일본으로부터 식민지배를 당한 미얀마에 아웅산 장군이라는 독립영웅이 있다면 베트남에는 호치민 주석이 있다. 베트남의 경우 한반도처럼 동족상잔의 비극인 분단과 전쟁을 겪게 된다. 제1차 인도차이나 전쟁(1946년 12월~1954년 8월) 이후 분단되었던 베트남에서는 1955년 11월부터 월남이 패망한 1975년 4월 말까지 베트남 전쟁이 벌어졌다. 미얀마 또한 영국과 일본을 몰아내고 힘들게 이룬 1948년 독립의 기쁨도 잠시, 소수민족들과 연방을 이루기 위한 평화프로세스는 표류하면서 소수민족 반군과의 갈등이 표면화된다.

미얀마가 베트남 같은 놀라운 발전을 이루지 못하는 큰 이유를 민족통합에서 찾는 전문가들이 많다. 미얀마와 베트남 공히 다민족 국가이다. 미얀마는 135개 민족으로 구성되어 있다. 베트남 역시 다민족 국가로서 베트남 정부가 공인하는 민족의 수는 53개에 이른다. 베트남이 월남전이라는 아픈 상처를 딛고 일당제 사회주의 정치체제를 통해 빠른 발전을 이루고 있는 데 반해, 미얀마는 여전히 135개 다민족 간 평화프로세스, 그리고 라카인 문제에 발목이 잡혀 있다. 물론 2021년 미얀마의 모습은 더 형편없다. 평화프로세스와 라카인 문제보다 군부가 일으킨 정변으로 인해 미얀마는 불과 60여 년 동안 세 차례나 군사쿠데타를 겪은 나라라는 치욕적인 기록을 안게 되었다.

중국과의 관계에서도 미얀마와 베트남은 닮은 면이 있다. 지리는 역사와 필연적 관계를 갖는다. 긴 국경을 맞대고 있다는 점에서 공통점이 있다. 베트남은 중국과 1,281km에 걸쳐 국경을 맞대고 있다. 미얀마는 그보다 훨씬 긴 국경선을 중국과 맞대고 있다. 무려 2,192km에 달한다. 미얀마는 중국, 태국, 인도, 방글라데시, 라오스 등 5개국과 국경을 접하고 있다. 가장 긴 접경국은 태국으로 2,416km에 달한다. 이처럼 긴 국경선은 역사적으로 갈등과 분쟁의 씨앗이 된다. 베트남은 중국과 중월전쟁을 치렀다. 1978년 중국의 후원을 받는 크메르루즈(Khmers Rouges) 치하의 캄보디아를 베트남이 점령하자 중국은 1979년 2월 북쪽 국경을 통해 베트남을 침공한다. 양측 모두 승리를 주장하며 한 달여 만에 끝났지만 베트남과 중국은 1990년까지 국경에서 충돌이 계속되었다. 베트남에 비하면 미얀마는 역사적으로, 지리적으로 중국과의 충돌 없이 관계를 잘 관리해 오고 있다. 그러나 그만큼 중국의 절대적인 영향력에 저항하지 않고 현실을 수용해 온 결과이기도 하다. 중국과 긴 국경선을 맞대고 있는 현실은 미얀마에게 잠재적인 안보적 위협요인이요, 사회경제적 도전요인이다. 양국 간 직접적인 국경충돌이 일어날 가능성은 희박하다. 그러나 까친주, 샨주 북부, 친주에서 소수민족 반군들이 중국의 지원을 받고 있다고 알려져 있다. 미얀마 군부에서 중국과 소수민족 반군 간 무기거래에 강한 의구심과 우려를 갖고 있는 만큼, 이 문제는 잠재적 도화선이라고 할 수 있다. 또한, 코로나19 위기상황에서 중국의 국경무역과 이동제한 조치는 미얀마에 사회경제적으로 커다란 폐해를 가져왔다. 기후변화와 환경침해가 갈수록 심각해지는 상황에서 초국경적 도전은 언제든 양국 간 갈등으로 비화될 가능성도 내포하고 있다.

미국과의 관계도 미얀마와 베트남의 미래를 내다보는 좋은 잣대가 된다. 미국과 월남전을 치른 베트남은 "적에서 동반자로"라는 표현의 대명사라고 해도 과언이 아니다. 베트남전쟁은 한국도 참전했기 때문에 우리 국민들에게도 이미 잘 알려진 역사이다. 미국은 1964년 8월 발생한 통킹만 사건을 계기로 베트남 전쟁에 본격 개입했다. 그러나 전쟁이 장기화되고 미국 내 반전 여론이 확산되면서 베트남 철수를 내세운 공화당 닉슨 대통령이 1968년 당선된 후 1973년 1월 파리평화협정 체결과 동시에 미국은 베트남 전쟁에서 손을 뗀다. 결국 1975년 4월 베트남은 공산화되었다. 1950년 프랑스로부터 부분 독립한 베트남과 외교관계를 맺은 이래 베트남 공산화를 계기로 미국과 베트남의 관계도 단절되었다. 이후 미국 정부는 베트남에 대규모 경제제재를 단행하였다. 냉전 이후 두 나라의 관계가 복원된 것은 베트남이 1988년 9월부터 베트남 내 미군 유해송환에 협력하면서부터이다. 1991년 유해 수색작업을 위해 처음으로 베트남 하노이에 현장사무소를 설치한다. 1994년 초 미국 빌 클린턴 대통령은 베트남에 대한 경제제재를 전면 해제하고 1995년 8월 국교를 정상화하기에 이른다. 미국과 국교정상화가 이루어진 1995년 베트남과 미국의 교역은 4억 5천만 달러 수준이었는데 25년 후인 2020년 양국 간 교역은 160배 이상 증가하였다. 미국은 베트남의 세 번째 교역상대국이다. 미국과 베트남 사이 협력관계는 경제 분야를 넘어 안보분야로도 빠르게 확대되고 있다. 특히 스프래틀리군도(Spratly islands) 등 남중국해 문제를 둘러싸고 중국과 갈등을 빚고 있는 베트남과 미국 두 나라의 국방협력이 강화되는 추세이다. 일부 아세안 전문가는 아세안지역에서 미국과 군사동맹 관계에 있는 태국과 필리핀 이외에 베트남을 준동맹관계라고 표현하기도 한다.

사회주의 국가면서 1986년 시장경제 정책인 '도이 머이(Doi Moi)', 즉 쇄신노선을 채택한 베트남의 경제발전은 실로 놀랍다. 베트남은 개혁개방정책 이후 지난 30여 년 동안 연평균 6%대 중반의 높은 성장세를 지속하고 있다. 2009년에는 저소득국에서 중소득국에 진입하였으며 최근에는 국민 대부분이 빈곤상태 이상의 소득수준을 유지하고 있다.

과거 농업 등 1차 산업 중심의 산업구조에서 현재는 부가가치가 높은 2,3차 산업을 중심으로 산업구조 고도화도 진행 중이다. 2020년 현재 삼성전자를 비롯하여 베트남에 진출한 한국 기업이 9,000여 개라고 하니 대단한 일이다. 동기 대비 미얀마에 진출한 한국 업체는 300여 개 정도에 불과하다. 아세안 전체를 보아도 한국과 베트남의 관계는 경이롭다. 한-아세안센터의 자료에 따르면 2019년 현재 양국 교역액(USD 682억)은 한-아세안 총 교역액(USD 1,600억) 중 42%를 점유하며, 아세안 10개국 중 유일하게 한국이 베트남의 최대 투자국이다. 베트남은 아세안 국가 중 한국인이 가장 많이 찾는 관광지이기도 하다. 또한, 베트남 거주 한국 동포사회는 15만 명에 달하고, 한국 거주 베트남인은 22만 명에 달한다. 시장경제 도입 후 베트남 정부의 공격적인 외국인 투자유치, 중국에 대한 뿌리 깊은 경계심, 그리고 상대적으로 한국 기업들에 비해 보수적 성향의 일본 기업문화 등이 어우러져 베트남에서 한국의 성공신화가 만들어지고 있다고 하겠다. 이런 점에서 볼 때 미얀마가 과연 제2의 베트남이 될 가능성이 있느냐에 대한 판단은 지금으로서는 유보코자 한다. 필자가 미얀마를 떠나는 2021년 말 시점에서의 답은 회의적이다. 군부가 민선정부를 하루아침에 전복시킨 모습은 가슴을 답답하게 만들 뿐이다.

사실 수찌 여사는 베트남의 눈부신 발전으로부터 배워야 한다는 생각을 강하게 가지고 있었다. NLD 정부가 2016년 출범한 이후 5년 임기 동안 수찌 국가고문이 중국을 4회 방문한 것을 제외하면 베트남을 세 차례 방문함으로써 베트남 배우기에 상당한 관심을 보였다. 코로나19 팬데믹 상황이 아니었다면 베트남이 아세안 의장국을 수행한 2020년 베트남을 한두 차례 더 방문했을 수도 있다. 수찌 국가고문은

2018년 두 차례 베트남을 방문했는데 이때 베트남의 눈부신 발전상에 깊은 인상을 받았다고 한다. 수찌 여사가 2018년 11월 투자대외경제관계부를 신설하면서 최측근 인사인 따웅툰(Thaung Tun) 당시 연방정부 실장관 겸 국가안보보좌관을 신설 부처 장관에 임명한 것도 베트남 발전의 원동력 가운데 하나인 해외투자 유치를 국가적 과제로 추진하겠다는 의지를 반영한 것이었다.

필자가 미국과 베트남 관계를 비교적 상세히 다루는 이유는 여러 측면이 있다. 우선 미얀마와 미국 간 관계와 비교해 볼 필요가 있다. 미얀마가 2011년부터 개혁개방정책을 펼치면서 미국 오바마 대통령은 2012년 현직 대통령으로는 처음으로 미얀마를 방문한다. 이어, 수찌 국가고문이 이끄는 민선정부가 2016년 들어서면서 미국은 그해 10월 미얀마에 대한 기존 제재를 전면 해제한다. 미국이 미얀마에 대한 제재를 해제하면서 양국 관계에 중대 전환점이 만들어진 것과 얼마 차이나지 않는 2015년, 지구 반대편에서 또 다른 큰 변화가 이루어졌다. 적성국 관계에 있던 미국과 쿠바가 1961년 단교 이후 국교정상화를 이룬 것이다. 필자는 2016년 쿠바를 방문한 바 있다. 당시 외교장관 정책보좌관으로서 한국 외교장관으로는 사상 최초 쿠바 방문(2016년 6월 카리브국가연합 정상회의 참석차)에 수행한 바 있다. 미국과의 수교 직후 상황이었던 당시 쿠바에 일고 있는 변화와 희망의 분위기를 현장에서 관찰할 수 있는 기회였다. 참고로, 미얀마는 중남미지역에서 브라질과 쿠바에만 유일하게 대사관을 유지하고 있다.

적성국 관계에 있던 베트남과 쿠바 양국이 미국과 이룬 국교정상화, 그리고 미국의 미얀마 제재 해제 이후 상황을 볼 때, 이들 3개국과 미국의 관계가 일직선의 발전궤도를 그린 것은 물론 아니다. 미국과 쿠바와의 관계는 아직 축적의 시간이 필요할 것으로 보인다. 한때 장밋빛 희망을 보였던 미국과 미얀마의 관계는 라카인 사태에 발목을 잡혀 소강상태를 보이고 있었는데, 2021년 미얀마 군부의 쿠데타는 미국 바이든 행정부에게 첫 번째 외교정책 위기상황이 되어버렸다. 필자는 미얀마가 수찌 여사의 NLD 2기 정부가 출범하고 나면 유엔 등 국제사회와 관계를 더욱 힘차게 개선시킬 수 있을 것이고, 그런 궤도에 올라선다면 미얀마도 베트남처럼 UN 안보리에서 이사국으로 활동하는 기회를 가질 수도 있다고 생각했었다. 베트남은 이미 2008~2009년 임기 유엔안보리 이사국으로 활동한 데 이어 2020~2021년 임기 이사국으로도 활동하였다. 유엔회원국에게 안보리 이사국 지위는 선망의 대상으로서 그만큼 국제사회에서의 위상을 반영하는 것이다. 따라서 미얀마에게 베트남은 경제적인 측면에서뿐만 아니라 국제사회 내 위상 측면에서도 모범을 삼아야 할 대상이라고 하겠다.

메콩의 보물

여행지를 고를 때 해당 국가의 볼거리, 먹거리는 물론이고 가성비, 그리고 관광인프라 서비스를 종합적으로 살피게 된다. 구매자는 쇼핑 리스트에서 진열대에 놓인 상품들을 신중히 고르게 마련인데, 적지 않은 경비가 소요되는 해외 여행지를 정하는 과정은 더욱 신중할 수밖에 없을 것이다. 세계적인 관광명소는 한 번 방문한 데 그치지 않고 몇 번이고 다시 찾는 경우가 많다.

동남아 10개국으로 구성된 아세안을 일컬을 때 흔히 쓰는 표현이 아세안 유대감(ASEAN solidarity)이다. 아세안이 역외 국가들과 무역과 같은 특정 이슈에 있어 협의체 또는 프로세스를 만들 때도 아세안 중심성을 무척 강조한다. 역설적으로 보면 단합과 연대감을 강조하는 만큼 아세안 내에서 다양성과 상이함이 크다는 것을 보여준다고 생각한다. 그래서 정확하게 표현하자면 아세안 동질성은 "다양성 속에서 유대감"(solidarity among diversity)이라고 하는 것이 맞다. 아세안 내의 다양성과 이질감을 극명하게 드러내는 분야가 관광산업이다.

아세안은 EU와 마찬가지로 잘 나가는 국가와 그렇지 못한 국가로 나뉜다. 싱가포르가 훨씬 앞서 있지만, 인도네시아, 태국, 필리핀, 베트남, 말레이시아가 전자 그룹에 속한다고 할 수 있다. 이에 비해 국명 알파벳 첫머리를 따서 CLM으로 통칭되는 메콩의 여타 3개국, 캄보디아, 라오스, 미얀마는 후자 그룹에 속한다. 미얀마는 관광에 있어 메콩지역 국가들(미얀마, 태국, 베트남, 캄보디아, 라오스) 중에서도 관광객이 가장 적게 찾는 곳이다. 2020년 한국에서 메콩지역 국가에 대한 일반 시민들의 인식을 조사한 적이 있다. 태국은 이미 세계적인 관광대국이고, 아세안에서 욱일승천의 기세로 발전을 거듭하고 있는 베트남도 2018년 350만 명, 2019년에는 430만 명의 한국인 관광객이 방문하였다고 한다. 이런 추세에 발 맞춰 2020년 11월 다낭 총영사관까지 문을 열었다. 그에 비하면 미얀마를 찾는 한국인 관광객 규모는 초라하기까지 하다. 필자가 2018년 부임한 후 통계를 살펴보니 약 6만에서 7만 명 사이를 왔다 갔다 하는 수준이었다. 그나마도 미얀마가 2011년부터 개혁개방의 길로 접어들면서 관광지로서 한국인들의 눈에 들어오기 시작한 것이다. 거기에는 아웅산 수찌 효과도 한몫했다고 본다. 미국 오바마 전 대통령과 클린턴 국무장관, 반기문 유엔사무총장, 영국 토니 블레어 총리 등 내로라하는 국제사회 지도자들이 연이어 미얀마를 찾았을 때였다.

수찌 여사 효과가 나왔으니 이른바 안젤리나 졸리(Angelina Jolie) 효과를 살짝 다뤄본다. 미얀마에서 관광 및 투자 분야에 종사하는 사람들은 안젤리나 졸리 효과를 종종 언급하면서 미얀마와 캄보디아를 비교하곤 한다. 2019년 만달레이에서 개최된 국제투자박람회에 참석했을 때 일이다. 박람회 한 세션이 미얀마 관광인프라 개선에 관한 것이었는데 패널리스트가 프레젠테이션에 띄운 화면에 캄보디아 앙코르와트(Angkor Wat)와 미얀마 바간(Bagan)을 찾는 한국인 관광객을 비교하였다. 요지는 바간에는 1년에 한국인 관광객이 4만 명 정도 찾는데, 앙코르와트에는 약 40만 명이 방문한다는 것이었다. 발표자는 2019년 여름 유네스코(UNESCO)로부터 세계문화유산으로 지정된 미얀마의 자랑 바간이 왜 앙코르와트와 이처럼 차이가 나느냐 하는 데 대한 각성을 촉구하였다. 물론 관광콘텐츠와 인프라를 대폭 강화해야 한다는 것이 강조되었지만, 사석에서 이들이 부러워하는 한 가지 사연이 있었다. 안젤리나 졸리 효과였다. 2001년 개봉된 영화 〈툼 레이더〉(Tomb Raider)에서 주인공 라라 크로프트 역할을 맡은 안젤리나 졸리가 출연하여 세계적 흥행을 거둔 이 영화가 캄보디아 앙코르와트 관광 붐을 일으켰다는 해석인 것이다. 틀린 말은 아닌 것 같다. 안젤리나 졸리는 그 영화를 계기로 캄보디아의 아픈 역사에도 많은 관심을 기울이면서 봉사활동을 계속했다고 한다. 특히 2017년에는 안젤리나 졸리가 감독과 극본을 맡은 〈그들이 아버지를 죽였다〉(First They Killed My Father: A Daughter of Cambodia Remembers) 영화까지 만들었다. 1970년대 중반 캄보디아에서 크메르 루즈에 의해 자행된 집단학살과 비극을 그 속에서 살아남은 소녀의 눈으로 그려낸 영화이다. 미얀마로서는 안젤리나 졸리 효과가 부럽지 않을 수 없다. 그러나 누가 알겠는가. 2019년 여름 바간이

UNESCO가 정한 세계문화유산에 등재되었으니 여기를 배경으로 한 세계적인 영화가 탄생할 수도 있지 않을까 기대해 본다.

물론 미얀마 관광산업 진작을 위한 1차적 책무는 미얀마 정부에 있다. 미얀마 정부도 그런 노력을 기울이지 않는 것은 아니다. 그러나 서비스산업 육성에 대한 인식과 경험부족, 호텔, 관광, 항공산업의 이해 충돌은 간단치 않았다.

무엇보다 시급한 것은 다양한 볼거리, 할 거리를 위한 콘텐츠 개발이다. 한국 관광객들의 대부분이 단체관광객인데, 인근 다른 국가와 연계하는 프로그램이거나 미얀마만 단일 방문하는 경우가 있다. 특히 인근 국가와 연계하는 단체관광인 경우, 시간과 비용측면 한계로 인해 대개 양곤에만 머물고 떠난다. 불교신도들의 성지순례가 아닌 일반 관광객들의 경우, 너무 파고다 등 불교유적 관련한 프로그램 위주라는 볼멘소리가 많다고 한다. 대사관에서도 한국에서 공무상 오는 손님들에게 자투리 시간을 이용해 양곤 시내를 관광시켜 줄 때 쉐다곤 파고다 등 불교유적지 이외에 이렇다 할 볼거리가 없는 것이 사실이다. 하물며 다양한 볼거리, 할 거리, 먹거리를 기대하고 오는 관광객 입장에서 이게 전부인가 하는 아쉬움이 있는 것은 탓하기 어렵다. 문제는 미얀마 관광은 양곤만 봐서는 코끼리 다리만 더듬은 겪이라는 점이다. 미국을 찾는 외국 관광객에게 미국인들이 하는 말이 있다. 뉴욕을 보지 않고 미국을 봤다고 하지 말고, 뉴욕만 보고 미국을 봤다고 하지 말라는 말이다. 미얀마에서 양곤이 바로 그런 위치에 있다. 양곤을 보지 않고 미얀마를 봤다고 할 수 없지만, 양곤만 봐서는 미얀마를 이해할 수가 없다. 미얀마는 한반도 3배나 되는 덩치에 걸맞게 너무나 많은 곳에 숨겨진 비경과 유적들이 많다. 한국 사람들이 지방 곳곳을 모두 다녀보기 어렴풋이 짧은 일정의 관광객들에게 미얀마의 모든 곳을 보여주는 것은 불가능하다. 그렇지만 양곤 이외에 바간, 인레 호수, 만달레이와 같은 가장 대표적인 몇 군데를 함께 연계할 수 있다면 파고다와 사찰밖에 기억이 안 난다는 불평은 많이 누그러질 것이다. 관광명소로 자리잡기 위해서는 다시 찾는 이들(리피터, repeater)이 많이 생겨야 하는데, 미얀마 지방을 돌아본다면 미얀마가 가진 다양한 문화와 풍경을 조금 더 깊숙한 곳까지 찾아보고 싶다는 생각을 하게 될 거라고 생각한다.

그러기 위해서는 미얀마 당국이 국내선 항공료 가격을 대폭 인하할 필요가 있다. 미얀마 국민들조차 국내 여행에는 항공료가 너무 비싸서 인근 태국을 가는 것이 더 저렴하다는 말을 공공연히 한다. 게다가 외국인에게는 내국인보다 훨씬 비싼 항공료를 적용한다. 한국에서는 상상할 수 없는 일이다.

또 다른 문제는 해외관광객들은 시간을 쪼개서 하나라도 더 보고, 경험하고 싶어 하는데, 미얀마는 밤에 보여줄 것이 별로 없다는 점이다. 카지노와 같은 향락적인 시설을 말하는 것이 아니다. 전력사정이 어려운 미얀마의 밤은 관광객들에게는 너무 심심한 시간이 된다. 바간(Bagan)의 경우 한낮에는 너무 덥기 때문에 파고다 몇 군데만 둘러보면 지치게 마련이다. 바간의 천불천탑은 하나하나 저마다의 스토리가 담겨 있다는 것이 미얀마의 자랑인데, 일몰 후에는 이를 감상할 수 없다면 너무 아쉬운 일이 아닐 수 없다. 관광객들에게 호기심을 자극하려면 체험이 반드시 필요하다고 생각한다. 그냥 보고 듣는 것만으로는 부족하다. 미얀마 관광에서 대부분을 차지하는 파고다 방문도 그렇다. 가령 미얀마의 상징인 쉐다곤 파고다에서 종을 치면 미얀마를 다시 찾게 된다는 것이 현지인들이 전해 주는 이야기이다. 관광객들에게 자신의 소망을 담아 종을 치는 체험과 함께 여기 담긴 현지인들의 믿음을 공유케 한다면 흥미를 배가할 수 있을 것이다. 닉슨 미국 대통령이 미얀마를 두 차례 방문했는데 처음 미얀마를 찾았을 때 쉐다곤 파고다에서 소망을 담아 종을 쳤다고 한다. 정치인이었으니 자신의 정치적 꿈을 빌었을 가능성이 크다. 워터게이트사건으로 불명예스럽게 물러나긴 했지만 닉슨은 결국 미국 대통령이 되었다. 퇴임 후 미얀마를 다시 찾아 종을 치면서 어떤 소원을 빌었는지는 알 수 없으나, 미얀마를 다시 찾은 것 자체가 스토리가 될 수 있을 것이다.

경제와 문화 허브라고 할 수 있는 양곤조차도 야경이라고 할 만한 것이 별로 없다. 양곤의 랜드마크로 자리 잡은 롯데호텔을 예로 들어보자. 롯데호텔은 양곤의 노른자위 위치인 인야(Inya) 호수 바로 옆에 위치하고 있다. 롯데호텔에 숙박하는 손님들은 인야 호수의 아름다운 풍경에 매료되는데 해가 지고 나면 이 아름다운 광경이 무용지물이 된다. 호수 주변에 야경을 만들어줄 조명시설이 전무하기 때문이다. 롯데호텔이 이 아름다운 호수를 관광 상품화하기 위해 양곤주정부에 호텔 주변에 야간 조명시설을 설치하고 보트투어 프로그램을 운영하는 제안을 했는데 성사되지 않았다.

양곤의 모습은 해가 다르게 변하고 있는데 가장 대표적인 쇼핑몰인 미얀마 플라자(Myanmar Plaza)와 정션시티(Junction City)가 들어서기 전과 후로 나뉜다고도 할 수 있다. 그러나 이 역시 싱가포르나 방콕의 대형쇼핑몰처럼 관광객들이 저녁시간에 몰려들어 쇼핑과 식도락을 즐기는 필수코스로 만들기엔 거리가 멀다. 이 부분은 미얀마 관광인프라가 종합적으로 발전하는 가운데 해결될 문제로서 시간이 더 필요할 것이다.

미얀마 관광산업의 한계에 대해서만 쓴다면 균형을 잃은 기술이 될 것이다. 미얀마에는 아직 세상에 알려지지 않은 아름다운 곳이 너무도 많다. 해외를 찾는 사람들의 취향이 갈수록 다양해지는 만큼 여행 및 관광 상품도 다양하게 구성하는 것이 필요하다. 그런 점에서 미얀마는 가능성이 무궁무진하다고 생각한다. 이른바 힐링(healing)에 좋은 곳들, 그리고 사람들에게 많이 알려지지 않은 곳을 선호하는 사람들에게는 좋은 대상이 될 수 있다. 까친주, 샨주, 친주, 라카인주, 그리고 연(鳶)처럼 생긴 미얀마 지도를 보면 가장 남쪽에 연 꼬리처럼 길쭉하게 뻗어있는 해안지대 따닌띠리 등 수많은 곳들이 아직 세상에 널리 알려지지 않은 채 아름다움을 간직하고 있다. 또한 손님을 정성을 다해 모시고 미소와 인사가 몸에 밴 미얀마 사람들도 훌륭한 관광자산이다. 어떤 사람들은 미얀마에서 가장 아름다운 것은 미얀마 사람들이라고도 한다. 오바마 대통령이 현직 미국 대통령으로 미얀마를 방문한 최초 사례이지만, 이 밖에도 미국 대통령이 되기 전 또는 퇴임 후 미얀마를 방문한 대통령들이 있다. 31대 대통령을 지낸 허버트 후버(Herbert Hoover) 대통령이 광산엔지니어 시절이던 1905년과 1907년 미얀마(당시 버마)를 방문했는데, 그는 자서전에서 미얀마 사람들이야말로 "아시아 전체를 통틀어 진정으로 행복한 사람들"(truly happy people in all of Asia)이라고 기술하였다.

한국이 메콩지역의 가치를 인식하고 이들 5개국과 협의체를 정식 발족한 것은 2011년이다. 메콩지역과의 관계강화에 본격적으로 나선 것 치고는 비교적 역사가 일천하다고 할 수 있다. 특히 중국과 일본에 비하면 메콩지역을 대상으로 한 한국의 투자진출은 뒤처져 있다. 이런 자성을 바탕으로 최근 한국도 속도를 내고 있다. 2019년 11월 부산에서 열린 한-아세안 특별정상회의 계기에 한국 정부는 처음으로 한-메콩 협의체를 정상회의로 격상시켰다. 그 전까지 한-메콩 협의체는 외교장관회의로 개최되어 왔다. 한-메콩 관계는 2020년 11월 (코로나 19로 인해) 화상으로 열린 한-메콩 협의체에서 "전략적 동반자 관계"(Strategic Partnership for People, Prosperity and Peace)로 격상되었다. 2021년은 한-메콩 교류의 해(Korea-Mekong Exchange Year)였다. 메콩지역과 많은 문화, 관광, 인적 교류 프로그램들이 이루어질 시점에 미얀마의 현실은 너무나 안타깝다. 2021년 2월 군부가 민선정부를 불법 전복시키고 비상사태를 선포한 상황에서 정상적인 교류가 이루어지기는 힘들기 때문이다.

3 미얀마의 도시들 - 미래를 보여주는 현재의 거울

필자가 4년 가까이 대사로 재임하면서 양곤을 벗어나 방문한 지방 도시를 세어 보니 생각만큼 많지는 않았다. 게으른 탓도 있고, 미얀마 내에 반군들이 활동하는 지역이 많기 때문에 외교관이라 할지라도 주재국 정부의 허가가 필요한 곳도 적지 않다는 점도 이유가 될 것이다. 특히 부임 3년차인 2020년 이후에는 코로나19로 인한 이동 제한조치로 인해 상당기간 양곤에서 발이 묶여 있었다. 게다가 2021년 초 정치 위기 상황까지 겹쳐서 임기 후반부에는 지방출장 기회가 상당히 줄어들었다. 그런데, 수도 네피도에 모든 정부부처와 의회가 집결해 있는 관계로 네피도 출장은 100여 회 가까이 한 것 같다.

한반도의 3배에 달하는 큰 면적의 미얀마에는 많은 소수민족들이 공존하고 있는지라 미얀마를 속속들이 이해하기 위해서는 쉬 찾기 어려운 지방을 많이 다녔어야 하는데 미얀마를 떠나면서 생각해 보니 처음에 욕심냈던 것에 비해서는 많이 부족했다. 그럼에도 불구하고 미얀마의 주요 지역들을 방문하면서 느낀 바를 다뤄보고자 한다. 이 책은 미얀마 여행안내서와는 다른 성격으로 집필된 만큼 필자가 방문했던 지방도시들 가운데 미얀마의 어제와 오늘, 그리고 내일을 그려보는 데 도움이 되는 방향에서 기술한다는 점을 미리 밝혀둔다.

외교 공관이 하나도 없는 전 세계 유일한 수도, 네피도

미얀마의 수도는 네피도(Nay Pyi Taw)이다. 네피도는 왕의 거처라는 뜻이다. 군부집권 당시였던 2005년 말 전격적으로 수도를 양곤에서 네피도로 이전하였다. 반기문 UN사무총장이 취임 후 첫 번째 미얀마 방문이었던 2008년 네피도 방문 때의 소회를 언급한 적이 있다. 수도 네피도에 있는 대통령궁과 의회로 진입하는 도로가 왕복 20차선인데, 도로에 차가 한 대도 없어서 마치 국제공항 활주로를 달리는 것 같은 기분이었다고.

필자가 2018년 1월 부임 후 신임장 제정을 위해 대통령궁으로 가는 길에 그 느낌을 이해할 수 있었다. 물론 반기문 총장이 네피도를 첫 방문한 2008년 이후 10년이 지난 시점이었기 때문에 오가는 차량들은 제법 눈에 띄었지만, 그래도 전 세계 수도 가운데 가장 교통체증이 없는 도시라는 점만은 여전하다고 할 수 있다.

서울과 같은 대도시에 비할 바는 못 되지만 왜 멀쩡한 양곤이라는 수도를 두고 양곤에서 320km나 떨어지고 말라리아가 창궐하던 숲지대한복판인 네피도로 수도를 이전했는지에 대해서는 여러 가지 설이 있다. 1988년 8월 8일 민중봉기에 깜짝 놀란 군부가 네피도라는 안전한 장소로 천도를 결정한 것이라는 분석도 있다. 또한, 미얀마 군부독재에 대한 국제사회의 오랜 제재가 지속되는 가운데, 미국의 이라크 침공과 같은 군사적 조치 가능성을 두려워한 군부가 내륙 깊숙한 곳으로 천도한 것이라는 설도 있다. 네피도 대통령궁과 의회로 진입하는 왕복 20차선 도로를 보면 비행기도 이착륙할 수 있을 정도이기 때문에 그런 추측도 할 수 있다고 본다. 한편, 일부 연관된 설이기도 한데, 군부통치 시절 최고 실력자로서 점성술을 신봉하던 딴쉐 장군에게 점성술사가 정권 안위를 위해 천도를 권했고, 그렇게 정해진 곳이 바로 네피도라는 설도 있다. 군부 지도자 딴쉐 장군이 2005년 11월 6일 정확히 오전 6시 37분을 기해 기습 군사작전처럼 네피도 천도를 명하였는데, 이 시간이 점성술사가 점지해 준 것이라는 사실은 미얀마에서는 널리 알려져 있다. 2006년 3월 새로운 수도의 이름을 네피도로 정했다.

어쨌든 2015년 민주 총선에서 압승을 거둠으로써 2016년 아웅산 수찌 여사가 이끄는 NLD가 집권하면서 군부통치 시절 결정인 네피도를 떠나 다시 양곤으로 수도를 옮길지 모른다는 추측들이 있었다. 그러나 그러한 관측과는 달리 미얀마 정부가 양곤으로 다시 돌아가는 일은 없을 것으로 보인다. 필자가 부임 후 수찌 국가고문을 첫 번째로 만난 것이 2018년 2월 말이었는데, 수찌 여사가 필자에게 한국은 국력이 강하고 여러 가지 측면에서 미얀마와 할 일이 많아 대사가 네피도에 올 일이 많을 테니 대사관을 네피도로 조속히 옮기면 어떠냐고 말했다. 네피도가 양곤과 달리 교통체증이 전혀 없고, 우기에 양곤처럼 비도 많이 내리지 않으며, 밤에는 하늘에 별이 가득 보일 만큼 공기도 맑지 않느냐고 하면서.

미얀마를 방문하는 사람들 가운데 네피도를 찾는 이들은 업무상 출장으로 오는 경우가 대부분이다. 관광목적으로 미얀마를 방문하는 경우 제한된 일정으로 인해 네피도까지 들르기는 쉽지 않을 것이다. 그런데 이른바 호캉스를 좋아하는 관광객이라면 네피도 또한 나름 매력이 있다. 네피도를 찾는 사람들은 국가기관이 집중되어 있는 이 도시에 왜 이리 호텔이 많은지 놀랄 것이다. 고급호텔 숙박비가 양곤에 비해 훨씬 저렴하고 워낙 부지에 여유가 있는 곳에 호텔을 짓다 보니 부대시설과 경관이 뛰어나, 호젓하게 휴식을 취하기를 원하는 여행객에게는 권할 만하다. 네피도 중심부를 조금 벗어나면 재래시장과 평화롭게 펼쳐진 농촌 경관이 힐링이 되기도 한다. 호텔관광부에 따르면 2019년 현재 네피도에는 60개가 넘는 호텔이 있다. 이 중 10여 개 호텔 이외에는 평소 호텔 유지 자체도 쉽지 않다고 한다. 네피도가 유명관광지도 아니고 미얀마는 아직 아세안지역에서도 국제회의 개최지로서도 위상이 낮은 곳이기 때문이다. 2014년에 이어 2024년 미얀마가 아세안 의장국을 할 때 네피도가 얼마나 변모해 있을지 두고 볼 일이다.

미얀마 정부는 외교단의 네피도 이전을 독려하라는 수찌 국가고문의 지시에 따라 네피도 내에서도 가장 노른자위라 할 수 있는 위치를 외교단 부지로 할당하였다. 네피도 다음으로 양곤을 다루겠지만 두 도시를 비교하는 기준으로 산보할 수 있는 길(영어로 promenade)에서는 확연한 차이가 난다. 양곤에서 특히 아쉬운 점은 도시의 팽창속도에 맞추려다 보니 도로정비가 주먹구구 이루어진 탓에 안전하고 쾌적하게 산책할 수 있는 길을 찾기 어렵다는 점이다. 그런 점에서 네피도는 정말 뛰어난 산책코스를 갖춘 도시이다.

네피도 천도 20년이 되는 2025년, 그리고 한 세대가 경과되는 2035년경 네피도가 어떤 모습으로 바뀌어 있을지 궁금하다. 네피도가 도시공학 전문가들에게 받는 평가는 분분하다. 어떤 이들은 도시를 왜 이렇게 설계했는지 이해할 수 없다고 하는 반면, 어떤 이들은 철저히 베일에 가려진 상태에서 진행되고 전광석화처럼 천도가 이루어진 프로젝트임에도 마치 30년 앞을 내다보고 설계한 것 같다고 긍정적으로 평가하기도 한다. 이에 대한 판단은 최소한 2030년, 2050년에 가서 변모한 네피도의 모습을 가지고 내려야 한다고 생각한다. 필자가 재임하는 동안 브라질 대사로부터 네피도와 브라질리아를 비교하는 재미있는 이야기를 들은 적이 있다. 상파울루 출신이었던 당시 대사는 브라질 정부가 브라질리아로 수도를 옮긴 후 정부 공무원들이 금요일 오후만 되면 절간 같은 브라질리아를 떠나 이전 수도이자 삶의 터전이었던 상파울루를 비롯해 대도시로 밀물처럼 빠져나가곤 했다고 회고하였다. 그러면서 브라질리아 천도 후 20년, 30년이 지나고 브라질리아에서 태어난 세대들이 정착하게 되면서 이제는 브라질리아가 고향이자 삶의 터전으로 정착되어 브라질을 대표하는 도시의 하나로 확고하게 자리를 잡았다고 하였다. 결국 네피도가 미얀마의 수도이자 외교단 소재지, 그리고 국제도시로 자리 잡기 위해서는 일정한 시간이 필요하다는 설명이었다. 필자가 미얀마에 근무하는 동안 금요일이면 양곤으로 오는 비행기 좌석 확보가 어려울 정도로 많은 공무원들이 네피도를 빠져 나가는 모습을 볼 수 있었다. 네피도로 공관을 이전하는 첫 번째 국가가 어디가 될지, 그리고 상주 외교공관이 대부분 네피도로 이전해 이 도시가 명실상부한 미얀마의 수도이자 국제도시로 발돋움하기까지 얼마나 시간이 더 소요될지 필자도 궁금하다.

쉐다곤 파고다를 품은 양곤

네피도와 양곤은 같은 나라 도시인가 싶을 정도로 풍광이 확연히 다르다. 미얀마 사람들은 양곤을 파라다이스(paradise)라고 부른다. 물론 서울, 동경, 상하이, 홍콩, 싱가포르, 방콕 같은 아시아지역 대도시와 비교하면 양곤은 조용한 도시라고 할 수 있다. 하지만 양곤은 미얀마 사람들이 큰 자부심을 갖고 있고, 살기를 동경하는 곳이다. 미얀마 사람들은 양곤 시민들을 양고나이트(Yangonite)라고 부르기도 한다. 다른 도시에서는 찾지 못하는 애칭이다. 자동차 번호판도 양곤 번호판 선호가 워낙 커서 다른 도시에서 구입한 자동차도 편법으로 양곤 번호판을 부착하는 경우가 많을 정도로 양곤 시민이라는 자부심은 대단하다. 미얀마의 관문인 양곤의 얼굴은 1년, 2년이 다르게 빠르게 변하고 있다. 필자가 미얀마에 근무한 4년 가까운 시간 동안에도 새로 들어선 고층 건물들이 적지 않다. 도시의 모습을 볼 때 그 도시가 품고 있는 색깔을 관찰하는 것도 제법 흥미롭다. 현재 대한민국 서울의 색깔은 전 세계 어느 도시 못지않게 다채롭고 화려하다고 생각한다. 그런데 필자 생각으로는 그런 계기가 된 것이 1988년 서울올림픽이었던 것 같다. 도시의 색깔을 언급하는 이유가 양곤의 색도 조금씩 변하고 있다는 점을 말하기 위해서이다. 미얀마의 민주화를 말할 때 2011년 이후 미얀마에 불고 있는 자유와 민주주의 바람 속에 미얀마 거리와 시민들의 색깔도 풍성해지고 있다고 말하는 사람들도 있다. 미얀마 사람들은 쉐다곤 파고다가 상징하는 황금색을 워낙 좋아한다. 그래서 그런지 처음에 양곤에서 도시를 둘러볼 때 황금색이 가장 기억에 남았다. 그런데 갈수록 색깔이 다채로워지고 있다. 그만큼 미얀마 최대도시 양곤에서도 세계화가 진행되고 있다.

양곤은 미얀마어로 "전쟁의 종료"를 뜻하는 말이다. 또한 평화와 번영을 뜻하기도 한다. 원래 양곤의 옛 이름은 "다곤"(Dagon)이었다. 쉐다곤 파고다가 위치한 주변의 작은 어촌마을이었던 다곤은 1755년까지는 몬(Mon)족이 지배하고 있었다. 그런데 꼰바웅(Konbaung) 왕조를 창설한 알라웅빠야(Alaungphaya) 왕이 1755년 다곤을 점령하고 이후 이름을 "양곤"으로 개명하였다고 한다.

양곤 시민들이 가진 자부심의 원천은 뭐니 뭐니 해도 쉐다곤(Shwedagon) 파고다이다. 세계 최고(最古)의 파고다로서 자부심을 가진 쉐다곤 파고다는 114에이커(약 14만 평)에 달하는 큰 면적을 가진 경내 한가운데 모셔져 있다. 경내에는 쉐다곤 파고다를 포함하여 총 68개의 탑이 있다. 쉐다곤 파고다는 높이 326피트, 즉 조금 모자라는 100m인데, 처음에는 66피트(약 20m)였다고 한다. 시간이 지나면서 점점 증축되어 오늘의 높이에 이른 것이다. 쉐다곤 파고다는 양곤에서 일종의 고도제한 기준이 된다. 그 어떤 건축물도 성스러운 쉐다곤 파고다보다 높을 수는 없다는 믿음 때문이다. 2017년 9월 개장한 양곤의 랜드마크 건물인 롯데호텔이 쉐다곤 파고다보다 약 30cm 정도 낮다고 한다. 한국과 미얀마 양국의 대표적 경제협력 프로젝트로서 양곤강에 건설 중인 우정의 다리의 가장 높은 지점도 쉐다곤 파고다 높이보다는 조금 낮을 거라고 한다. 쉐다곤 파고다는 전체가 금박으로 덮여 있는데, 황금의 무게만 최소 3.5톤에서 4톤에 달할 것으로 추정된다고 한다. 쉐다곤 파고다는 하루 평균 최소 3만 명에서 최대 9만 명 정도 방문객이 찾는데 이 중 외국인은 3천~4천 5백 명 정도라고 한다. 큰 불교 행사 날에는 하루 1백만 명까지 입장한다고 한다. 쉐다곤 파고다 맨 꼭대기에는 미얀마에서 나오는 세계적인 희귀 보석들이 담긴 바구니가 모셔져 있는데, 그중 압권은 76캐럿 다이아몬드이다. 쉐다곤 경내에는 많은 목조 건물들이 있는데, 거의 모두 미얀마의 자랑인 티크 목재로 지어진 것들이다. 쉐다곤 파고다 주위를 돌다보면 많은 사람들이 작은 부처님 상에 물을 붓는 의식을 하는 모습을 보게 된다. 자신이 태어난 요일에 해당하는 부처님 상에 물 붓는 의식을 행하는데 수요일은 오전과 오후로 나뉘어 부처님 상이 별도로 모셔져 있다. 대개 9번 물을 붓는데 미얀마 불교에서는 숫자 9가 매우 중요하기 때문이라고 한다. 미얀마 불교를 남방불교 또는 상좌부불교라고 부르는데, 남방불교에서는 여래구호라고 하여 부처님을 칭하는 호칭이 9개가 있다. 미얀마 불교와 국민들에게 숫자 9가 유난히 중요하게 여겨지는 것도 여기서 유래한 것이라는 설명이 있다.

해탈을 얻은 부처님의 머리털을 모신 것으로 기록된 신성한 쉐다곤 파고다는 미얀마 국민들에게 힘과 평정심을 상징한다. 어떤 고난도 이겨낼 수 있다는 미얀마 사람들이 가진 믿음의 근원이기도 하다. 한국의 독실한 불교신자들에게 쉐다곤 파고다는 일생에 한 번은 꼭 찾고 싶은 성지이기도 하다. 필자가 한국에서 온 불교신자들과 쉐다곤 방문 후 들은 바에 따르면 세계 각지의 불교성지 가운데 실제로는 다른 종교적 배경 및 양식과 혼합된 경우가 적지 않은데 쉐다곤의 경우 미얀마 불교만의 오랜 역사와 독특한 양식을 그대로 보전해 온 것이 인상 깊었다고 한다. 실제로 천불천탑의 나라 미얀마에서도 쉐다곤 파고다는 미얀마 종교문화부가 직접 관리하는 유일한 파고다이다. 그만큼 쉐다곤은 미얀마 불교의 역사와 자부심 그 자체라고 할 수 있다. 2천 6백 년 이상의 역사를 갖고 있고, 지금도 계속 진화하고 있는 쉐다곤 파고

▲ 쉐다곤 파고다

다를 제대로 연구하려면 엄청난 노력이 필요하다.

쉐다곤 이외에 양곤의 얼굴을 느끼기 위해서는 보족 마켓(Bogyoke market)이 있는 다운타운을 거닐어 보는 것이 좋다. 미얀마 특산품, 미술품 등 다양한 물건들이 즐비한 보족 마켓을 구경하는 것도 흥미롭다. 또한, 양곤 다운타운에는 헤리티지 건축물로 지정된 영국 식민지시절 다양한 건축물들이 눈길을 끈다. 많은 변화가 이루어지고 있는 현대와 과거가 잘 섞여 있는데 사진 각도에 따라서는 여기가 미얀마인지 유럽의 어느 도시인지 분간하기 어려울 정도로 고풍스런 건축물에서 과거 아시아에서 살기 좋던 시절 양곤의 기품을 엿볼 수 있다. 양곤에는 깐도지호수와 인야호수 주위도 가볼 만하다. 깐도지(Kandawgyi) 호수는 다운타운 쪽에 위치하고 있어 그쪽을 방문하는 길에 잠시 들러 사진도 찍고, 양곤의 명물인 까라웨익 배(Karaweik barge)에 들러 공연도 보고 미얀마 음식을 맛보는 것도 권할 만하다. 인야(Inya) 호수는 영국 식민지 시절에 인공으로 조성된 호수인데 양곤 시민들의 쉼터라고 할 수 있다. 호숫가를 따라 조성된 둘레길을 걷는 시민들이 많다. 롯데호텔이 인야호수 바로 옆에 위치하고 있어 뛰어난 풍경을 자랑하는데 결혼식 등 이벤트 행사장소로 갈수록 큰 인기를 모으고 있다.

볼거리 못지않게 먹거리도 중요하다. 미얀마 전통음식을 맛보기 원하는 분들은 검색을 통해 쉽게 찾을 수 있다. 음식으로 세계적 명성을 얻고 있는 이웃나라 태국 또는 베트남과는 견주기 어렵지만 미얀마 특유의 음식을 음미하는 재미가 있다. 돼지고기, 닭고기, 새우를 주재료로 하는 미얀마식 카레요리와 나물요리가 한 세트로 나오는 경우가 많은데 우리 입맛에 익숙하다는 한국 관광객들이 많다. 국수요리를 즐기는 이들은 샨 지역 국수와 모힝가를 꼭 시도해 볼 것을 권한다. 특히 숟가락으로 먹는 국수 모힝가는 미얀마를 처음 찾는 경우 필수코스라고 할 수 있다. 필자도 걸쭉하면서 깊은 생선육수의 모힝가 국수에 푹 빠져서 아침식사로 모힝가 국수를 종종 먹곤 했다. 모힝가를 정말 좋아하는 사람은 아침에 산책삼아 걸어서 출근하면서 길거리 허름한 가게에서 모힝가 국수를 먹는 재미를 추천하기도 한다. 1천 짯, 즉 한국 돈으로 1천 원도 안 되는 가격에 아침에 맛있는 국수로 식사를 할 수 있다.

1990년대 양곤의 모습을 기억하는 사람들이 2020년 양곤을 보면 옛날이 그립다고 말하기도 한다. 양곤에 오래 거주하고 있는 교민들 말을 들어봐도 심지어 2000년대 초만 하더라도 외국산 신차를 구매하는 일은 하늘의 별따기처럼 어려웠다고 한다. 그만큼 양곤이 갈수록 도시화되고 세계화되어 간다는 말이기도 하다. 2020년 현재 700만 명 인구가 2030년에는 1천만 명까지 증가할 것이라는 전망도 있다. 영국 식민지시절 조성된 도시계획이 군부통치 시절 수십 년간 정체되어 있다가 폭발적인 도시 확장 속에 지금은 체계적이지 못한 도시정비가 한창 진행 중이다. 일본과 중국이 양곤 도시개발 프로젝트에 혈안인 이유가 여기에 있다. 2030년경 미얀마 전체 인구의 1/5 정도가 양곤에 집중될 것으로 예상되는 만큼 양곤 도시개발 계획에 수반되는 인프라 프로젝트는 엄청난 규모가 될 것이다. 필자가 재임하는 동안 이미 양곤 내부 순환도로 프로젝트에 대한 구체적인 청사진이 그려지기 시작했다. 양곤 외곽순환도로 프로젝트도 밑바탕 작업이 이루어지고 있다. 이와 함께 서울의 강남에 해당되는 달라(Dala) 신도시 개발계획도 그려지고 있다. 일본이 조성한 띨라와(Thilawa) 특별경제구역 이외에도 추가적인 산단 조성이 진행되고 있다. 한국이 주도하는 한–미얀마 스마트 산업단지도 그중 하나이다. 현대식 아파트와 빈민촌이 뒤엉켜 있는 도시 주변 모습도 앞으로 많은 변화가 있을 것이다.

2020년 양곤은 아세안 10개국 가운데 가장 서쪽에 위치한 덜 주목받는 도시에 머물고 있다. 그러나 쉐다곤 파고다의 힘을 믿는 미얀마 국민들은 양곤이 1950년대, 1960년대 아시아에서 부강하고 자부심 넘치던 모습을 되찾는 꿈을 키우고 있다. 양곤이 인도와 중국이 만나는 곳, 그리고 메콩지역에서 가장 크고 자원이 풍부한 희망의 땅으로서 옛 영화를 되찾기를 기원한다.

물고기가 하늘을 날 정도로 번성했던 마지막 왕조의 수도, 만달레이

2019년 초 아웅산 수찌 국가고문이 수도 네피도에서 국제 미얀마 투자박람회를 주관했는데, 연이어 주요 도시들에서도 투자박람회가 열렸다. 그 일환으로 같은 해 여름 만달레이(Mandalay)에서 투자박람회가

▲ 만달레이 왕궁

열렸다. 이 행사에는 수찌 국가고문도 참석했는데, 양곤에 이어 미얀마에서 두 번째로 큰 도시이자 중국과 인도의 투자가 특히 활발한 만달레이의 투자전략을 살피기 위해 필자도 몇몇 한국 기업들과 함께 참석하였다. 그때 한 부대행사에서 미얀마 정부 고위인사가 1907년 노벨문학상을 수상한 러디어드 키플링(Rudyard Kipling)이 쓴 시 〈만달레이 가는 길〉(On the road to Mandalay)을 인용하였다. 이 시에서는 만달레이를 'where the flying fishes play', 즉 물고기가 하늘을 날며 노는 모습으로 묘사한 대목이 나온다. 그만큼 미얀마 마지막 왕조 수도였던 만달레이의 번성했던 모습을 상징적으로 그린 것이다.

만달레이에 가면 과거와 현재가 공존하는 모습을 쉽게 찾을 수 있다. 비록 영국의 침략전쟁 때 소실된 것을 복원한 모습이지만 만달레이 왕궁이 도시 한가운데 자리 잡고 있다. 최고급 목재 티크나무의 세계적 생산지인 미얀마답게 과거 왕조시절 왕궁은 모두 티크나무로 건축되었다고 한다. 안타깝게도 영국과의 전쟁으로 인해 모두 소실되었고 지금 왕궁은 콘크리트로 다시 세우고 겉에 나무색깔 칠을 한 것이다. 왕궁터는 정사각형 구조로 되어 있는데 한 면의 길이가 무려 2km나 되고 외세침략에 대비해 만든 해자(垓字)의 크기도 상당하다. 왕궁터 내 일부

부지는 군부대가 자리하고 있고 군이 관리하는 골프장도 있는데, 이곳은 민간인 출입이 허용되지 않는다. 만달레이 가장 중심부에 위치하고 만달레이의 상징이라고 할 수 있는 왕궁터에 버젓이 군부대가 들어서 있다는 것만 봐도 미얀마에서 군이 차지하는 특별한 위치를 짐작할 수 있다.

만달레이에 가면 찾아볼 곳이 많다. 그중에서 우뻬인 다리(U Bein Bridge)는 200여 년 된 세계에서 가장 오래된 목조다리이다. 미얀마가 자랑하는 세계 최고품질의 고급원목인 티크나무 1,086개로 지어졌는데 길이가 1.2km에 달한다. 이 다리는 언제 가더라도 관광객들로 붐비는데 특히 일몰 때 광경이 아름다워 멋진 사진을 남기고자 하는 사람들에게 인기가 높다. 또한, 관광객들에게 꼭 추천해 줄 만한 곳으로 미얀마 최초의 불상이 모셔진 마하무니 파고다(Mahamuni pagoda)가 있다. 마하무니 파고다는 쉐다곤 파고다, 짜익티요의 골든락(golden rock)과 함께 미얀마 3대 불교성지로 꼽힌다. 그러다 보니 독실한 불교신자가 대부분인 미얀마 국민들은 마하무니 파고다를 방문하여 생전의 부처님 모습을 본뜬 황금 불상에 기도 올리는 것을 큰 기쁨으로 여긴다고 한다. 불상은 매일 새벽 4시에 세안을 하는데, 이곳을 찾는 방문객들은 불상에 금박을 입히면서 기도를 하고 소원을 빈다. 그런데 불상에 금박 입히는 것은 남성에게만 허용된다.

만달레이에서는 중국의 흔적을 너무도 많이, 쉽게 찾을 수 있다. 만달레이에 가면 차이나타운보다 미얀마타운을 찾기가 더 어려울 수도 있다는 우스갯소리도 있을 정도이다. 더 심하게 말하는 인사들은 만달레이를 기점으로 그 이북지역은 중국의 영향력하에 있다고까지 표현하곤 한다. 어쨌든 만달레이에 가면 중국 글씨, 그리고 중국풍의 상점들이 즐비하다. 만달레이에는 중국과 인도가 각각 총영사관을 유지하고 있다. 그만큼 중국과 인도인들이 많고 그들의 미얀마 진출 역사가 깊다는 것을 보여준다. 미얀마 전체 지도를 보면서 중심이라고 할 만한 위치에 점을 찍으라고 한다면 만달레이가 나온다. 그만큼 만달레이는 지정학적으로 중요한 위치에 있고, 버마 역사의 마지막 왕조가 도읍으로 정한 이유를 짐작케 된다. 특히 중국과의 국경무역에서 가장 중요한 기축이 만달레이-삔울린(Pyin Oo Lwin)-무세(Muse)를 거쳐 중국 윈난성으로 연결되기 때문에 중국의 미얀마 투자를 이해하기 위해서는 반드시 이 루트를 살펴보아야 한다.

만달레이의 주산업은 단연 농업이다. 미얀마 GNP에서 농업분야가 차지하는 비중이 2020년 현재 40%에 육박하니 만달레이와 같은 평원지대에서 농업이 주산업인 것은 어찌 보면 당연하다. 넓은 평원에 풍부한 수자원을 갖추고 일조량이 차고 넘치는 이곳이 농사에 좋은 조건임을 쉽게 알 수 있다. 아마 관개시설 등 한국의 영농 기술력을 갖추었다면 1년에 3모작도 충분히 가능할 것이다. 과일도 많이 생산되는데, 미얀마에서 생산되는 백여 종 이상의 망고 중에서도 가장 품질이 뛰어난 세인따롱(Sein Ta Lone) 망고는 다이아몬드 망고라는 말 뜻 그대로 당도와 맛이 정말 뛰어나다. 한국에서도 산지마다 과일의 품종과 맛에 차이가 있듯 망고 또한 그렇다. 만달레이 지역에서 생산되는 쌀, 콩류, 채소, 과일 등 농산품의 상당량은 중국으로 수출된다. 가장 좋은 품질의 산품들이 중국으로 국경무역을 통해 넘어가는데 만달레이에서 삔우린으로 가는 길에 수박, 망고 등 과일과 쌀, 콩과 같은 농산품을 잔뜩 실은 대형트럭의 행렬을 쉽게 찾아볼 수 있다. 미얀마는 전체 인구의 70%가 농촌지역에서 농업에 의지해 생활하고 있기 때문에 소작농이 많다. 그러다보니 기업체와 계약농업을 많이 하고 있다. 그런데 계약농업과 관련된 법규가 없다 보니 힘없는 소작농들이 일방적으로 불리한 사적 계약관계에 놓이는 경우가 허다하다. 특히 만달레이 지역은 중국과 가깝다 보니 중국 기업들이 농민들과 사적인 계약농업을 통해 폭리를 취하고, 미얀마 농민들은 가난에서 헤어나지 못하는 경우가 많았다. 미얀마 정부가 2020년 들어 계약농업을 체결하는 경우 농축산관개부, 기업체, 농부 등 3개 주체가 준수해야 할 가이드라인을 발표한 것도 이런 이유에서이다.

만달레이에서 차로 한 시간 북쪽으로 조금 더 달려가면 삔우린이 있다. 과거 영국 식민지시절 영국 총독의 여름 관저가 있던 곳인데 그만큼 높은 고도에 위치하고 있어 가장 더운 시즌에도 제법 선선할 정도로 쾌적한 곳이다. 땅도 비옥해서 고랭지 농업, 커피 등 고소득 작물 재배에도 적합하여 한국에서 농업관련 전문가들이 점점 많이 진출하고 있다. 한국의 가나안 농군학교도 위치해 있는데 미얀마 농축산관개부와 MoU를 맺고 한국의 농업전문가들이 미얀마 사람들에게 농업기술을 전수하고 있다.

미얀마는 제조업과 서비스산업 육성도 중요하지만 국민들의 먹거리 해결이 무엇보다 중요한 과제이다. 그래서 한국 코이카(KOICA)가 시행하는 공적개발원조 사업의 가장 대표적인 분야 역시 농촌공동체 개발이다. 새마을운동이라는 단어는 수찌 여사도 한국말로 언급할 정도로 널리 알려져 있다. 미얀마 군부 1인자인 군총사령관을 만났을 때도 마찬가지이다. 민아웅흘라잉 군총사령관 역시 필자에게 미얀마 농촌지방에 가면 값싼 중국산, 태국산 농기계, 농기구 등이 판을 치는데 금방 고장이 나고 망가져서 농민들이 많은 어려움을 겪는다면서 우수하면서 가격 경쟁력도 좋은 한국산 농기계, 농기구들이 많이 들어오면 좋겠다고 했다. 물론 중고 농기계가 미얀마에 들어온다고 당장 현장에 투입될 수 있는 것은 아니다. 농지정리가 거의 안 되어 있는 미얀마 농촌 현실, 그리고 한국과는 다른 품종을 다루는 만큼 농기계도 그에 맞게 조정되어야 하는 등 난관이 적지 않다고 한다. 하지만 분명히 미얀마는 앞으로 수십 년은 농업이 주산업으로 남을 것이라는 점에 착안한다면 한국의 선진 농업기술과 장비가 진출할 여지는 매우 크다고 본다.

버마의 마지막 왕조 모습을 품고 있는 만달레이는 미얀마를 대표하는 문화도시이다. 유네스코 세계유산으로 등재된 천불천탑의 땅 바간(Bagan)도 행정구역상 만달레이주에 속한다. 미얀마의 문화를 짧은 시간에 둘러보길 원하는 사람은 만달레이와 바간 패키지여행을 권하고 싶다. 만달레이에서 바간은 비행기로는 20분이면 가고 차로는 3시간 정도면 된다. 필자도 바간에서 만달레이로 오는 길에 뽀빠산(Mt. Popa)을 들러 왔는데, 한국의 무속신앙에 비견되는 낫(Nat) 정령신앙의 본산지인 이곳을 방문하는 것도 추천할 만하다. 만달레이 또는 바간에 가면 줄 인형극을 볼 만하다. 줄 인형극은 아세안 지역에서 공통적으로 볼 수 있는 공연인데, 미얀마에서도 요욱떼(Yokethay)라는 이름의 전통 인형극이 유명하다. 한번은 종교문화장관과 함께 바간에서 인형극 공연을 관람했는데 사람과 인형이 일체가 되어 팽이처럼 돌아가는 모습, 그리고 인형의 눈썹까지 움직이는 섬세한 동작에 감탄이 절로 나왔다. 인형극 공연은 옛 왕조를 배경으로 한 사랑과 전쟁 이야기, 해리포터를 연상시키는 지팡이를 타고 하늘을 나는 마법사 이야기, 술 정령신 이야기, 말과 코끼리, 불교 축제 등 다양한 스토리를 담고 있다. 사람과 인형이 줄로 연결되어 손과 발은 물론, 눈썹까지 움직이는 섬세한 동작을

▲ 줄 인형극 장면

만들어 내는 것이 신기해 어느 정도 수련을 해야 그런 경지에 오르는
지 물었다. 이에 대해 종교문화장관은 줄 인형극 대가가 되려면 아주
어린 나이부터 시작해서 30년에서 50년 정도 되어야 장인의 경지에 오
른다고 했다. 그러나 안타깝게도 전통인형극도 갈수록 명맥이 끊기고
있다고 한다. 그래서 독일 등 일부 나라에서 전통인형극 보존을 위한
지원을 하고 있다고 한다.

천불천탑의 땅, 바간

미얀마는 석양이 참으로 아름다운 나라이다. 미얀마에서 근무를
마치고 한국으로 돌아가는 지인들에게 귀국 후 미얀마를 생각할 때 무
엇이 가장 그리울 것 같으냐고 물으면 의외로 일몰시간 석양과 아름다
운 구름을 말하는 사람들이 제법 있다. 대도시 양곤에서는 건물들로 인
해 석양을 만끽하기가 그리 쉽지는 않아 아쉬운데 다른 지방에 가면
석양의 아름다움에 매료된다. 그런데, 석양이 아름다운 미얀마에서도
최고의 석양은 단연 바간(Bagan)이다. 지금은 불탑 보전과 안전상의 이

유로 바간에서 탑에 오를 수 없지만 십여 년 전 까지만 해도 탑에 올라 높고 낮은 탑들이 수도 없이 펼쳐진 바간의 낙조(落照)를 감상하는 것이 가능했다고 한다.

필자는 미얀마가 10년 후면 많은 변화가 있을 것으로 보고 있지만 한 가지 변하지 않았으면 하고 바라는 곳이 있다. 바간이다. 바간을 관광지로 육성할 수밖에 없는 입장에서 어려운 주문일 수 있다. 지금도 바간에 가면 제법 도로 포장이 잘 되어 있고, 스마트폰이 잘 연결되는 모습에 놀라게 된다. 그렇지만 여전히 흙먼지 날리는 비포장도로도 많이 남아 있는데 유적지 보존을 위해서는 더 이상 개발이 되지 않았으면 하는 바람이다. 미얀마 사람들은 바간의 땅 기운이 좋다고들 한다. 찬란한 불교문화를 꽃피운 바간 왕조 때 5천여 개의 불탑이 이 땅에 조성된 것이 우연은 아닐 것이다.

바간이 유네스코 세계유산에 등재된 것은 2019년 7월이다. 세계적인 유적지 바간이 이처럼 늦게 등재된 것 자체가 기이한 일이다. 만시지탄이지만, 수찌 국가고문이 집권한 후 세계유산 등재를 적극 추진하여 이뤄낸 성과이다. 2016년 3월 출범한 수찌 여사의 NLD 정부에 있어 바간은 어떻게 보면 첫 번째 큰 도전이었다. 2016년 8월 진도 6.8의 강진이 바간을 덮친 것이다. 당시 400여 개의 불탑이 크고 작은 피해를 입었다고 한다. 지진의 강도에 비해 그나마 다행스러운 일이었다. 수찌 국가고문이 첫 번째 임기 5년 동안 바간을 찾은 것은 이때가 유일했는데, 미얀마 정부 관계자들은 지진으로 손상된 바간 불탑 복원작업에 정부예산을 한 푼도 들이지 않고 해냈다는 데 큰 자부심을 가지고 있다. 복원에 소요된 비용 전액이 국민들의 보시와 한국 등 국제사회의 지원을 통해 이루어졌다.

바간에 가면 한국이 지원한 모습을 어렵지 않게 찾아볼 수 있다. 다음 사진은 2021년 1월 한국문화재청 산하 문화재재단이 5년여에 걸쳐 시행한 파야똔주(Phaya Thon Zu) 사원 및 벽화보존 매뉴얼 세트 기증식과 제막식 장면이다. 바간을 찾는 한국 사람들은 파야똔주 사원을 꼭 방문해 보실 것을 권한다. 파야(phaya)는 불탑 또는 부처님을 뜻하는 단어이고, 똔(thon)은 숫자 3, 그리고 주(zu)는 숫자를 세는 단위이다. 따라서 불탑 3개가 연결된 사원이라는 뜻을 담고 있다. 바간 왕조 때 5천여 개의 불탑이 조성되었다고 한다. 유네스코에 등재된 불탑은 정확히 3,822개이다. 불탑마다 크기와 외형이 다르다. 이들 불탑에 저마다의 스토리가 담겨 있는 것이다. 바간이 정말 위대하다고 느껴지는 이유이다.

▲ 파야똔주 제막식 행사 사진

파야똔주 사원은 3,822개 불탑을 품은 바간에서 유일하게 불탑 3 개가 연결된 모습을 하고 있다. 파야똔주 사원은 바간에서 벽화가 가장 아름다운 불탑이다. 벽화의 정교함에 놀라지 않을 수 없었다. 바간 고 고학박물관 관계자의 설명에 따르면 섬세한 붓 터치를 위해 귓속 털을 뽑아 만든 붓으로 작업한 그림도 있다고 한다. 귓속 털로 붓을 만드는 기술과 벽 천장에까지 정밀하게 그려진 벽화들이 불심이 아니라면 가 능할까 하는 생각이 든다. 바간의 불탑들은 거의 대부분 벽돌로 세워졌 다. 그 당시 벽돌을 일일이 수작업으로 구워내 그 많은 불탑들이 조성 되었다는 것도 놀라울 따름이다. 파야똔주 사원을 둘러보면서 불심 가 득한 미얀마 사람들의 따스함을 느낀 에피소드가 있다. 파야똔주 사원 주변에 개 3마리가 살고 있는데 제막식 행사에 연방장관도 참석하는 만큼, 행사 때만이라도 개들이 행사장에 돌아다니지 못하게 잠시 가둬 두자고 제안했다고 한다. 이에 대해 파야똔주 사원을 관리하는 신도회 위원들이 그 개들은 파야똔주를 지켜주는 수호신과 같다고 하면서 개 들을 잠시 가둬두는 데 강하게 반대했다고 한다. 우리 전문가들의 제안 에 "오 마이 붓다"(Oh My Buddha)라고 웃음으로 답하면서 개들에 대 한 주민들의 믿음을 들려주었다고 한다. 오 마이 갓(Oh My God)이 아 니라 "오 마이 붓다"라고 했다고 하니 불심 가득한 땅에서 들을 수 있 는 경탄사라는 생각에 웃음을 자아냈다.

3,822개의 불탑 가운데 제일 먼저 등재된 불탑은 쉐지곤(Shwezigon) 파고다이다. 바간의 불탑들 중 가장 오래되고 신성한 곳이다. 미얀마 불교에서 숫자 9는 특별한 의미를 가지는데 쉐지곤 파고다에서도 그 흔적을 찾을 수 있다. 쉐지곤 파고다에는 9개의 미스테리가 있다고 한 다. 이를 적어둔 현판도 있는데, 가장 신비스런 것은 그 큰 파고다가

하루 중 어느 한순간도, 어느 각도에서도 그림자를 만들어 내지 않는 것이다. 쉐지곤 파고다에서 또 하나 인상적인 것은 부처님을 모신 성스런 곳에 위스키 정령신을 모신 사원이 함께 위치하고 있다는 것이었다. 다음 사진에서 보는 바와 같이 위스키와 통닭을 좋아하는 정령신에게 복을 비는 사원인데 미얀마에는 예로부터 수많은 정령신에게 길흉화복을 묻고 안녕을 기원하는 풍습이 있다. 미얀마 불교는 이런 정령신앙을 배척하지 않고 정령신을 두려워하는 사람들에게 부처님의 품 안에서 평온을 찾고, 정령신들이 부처님을 수호하도록 융화시켰다고 한다.

　쉐지곤 파고다 이외에도 바간에서 가장 아름다운 사원으로 평가받는 아난다(Ananda), 가장 큰 규모의 다마얀지(Dhammayangyi), 가장 높은 탓삔유(That-byin-nyu) 사원들은 관광객들이 가장 많이 찾는 코스

▲ 위스키 정령신

이다. 이 밖에도 바간 현지인들에게 소원을 꼭 들어주는 곳으로 잘 알려진 알로다삐(Alodawpyi, 소원성취) 사원도 있다. 그런가 하면 한국 불교 여래종에서 복원을 지원해 준 딴민쇠(Thanpinswa) 사원도 있다. 801번으로 등재된 이 불탑에 가면 한국말 안내문도 세워져 있다.

이처럼 저마다의 스토리와 배경을 가진 불탑들이 산재해 있는 바간을 돌아다니다 보면 마치 문화재 사파리 여행을 하는 느낌을 받는다. 피야똔주 사원이 위치한 민난투(Min Nan Thu) 마을은 문화재들에 둘러싸여 있어 마치 영화 〈인디애나 존스〉(Indiana Jones) 시리즈의 배경을 연상시키기도 한다. 피야똔주 마을에 가면 소를 이용해 땅콩기름을 짜는 모습, 베틀로 실을 뽑아 전통산품을 만드는 광경 등 옛 방식을 유지하면서 살아가는 모습을 볼 수 있다. 민난투 마을을 걷다보면 자연스럽게 한국의 경주, 부여와 같은 역사도시가 연상된다. 한국문화재청에서 피야똔주 사원 복원사업에 이어 민난투 마을을 대상으로 역사도시 조성사업도 계획하고 있다. 경주가 한국을 세계에 소개하는 대표적인 역사관광 도시인 것처럼 바간이 그렇게 될 날이 멀지 않다고 생각한다.

바간을 떠나면서 차로 뽀빠산(Mt. Popa)을 거쳐 만달레이로 이동하는 것도 추천할 만하다. 이동하는 중간에 야자나무(palm tree)에서 추출한 막걸리와 증류주를 맛볼 수 있는 가게들이 줄지어 선 휴게소 비슷한 곳이 있다. 미얀마 사람들이 스카이비어(sky beer)라고 부르는 특산품이다. 야자나무에서 막 추출한 수액을 모은 액체가 약간 비린 내음도 나지만 한국의 시골에서 만든 탁주, 막걸리 맛을 낸다. 이 수액을 증류한 술도 유명한데, 도수가 40~45도에 이른다고 한다. 미얀마 전역을 통틀어 이 스카이비어 정품을 만들어내는 곳은 이곳이 거의 유일하다. 다른 곳에서 제조하는 술들은 대부분 가짜라고 한다. 미얀마 사람

▲ 뽀빠산 전경

들이 바간에 가면 꼭 맛보기를 추천하는 특산품이다. 일단 맛에 놀라는데, 가격에 한 번 더 놀라게 된다. 미얀마 돈으로 3천 짯, 한화로 약 2천 5백 원밖에 하지 않는다.

　뽀빠산(Mt. Popa)은 미얀마 정령신앙의 본거지이다. 워낙 유명한 곳이라 연중 방문객이 끊이지 않는데 특히 매년 4월과 12월 두 차례 열리는 축제기간에는 하루 수십만 명의 방문객이 몰려든다고 한다. 흔히 뽀빠산이라고 부르는 이곳은 사실 1,418미터 높이의 뽀빠산 정상으로 이어지는 작은 산맥의 초입에 위치해 있다. 정확히는 따웅카랏(Taung Kalat)이라고 불리는 뽀빠산은 737미터 높이에 우뚝 솟은 형상을 하고 있어 멀리서도 영험한 기운이 느껴진다. 777 계단을 올라 꼭대기에 도달하면 사원이 조성되어 있는데, 올라가는 길에 37명의 정령신을 모신 사원들이 있다. 뽀빠산 정상까지 올라가 보는 것도 해볼 만하지만, 뽀빠산 리조트에서 뽀빠산을 감상하는 것도 좋다. 798미터 높이에 조성된 이 리조트는 따웅카랏(뽀빠산)과 실제 뽀빠산 줄기의 최정상 사이에 위치해 있다. 수찌 국가고문도 2019년 8월 이 리조트를 방문했다고 한다.

세계 최고 품질의 루비, 사파이어, 옥 생산지, 모곡

배우 브루스 윌리스 주연의 영화 〈식스센스〉(Six Sense)를 보면 버마 사파이어(Burmese sapphire)가 등장한다. 그만큼 버마, 지금의 미얀마는 세계 최고 수준의 보석생산지로 유명하다.

보석으로 말하자면 미얀마에서 빼놓을 수 없는 곳이 모곡(Mogok)이다. 행정구역상 만달레이(Mandalay)주에 속하고, 만달레이 시에서 북쪽으로 약 200km 정도 올라가면 루비의 땅(ruby land)으로도 불리는 모곡이 나온다. 전 세계 루비의 90% 가까이가 모곡에서 생산된다고 한다. 필자가 미얀마에 근무한 첫해인 2018년은 모곡에서 처음 진귀한 보석이 채취되고, 이어서 모곡이라는 마을이 조성된 지 800년을 기념하는 축하행사가 성대하게 열렸다. 미얀마 외교부도 외교단을 초청해서 모곡 방문행사를 만들었다. 모곡에서 이처럼 세계적으로 진귀한 루비가 발견되고 루비의 땅이라는 별칭을 얻게 된 것과 관련해《루비의 땅》(Padamyar Myay)이라는 책에 보면 1217년 세 명의 사냥꾼이 길을 잃고 헤매던 중 산기슭이 무너져 내린 흙과 바위 더미에서 영롱한 빛깔이 박힌 돌덩이를 발견하고 고향으로 돌아왔고, 그 가치를 알아본 마을 지도자의 지시로 루비가 발견된 모곡에 마을을 만들게 되었다는 전설이 전해져 내려온다.

인구 약 17만 명의 도시 모곡의 주산업은 당연히 광산 및 보석 산업이다. 모곡에 가면 보석 마켓은 반드시 들러봐야 할 명소이다. 그러나 외국인이 모곡을 방문하려면 호텔관광부와 만달레이 주정부의 사전 승인이 필요하다. 미얀마를 찾는 외국 관광객들에게는 아쉬운 부분이 아닐 수 없다.

워낙 보석으로 유명하다 보니 모곡에 가면 모든 것이 반짝거린다는 우스갯소리도 있다. 특히 뛰어난 미모의 여배우들 가운데 모곡 출신이 유난히 많다. 2020년은 미얀마 영화산업 100주년이 되는 해이다. 2019년 한국과 미얀마 민간 영화제작자들이 양국 최초 합작영화인 〈구름위의 꽃〉(A Flower Above the Clouds)이라는 영화를 만들었는데 이 영화에 출연한 주인공인 미얀마 여배우 윗몽쉐이(Wutt Hmone Shwe Yi)도 모곡 출신이다. 모곡은 보석, 미인과 함께 과일도 맛이 뛰어나기로 유명하다. 이 지역에서 재배되는 아보카도, 패션프루트 등 과일은 맛이 뛰어나 유럽으로 수출되기도 한다.

미얀마에서 또 세계적으로 유명한 보석으로 옥(玉)이 있다. 중국인들의 옥 사랑은 유별나다. 미얀마에서 매년 개최되는 보석박람회는 널리 알려져 있다. 1964년 시작되어 매년 개최되는데 필자가 미얀마에 근무할 당시에는 수도 네피도에서 약 열흘 가량 열리곤 했다. 이 보석박람회는 옥 경매로 더 잘 알려져 있는데 그만큼 보석박람회에서 가장 인기를 모으는 것이 옥이기 때문이다. 중국에서 보석박람회를 찾는 옥 상인들과 관광객들이 얼마나 많으면, 박람회 기간 중 네피도에 있는 약 60개의 고급 호텔들이 동이 날 지경이라고 한다. 미얀마 수도 네피도에 가면 보석박물관(Gems Museum)이 있다. 1층에는 각종 보석류를 판매하는 상점들이 가득 메우고 있고, 2층에는 보석류를 종류별로 전시한 방이 있는데 구입하지는 않더라도 한 번 방문해 볼 만하다. 미얀마 정부는 이 보석박물관에 큰 자부심을 가지고 있는데 천연자원환경보전부에서 직접 관리한다.

이처럼 미얀마는 세계적 품질을 자랑하는 광물이 많이 매장되어 있는 자원 부국이다. 그런데 여기에도 아픈 상처가 있다. 진귀한 광물이 많이 매장되어 있다고 해서 그 혜택이 서민들에게 돌아가는 것은 아니다. 광물개발권과 관련된 구조 때문이다. 광물개발은 철저히 정부에 의해 통제되며 광산개발 허가를 받은 사업가에 의해 운영된다. 대부분의 광산개발권은 과거 군부통치 시절 군부와 유착관계에 있는 재벌 또는 전직 군부 고위층에게 특혜성으로 분배되었다. 그런 구조에서 광산개발과 거래가 운영되다 보니 수익의 대부분은 재벌과 군부에 흘러 들어간다는 비판이 끊이지 않고 있다. 1993년 천연자원 착취와 부패, 인권침해의 사슬을 감시하기 위해 설립된 국제 NGO 기구인 글로벌 위트니스(Global Witness)는 2014년 미얀마에서 생산된 옥의 가치가 310억 달러(약 37조 원)에 달하지만 옥 생산을 통해 생긴 수익은 대부분 군부와 전직 군 고위 장성들에게 돌아간다고 지적한 바 있다. 이런 이유로 미국과 영국은 2021년 쿠데타를 일으킨 군부에 대한 압박의 일환으로 미얀마보석회사(Myanma Gems Enterprise)를 제재하였다. 옥 광산에서의 인권과 환경문제에 대한 우려도 크다. 열악한 환경에서 마구잡이식으로 산을 파헤치다보니 산사태와 매몰사고가 매년 끊이지 않고 발생하고 있다.

광물과 천연자원 이야기가 나왔으니 미얀마 희토류에 대해 잠시 다루고자 한다. 미국과 중국 간 무역갈등이 본격화되면서 희토류(또는 희소금속)의 무기화 가능성에 대한 우려도 커지고 있다. 중국이 실제로 희토류를 무기화할 경우 드론, 로봇에 사용되는 자석 제조와 전기자동차 등 많은 첨단산업에서 큰 타격을 받을 수 있다는 보도는 쉽게 찾을 수 있다. 그러다 보니 세계 최대 희토류 생산국인 중국 이외에 희토류 공급선을 찾는 일에도 경쟁이 붙고 있다. 미얀마는 중국, 미국, 호주 다음으로 희소금속 생산량이 많다고 알려져 있다.

2020년 현재까지도 미얀마는 땅과 자원에 크게 의존하는 경제구조이다. 농업과 광산업, 산림자원에 대한 비중이 대단히 크다. 이를 관장하는 농축산관개부와 천연자원환경보전부가 다른 부처에 비해 공룡부처라고 불릴 정도로 조직과 인력이 방대하다. 전국 모든 마을에 세포처럼 지방조직을 거느리고 있다. 그런데 두 가지 측면에서 한계도 크다.

첫째는 땅과 자원에 대한 기초조사가 너무 빈약하다. 땅의 경우, 지적도가 제대로 구축되어 있지 않아 분쟁의 소지가 상존한다. 농축산물 유통구조가 너무 허술해서 유통과정에서 유실되는 비율이 너무 높고 농가 소득으로 귀결되지 않는다. 땅 문제는 미얀마 인프라 개발과 제조업 육성을 위한 해외투자 유치에 치명적인 약점이다. 자원의 경우, 생물다양성과 희토류에 대한 기초조사도 제대로 되어 있지 않은 것은 미얀마 천연자원 관리의 현주소를 적나라하게 보여준다. 이 문제는 단시간에 해결될 수 없다.

둘째는 군부와의 관계이다. 토지와 자원에 군부가 소유권을 갖고 있는 규모는 방대하다. 미얀마 지속가능개발을 위해서는 군부의 협조가 필수적이다. 그렇지 않으면 엇박자가 날 수밖에 없는데 이는 그리 간단한 문제가 아니다.

육상 및 해상 요충지로 거듭날 파떼인

파떼인(Pathein)은 에야와디(Ayeyarwaddy)주의 주도(州都)이다. 에야와디주는 양곤주와 인접한 곳으로서 양곤에서 파떼인까지는 차로 3시간 남짓 걸린다. 파떼인에는 공항이 있기는 하지만 비행기 운항은 없이 휴면상태로 유지되고 있다. 파떼인 공항이 있음에도 불구하고 비행기가 다른 국내 도시조차 운항하지 않는다는 것은 그만큼 파떼인이 비즈니스 측면에서 활성화되어 있지 않다는 것을 보여준다.

그럼에도 불구하고 에야와디주는 필자가 볼 때 앞으로 10년 후 상전벽해와 같은 빠른 변화를 감지할 수 있는 대표적인 곳이다. 에야와디강(江)에 대한 미얀마 국민들의 자부심은 대단하다. 미얀마 국민의 자부심이 담긴 이름을 주(州) 이름으로 쓰고 있는 데 대해 에야와디주 정부와 시민들의 긍지 또한 대단하다.

에야와디주는 양곤에 이어 두 번째로 많은 인구(2014년 센서스 기준 618만 명)를 보유하고 있다. 쌀 생산 강국인 미얀마에서 전체 쌀 생산의 30% 이상을 차지하는 미얀마 최대 곡창지대이자 축산업도 주산업이다. 에야와디주가 비옥한 델타지역일 뿐만 아니라 긴 해안선도 가지고 있기 때문에 수산업의 중심지이기도 하다. 아직은 하나도 없지만 미얀마 정부가 건설을 추진하고 있는 심해항구의 유력한 후보지도 이곳에 있다.

이처럼 풍부한 농수산물의 거점임에도 불구하고 생산성은 매우 열악하다. 그래서 쌀 품종개발과 생산성 증대를 위한 역량 측면에서 한국의 지원을 간절히 바라고 있다. 미얀마에서 한국 코이카(KOICA)가 시행하고 있는 개발협력사업 가운데 시그니처 프로젝트는 농촌공동체 개발사업이다. 필자가 에야와디 주지사와 면담했을 때 주지사는 한국의 농촌공동체 개발사업에 대한 농민들의 호응이 너무 좋아서 이 사업이 공식 종료되는 2020년 이후 주정부 자체 예산으로 한국의 모델을 계속 확산하는 방안을 검토 중이라고 하였다. 2020년 현재 라카인, 만달레이, 사가잉, 샨주에서 주정부 자체 예산을 통해 한국 코이카의 새마을운동 사업이 확산되고 있다. 그런 점에서 에야와디주는 훌륭한 후보라고 생각한다. 쌀 품종 개발, 관개 농법, 농기계 등 다양한 분야에서 한국의 선진 농업기술이 진출할 여지가 크다고 생각한다.

2020년 코로나19라는 전대미문의 도전을 겪으면서 미얀마 농업부와 호텔관광부는 관광상품 다양화가 중요하다는 점을 절실히 깨닫고 농업관광(agriculture & farming tourism)을 육성한다는 계획을 내놓는다. 에야와디 델타지역의 경우 끝없이 펼쳐진 평원에 목가적인 풍광이 수려하다. 따라서 트레킹 코스와 시골마을에서 대대로 내려져 오는 전통적인 삶의 모습을 보여주는 프로그램을 잘 구성하면 충분히 가능성이 있다고 생각한다.

농업 분야뿐만 아니라 수산업 분야도 에야와디주는 기회의 땅이다. 2020년 현재 이 지역에는 새우, 물고기를 키우는 내수면 양식장이 1,800여 개나 존재한다. 해수면 양식장도 점차 확대되고 있다. 그런데 내수면, 해수면 양식장은 관리가 대단히 어렵다고 한다. 보관, 유통 등 관련기술과 인프라 측면에서 미얀마의 역량이 매우 뒤처져 있기 때문에 수산양식 분야에서 한국과의 협력에 대단히 관심이 크다. 한국 정부도 미얀마 서부에 위치한 에야와디 및 라카인주가 가진 수산업 분야의 가능성을 주목하고 있다. 2019년 11월 아웅산수찌 국가고문이 한국을 방문했을 때 양국 정상간 "수산업 협력 증진 MOU"를 체결한 것도 이런 고려가 작용한 것이다.

에야와디주를 주목해야 하는 이유는 농, 축, 어업 등 1차 산업현
대화 측면에 그치지 않는다. 심해항구 유치에 심혈을 기울이고 있는 에
야와디주에서는 파떼인에 6,700에이커 규모의 대규모 산업단지를 조성
중이다. 앞에서도 다룬 한-미얀마 산업단지가 555에이커임에 비추어
볼 때 엄청나게 큰 규모의 산단이 조성되고 있다. 이 산단에 부유식 화
력발전소(Barge Mounted Power Plant) 건설을 추진 중인 한국 기업도
있다. 안정적인 산단 운영을 위해서는 전력공급이 필수적이기 때문이
다. 중국 시진핑 국가주석이 2020년 1월 미얀마를 국빈 방문했을 때
에야와디주에 무려 1,400메가와트(MW) 규모의 대형 발전소 사업 관련
MOU가 체결되었다. 대규모 산단, 대형 발전소, 그리고 심해항구 건설
은 이미 활발히 진행 중인 서부해안 가스전 개발사업과 긴밀히 연계되
어 에야와디 2차 산업발전은 물론 미얀마 경제의 새로운 허브가 될 것
으로 기대된다.

에야와디는 관광 등 서비스 분야 3차 산업에도 블루오션이다. 에
야와디주 서부 해안에는 응웨싸웅(Ngwe Saung)과 차웅따(Chaung Tha)
등 잘 알려진 휴양지 이외에도 천혜의 해변들이 많다. 앞으로 서부해안
에 심해항구가 개발될 경우 가스전 개발사업은 물론, 관광과 여기서 파
생되는 서비스 산업도 비약적으로 발전될 것으로 보인다.

아세안의 지붕, 까친주

아세안(ASEAN) 10개국은 대륙국가와 해양국가로 대별할 수 있다.
인도차이나 반도에 위치한 메콩 5개국, 즉 미얀마, 태국, 베트남, 캄보

디아, 라오스를 대륙국가로 그룹 지을 수 있다. 다소 인위적인 구분이 긴 하다. 완전 내륙국인 라오스, 그리고 100% 섬으로 구성된 인도네시아, 필리핀을 제외하면 대륙국가, 해양국가로 구분하는 데 이견이 있을 수도 있다. 한반도의 지정학적 위치가 대륙국가와 해양국가의 입지를 모두 갖추고 있듯이, 인도차이나반도 국가들, 특히 미얀마와 베트남처럼 긴 해안선을 가진 국가들 또한 대륙국가이자 해양국가의 입지 조건을 모두 갖추고 있다고 자부하고 있다.

아세안지역 지도를 보면 미얀마가 위도상 가장 북쪽에 위치하고 있다. 미얀마 최북단에 위치한 까친(Kachin)주는 아세안의 지붕이라고 할 수 있다. 까친은 버마어로 북쪽 언덕에 사는 사람들(peoples living in the northern hills)이라는 뜻이라고 한다. 미얀마 사람들은 미얀마의 감춰진 아름다움을 보기 원한다면 까친, 샨 북부, 그리고 친주를 꼭 가보라고 한다. 그만큼 남부지역과 풍광이 사뭇 다르기 때문이다.

135개 다민족으로 구성된 미얀마, 그리고 이 나라의 가장 큰 도전인 평화프로세스를 이해하기 위해서는 까친주를 방문해 볼 필요가 있다. 미얀마의 젖줄 에야와디 강의 발원지, 동남아 유일의 만년설 카까보라지(Hkakabo Razi), 미얀마 최대 반군활동지, 밋손(Myitsone)댐 등 중국 일대일로의 핵심통로, 천혜의 자원과 자연환경 등 미얀마의 잠재력과 도전을 이해하는 데 있어 까친주가 차지하는 비중이 그만큼 크다.

까친주는 너무 외진 곳에 위치하고 있어서 미얀마 국민들도 평생 한 번 가볼까 말까 한 곳이다. 필자도 미얀마에 4년 정도 근무하면서 한 번밖에는 못가 봤다. 미얀마 최대 반군조직인 와(Wa)연합군의 거점이기 때문에 까친주 방문을 위해서는 사전에 연방정부의 승인이 필요하다. 까친주 방문의 첫인상은 양곤을 보다가 네피도를 봤을 때의 느낌과 비슷했다. 양곤과 네피도는 같은 나라 도시인가 싶을 정도로 풍광이 다르다. 까친주에서 그런 비슷한 분위기를 느낄 수 있었는데, 까친주에서 가장 큰 도시이자 주도(州都)인 미치나(Myitkyina)에서조차 뭔가 원시적인 느낌을 가질 수 있었다. 히말라야산맥이 까친 북쪽에서 끝이 나고 거기서부터 에야와디 강이 발원된다고 하는데 그런 지형으로 인해 까친주는 강과 산림, 그리고 생물다양성의 보고(寶庫)로 정평이 나 있다. 까친주에서도 북쪽에 위치한 푸따오(Putao)를 방문해 볼 것을 권한다. 푸타오는 미얀마에서 비행기로 도달할 수 있는 가장 북쪽에 위치한 도시로서 카까보라지 국립공원에서 가장 가까운 도시이기도 하다. 푸따오는 미얀마 내 관광가이드조차도 못 가봤다고 하는 사람이 많을 정도로 미얀마 사람들에게 꼭 한 번 가보고 싶은 곳 최상위에 드는 곳이다.

　　푸따오는 소수민족 주민들이 주거 등 조상 대대로 내려오는 원시 상태의 모습을 거의 그대로 간직하고 있다. 히말라야 산맥에서 내려오는 강물은 발을 대기가 어려울 정도로 차갑고, 수천 년 거센 물줄기에 순화된 커다랗고 둥근 자갈들이 무한정 펼쳐진 모습이 대단히 인상적이었다. 푸따오에서 카까보라지 국립공원에 있는 만년설산을 볼 수는 있었는데 사실 거리가 너무 멀어서 자세히 관찰하기는 힘들다. 카까보

▲ 카까보라지 설산

라지산은 사람의 접근을 쉽게 허용하지 않는 위치에 있다. 푸따오에서 트레킹으로 5일 이상 가야 한다고 한다. 가는 길도 너무 험해서 위험천만한 순간도 여러 번 겪는다고 하니 전문산악인 또는 험준한 지형의 트레킹 경험이 많은 사람이 아니면 솔직히 도전하기조차 쉽지 않다. 카까보라지 마을을 다녀온 사람에 따르면 그곳에 가면 티벳(Tibet)인들이 많고 미얀마어로 소통하기도 어려울 정도로 언어와 음식, 풍습이 확연히 다르다고 한다. 푸따오에 한국 정부가 카까보라지 생물다양성 연구센터를 2019년 12월 건립했는데, 이 지역이 생물다양성 측면에서 가지고 있는 가치가 무궁무진한 만큼 매우 적절한 투자라고 생각한다.

05
미얀마, 깊이 새겨야 할 교훈들

1 비정상의 정상화

미얀마가 성숙한 민주주의로 나가는 데 있어 반드시 필요한 과제가 2008년 제정된 헌법 개정이다. 현행 헌법은 과도기적 요소를 담고 있기 때문이다. 가장 대표적인 것은 군부에 부여된 특권과 관련된 것이다. 그런 이유로 개헌은 성숙한 민주주의를 위해 반드시 필요하지만 대단히 어려운 과정이 될 것이다. 2021년 군부의 정변은 헌법 개정이 얼마나 민감한 문제인지를 여실히 보여주었다.

수찌 국가고문은 2016년 자신이 이끄는 NLD가 집권하면서 평화프로세스 및 경제발전과 함께 개헌을 통한 성숙한 민주주의 체제라는 3대 국정과제를 제시하였다. 그만큼 개헌은 수찌 여사가 반드시 달성코자 하는 핵심목표였다. 시도를 하지 않은 것은 아니다. 2020년 11월 총선 이전에 개헌을 추진하려고 했으나, 뜻을 이루진 못했다. 필자는 이 시도는 해볼 만했다고 생각한다. 왜냐하면 아직까지는 군부의 반대를 넘어서기 어렵다는 것이 분명한 가운데서도 의회를 통한 개헌을 시도함으로써 호의적인 여론과 함께 도덕적 우위를 확보했기 때문이다.

필자가 2018년 1월 미얀마에 부임한 후 며칠 지나지 않아 수찌 국가고문의 법률자문 역할을 하던 코니(Ko Ni)라는 이름의 NLD 선임 법률자문관이 피살된 사건 1주기 추모행사가 있었다. 무슬림 법률가인 그는 수찌 국가고문이 헌법상 제약으로 인해 대통령직에 취임할 수 없자 국가고문(state counsellor)직을 창설하는 데 주도적인 역할을 하였다. 그런 법률전문가가 NLD 정부출범 직후부터 줄곧 개헌 필요성을 강력히 주창하자 영관급 전직 군인들로 구성된 범인들이 코니 변호사를 백주대낮에 양곤 공항에서 암살하는 사건이 벌어진 것이다. 미얀마 정부는 코니 변호사가 피살당한 1월 29일을 추모하는 의미에서 2019년 1월 29일 의회 내 개헌특위를 발족시켰다.

미얀마에서 헌법 개정을 위해서는 재적의원 3/4 이상의 동의가 필요하다. 그런데 군총사령관이 연방 상하원 의원의 1/4를 임명할 수 있고, 제1야당인 USDP에 군 출신 의원들이 다수 포진하고 있는 점을 감안할 때 개헌안이 상정되더라도 통과될 가능성이 매우 낮은 것이 현실이다. 개헌의 핵심이 군부가 보유한 특권을 축소하는 것인데 군부의 특권과 관련된 약 100개에 달하는 중대 조항과 일반 조항의 개정 절차도 다르다. 일반 조항의 경우 의회에서 75% 이상의 찬성을 얻으면 개정이 가능하지만, 중대 조항의 경우 의회 승인뿐만 아니라 국민투표를 통해 유권자의 50% 이상 찬성도 필요하다.

위에서 언급한 개헌특위는 2019년 2월부터 활동에 들어갔다. 14개 정당과 군부 지명 의원 등 총 45인으로 구성되어 45인 위원회로도 불린 개헌특위는 그해 7월 중순 약 3,700개의 권고를 담은 개헌 조항 검토보고서를 연방의회에 제출하였다. 집권 여당인 NLD는 이 중 114개 조항의 개헌 의견을 제시했는데, 아래와 같은 조항이 핵심 쟁점이었다.

— 외국 국적 배우자, 자녀를 두고 있는 자의 대통령, 부통령 피선거권
  을 제한하는 조항(59조) 삭제
— 헌법 개정을 위해서는 의원 75% 동의가 필요하다는 조항(436조)
  수정
— 군총사령관이 모든 군사조직의 최고 통수권자라는 조항(20조) 삭제
— 연방의 분할, 폭력으로 인한 주권 상실 등 긴급 상황 시 군총사령관
  은 헌법 조항에 따라 주권을 인수하고 행사할 권리 보유 조항(40조)
  삭제
— 군부 지명의원 비율을 정한 조항(109조, 141조) 관련, 군부의원 비율
  점진적 축소(현재의 25%에서 2030년까지 5%로 축소)

2008년 헌법에 따르면 군총사령관은 연방의회 및 주 의회 의석의
25%를 지명할 권한이 있다. 지명된 의원들은 선출직이 아니라 군총사
령관에 의해 임명된 것이므로 이들은 군총사령관의 뜻에 따라 언제든
교체가 가능하다.

개헌특위는 2020년 2월 심의를 거쳐 3월 10일부터 열흘간 헌법
개정안 114건에 대한 표결을 실시하였다. 결국 예상했던 대로 용어변경
등 지극히 기술적인 성격의 4개 개정안을 제외하고 모두 부결되었다.

이처럼 미얀마의 개헌은 군부 동의가 없이는 사실상 불가능하다.
그러나 군부의 동의를 완전히 불가능한 꿈으로 단정하기는 이르다. 서
슬 퍼런 철권통치를 휘두르던 군부도 결국 총선을 통한 민선정부를 인
정할 수밖에 없었듯이 현재의 비정상적인 헌법을 손질하는 데 동의할

수밖에 없는 날도 올 것이다.

개헌 문제는 미얀마 의회민주주의라는 큰 틀에서도 바라볼 필요가 있다. 미얀마는 1962년 쿠데타를 통해 집권한 네윈 장군 집권 이후 2011년까지 의회 역사가 단절되었다. 《이라와디》지 편집장인 쪼쏘모(Kyaw Zwa Moe)도 그의 저서 《감옥, 망명 그리고 새로운 버마》(The Cell, Exile and the New Burma)에서 미얀마 의회민주주의에 대해 다루고 있다. "오래된 버마가 새로운 버마를 의회를 통해 만나다"(Old Burma Meets New in Parliament)라는 소제목의 장(chapter)에서 저자는 이렇게 말한다. 비록 아직도 의회 전체회의 때 대회의실 맨 우측은 녹색 군복을 입은 군인들로 채워진 모습에서 미완성의 미얀마 의회민주주의를 만나게 되지만, 반세기 넘는 의회민주주주의 단절 끝에 탄생한 미얀마 의회는 분명 역사적 성취라는 것이다. 국민의 투표로 선출된 세 번째 의회 구성의 꿈은 개원일인 2021년 2월 1일 새벽 군부의 쿠데타로 물거품이 되었지만 말이다.

한국도 정치격변 속에 9차례 개헌을 이루면서 지금의 역동적 의회민주주의까지 왔다. 미얀마의 민주주의 여정은 여전히 미완성이지만 올바른 방향으로 나가기 위한 산고를 겪고 있으며, 국제사회가 이를 응원해 줄 필요가 있다. 2020년 미얀마 총선에서 수찌 국가고문이 이끄는 NLD가 압승을 거두고 2기 민선정부와 의회가 화려하게 취임하기 직전 군부에 의해 그 꿈이 산산조각 나는 등 미얀마 민주주의는 롤러코스터를 타고 있다. 그러나 우리는 2021년 전국적으로 거리를 가득 메운 미얀마 국민, 특히 Z세대로 불리는 젊은이들의 간절한 외침과 희생을 잊어선 안 될 것이다. 미얀마 현대 역사의 가장 큰 비정상, 2008년 헌법은 분명히 정상으로 돌아올 것이다. 시간이 얼마가 걸리더라도.

2 피플 파워

1988년 민중항쟁, 2007년 샤프론혁명 등 미얀마는 민주주의를 향해 고되고 험난한 항해를 해왔다. 그리고 그 고된 여정은 2021년 현재 여전히 진행형이다. 그렇지만 필자는 민주주의를 향한 미얀마의 여정은 결국 해피엔딩 드라마가 될 것이라는 믿음과 기대를 놓지 않는다. 2021년 말 암울한 정국 속에서 미얀마를 떠나면서도 무거운 마음과 함께 미얀마 국민의 힘을 보았기 때문이다.

미얀마 현지 TV 방송을 보다 보면 재미있는 점이 있다. 제일 처음 등장하는 채널이 불교방송이고, 그 다음 채널이 의회 채널이다. 2021년 군부가 의회 개원날(2월 1일) 새벽에 정변을 일으킨 다음에는 의회가 해산된 상태이니 그 채널도 멈춰버렸지만. 그 전에는 의회채널을 보는 시청자들이 있을까 싶긴 하지만 의회가 개원 상태건 아니건 의회방송은 하루 종일 방영되었다.

미얀마는 1948년 독립한 이후 1952년, 1956년, 그리고 1960년 세 차례에 걸쳐 총선을 통해 정부를 세웠다. 미얀마 정치평론가들과 언론에서는 세 차례 총선 모두 비교적 공정하고 자유로운 선거로 평가하고 있다. 그런 점에서 볼 때 미얀마는 동남아 국가들 가운데 민주주의 역사가 비교적 일찍 시작된 곳이기도 하다. 그러나 그런 순탄한 길은 오래가지 못했다. 네윈 장군이 이끄는 군사쿠데타가 발발한 1962년 3월 2일은 미얀마 민주주의에 가장 혹독한 시련의 한순간으로 기록된다. 네윈의 쿠데타 세력은 당시 만원마웅(Mahn Win Maung) 대통령과 총리 그리고 각료들을 체포, 구금하였으며, 다수 의회인사들도 체포하였다.

버마사회주의프로그램당(Burma Socialist Programme Party)을 창설한 네윈은 이후 26년간 일당 독재체제하에 철권통치를 휘둘렀다. 결국 네윈의 독재는 1988년 '88 봉기'라고 불리는 전국적 민주화 항쟁으로 막을 내린다. 네윈이 다당제 민주적 선거를 약속하며 불명예 퇴진하면서 민주주의의 희망이 보이는 듯했으나 오래가지 못했다.

네윈의 공백은 신군부 세력에 의해 대체된다. 소마웅(Saw Maung) 장군, 딴쉐(Than Shwe) 장군, 킨뉸트(Khin Nyunt) 장군이 중심이 된 신군부 세력이 88 봉기 후 사회적 혼란 속에 법질서 회복을 구실로 그해 9월 18일 쿠데타를 감행한 것이다. 이들 신군부 세력은 국가법질서회복위원회를 발족시켰는데, 표면적으로는 법질서를 회복하고 사회가 안정을 되찾기 위해 거사를 일으켰으며 자유 총선거를 통해 새로운 정부가 들어서는 대로 자신들은 본연의 책무인 군에 복귀할 것이라고 공언하였다. 그때까지만 해도 신군부의 계산은 따로 있었다. 신군부는 총선을 실시해도 네윈 장군이 세운 버마사회주의프로그램당의 후신이라고 할 수 있는 국가통합당(National Unity Party)이 총선에서 여유 있게 승리할 것으로 생각한 것이었다. 그러나 결과는 정반대로 나왔다. 1990년 5월 27일 총선이 실시되었는데, 아웅산 수찌 여사가 이끄는 민주주의민족동맹(NLD)이 전체 492석 중 392석을 차지하는 압승을 거둔 것이다. 국가통합당은 고작 10석을 얻는 처참한 성적표를 받았다. 총선 참패 후 신군부 내부에서 권력투쟁을 겪은 끝에 딴쉐 장군이 권력을 장악하면서 딴쉐가 이끄는 신군부는 선거결과를 부정하고 무자비한 정치숙청을 벌였다. 이때 수백 명의 인사들이 체포되었고 오랜 기간 투옥된다. 딴쉐 총사령관이 이끄는 신군부 세력은 이후 20년간 미얀마를 철권 통치한다. 1990년 총선에서 당선된 많은 인사들이 옥중에서 사망했다고 한다.

88 민주화 봉기에 이은 1990년 총선은 국제사회에서 미얀마 민주주의를 향한 희망이었다. 그런 만큼 군부세력에 의한 총선결과 부정과 이어진 민주주의 압살은 국제사회로부터 강력한 제재와 압박을 초래하였다. 딴쉐 장군이 이끄는 신군부는 결국 2010년 총선을 실시하는데, 돌이켜 보면 이는 더 이상 도도한 역사의 흐름을 거스를 수 없다고 판단한 딴쉐 장군의 출구전략이었다. 군부에 그가 세운 심복들을 채워 넣고 그에 앞서 군부의 특권적 지위를 반영한 새로운 헌법을 2008년에 만들어 놓은 상태에서 총선을 통해 정권이양을 하는 모양새를 취하기로 한 것이다. 그러나 2010년 총선은 준비단계에서부터 부정과 반칙이 판치는 선거였고 결국 수찌 여사가 이끄는 NLD 등 주요 정당들은 참여를 거부하였다. 결과적으로 신군부 세력의 꼭두각시 정당인 통합연대발전당(Union Solidarity and Development Party)이 대승을 거두고 딴쉐 장군이 내세운 떼인세인 대통령이 새로 출범하는 정부의 대통령에 취임한다.

다행히 떼인세인 대통령이 이끈 USDP 집권 5년 동안 미얀마는 다양한 분야에서 개혁 개방 정책을 실시하였다. 또한, 5년 후 2015년 총선은 자유롭고 공정한 분위기 속에서 치러짐으로써 미얀마 역사상 최초로 순수 민선정부가 출범하게 된다.

1990년 총선과 2015년 총선결과를 종합해 보면 일정한 패턴을 읽을 수 있는데 필자는 2020년 총선이 이 패턴에서 얼마나 달라질지를 유심히 살펴보았다. 이 책의 앞부분에서 2020년 총선결과를 상세히 분석한 바와 같이 2020년 총선은 1990년과 2015년 총선패턴과 놀라울 정도로 유사한 모습을 보였다. 그럼에도 불구하고 군부는 자신들이 참패한 총선을 수용하지 않고 무력으로 민선정부를 전복시켰으니 미얀마 국민의 참담한 심정은 이루 표현할 수 없을 것이다.

1990년 총선과 2015년 총선 패턴 분석

1990년 총선에서는 유권자의 72%가 투표에 참여했는데, 전체 492석 중 NLD가 392석을 차지하여 80.82%의 압도적 승리를 거두었다. NLD 이외에 대표적인 소수민족 정당인 샨민족민주주의동맹(Shan Nationalities League for Democracy)과 아라칸민주주의동맹(Arakan League for Democracy)이 각각 23석과 11석을 얻으면서 선전을 펼쳐 12%에 가까운 의석을 확보하였다. 반면 신군부의 꼭두각시 정당인 국가통합당(National Unity Party)은 불과 10석을 얻는 데 그쳤다.

2015년 총선에서 드러난 패턴도 1990년과 비교해 볼 때 크게 벗어나지는 않는 것 같다. 2015년 총선에는 340만 유권자 중 240만 명이 참여하여 투표율 70%를 보였다. 2015년 총선에서도 NLD의 선전은 눈부셨다. 전체 491석 중 390석을 차지해 79.4%의 압도적 승리를 기록한다. 이때 총선에서도 소수민족 정당은 비교적 선전하였다. 이번에는 아라칸민족당(Arakan National Party)이 22석을, 샨민족민주주의동맹(SNLD)이 15석을 확보하는 등 소수민족 정당들이 12%가 조금 넘는 성과를 거둔다. 반면 여당이었던 통합연대발전당(USDP)은 8.4%에 불과한 41석을 얻는 데 그친다.

결국 1990년과 2015년 총선으로부터 패턴을 도출해 본다면, 투표 참여율은 약 70% 정도, 수찌 여사가 이끄는 NLD는 77~80% 정도 의석 확보, 주요 소수민족 정당이 10~12% 확보, 군부 영향력에 있는 정당이 5~10% 확보라는 점을 유추해 낼 수 있다.

미얀마 대통령직이 갖는 정치적 함의

미얀마의 실질적인 지도자인 수찌 국가고문은 헌법 조항이 개정되지 않는 한 대통령이 되기 어렵다. 따라서 수찌 국가고문이 가장 신뢰하는 인물이 대통령직에서 수찌 국가고문과 함께 국정을 운영해 나가는 시스템이 될 수밖에 없는 구조이다. 사실상 국가지도자인 수찌 국가고문 이외에 미얀마 대통령의 꿈을 꾸는 인물들이 있다.

미얀마 현행 헌법에 따르면 연방 상원, 하원 및 군부의원단에서 각각 1명을 추천한 후 이들을 대상으로 연방 상하원 합동의회에서 다수결로 대통령을 선출하게 된다. 나머지 2명은 득표결과에 따라 자동적으로 제1, 제2부통령에 취임하게 된다.

잘 알려진 바와 같이 수찌 국가고문은 현행 헌법상 대통령 피선거권을 갖지 못한다. 헌법 제59조(f)는 대통령 및 부통령 피선거권을 갖기 위해서는 본인, 부모, 배우자, 자녀, 자녀의 배우자가 외국에 종속되거나 외국 국적을 가져서는 안 된다고 규정하고 있기 때문이다. 따라서 아들이 외국인(영국)인 수찌 국가고문은 피선거권을 갖지 못한다.

대통령의 꿈을 꾸는 인물 중 단연코 첫 번째로 다뤄야 할 사람은 민아웅흘라잉 군총사령관이다. 특히 이 책의 집필을 마치는 2021년 말 상황에서는 더더욱 그러하다. 사실 민아웅흘라잉 총사령관의 거취는 미얀마 정치지형에서 가장 주목할 요소 중 하나였다. 2020년 총선을 앞두고 총사령관은 분명한 자기 목소리를 냄과 동시에 코로나19 속에서도 비교적 활발한 대외활동을 펼쳤다. 그해 8월 개최된 제4차 연방

평화회의 개막식에서 평화프로세스를 다른 정치적 목적을 위한 방편으로 삼아선 안 된다는 경고 메시지를 공개적으로 발신하였다. 수찌 국가고문을 겨냥해 평화프로세스를 헌법 개정을 위한 과정으로 삼지 말라는 경고를 한 것이다. 한편 총사령관은 코로나19 속에서 모든 연방정부 각료들이 해외출장을 완전 동결한 상황 속에서도 러시아 공식 방문을 나가는가 하면 지방을 순회하면서 코로나19 방역물품과 식량을 전달하는 활발한 민심행보를 보이기도 했다.

본인이 대외적으로 그런 희망을 명시적으로 피력한 바는 없지만, 민아웅흘라잉 군총사령관이 대통령직에 야심을 갖고 있다는 것은 정치권에서는 공공연한 사실로 여겨졌다. 1국가 2체제라고 해도 과언이 아닌 독특한 미얀마 권력구도 속에서 군부를 이끄는 민아웅흘라잉 총사령관은 미얀마 군부의 가장 중요한 책무가 국토방위와 헌법수호라고 하면서 헌법 개정을 국정목표로 내세운 정부, 특히 수찌 국가고문과 대립각을 세웠다. 집권여당이 2020년 총선에서 재집권하지 못할 경우 대체 권력으로서의 선명성을 과시하는 포석이었다. 총선을 앞두고 정치평론가들의 관심 중 하나는 만약 여당이 재집권할 경우 민아웅흘라잉 총사령관의 거취에 관한 것이었다. 총사령관의 나이가 총선 후 2021년 7월 초가 되면 정년인 65세가 되기 때문에 그의 거취는 초미의 관심사였다. 따라서 군부 영향력하에 있는 제1야당인 USDP가 집권에 필요한 의석 확보에 실패할 경우, 군부지명 몫인 부통령직을 수용할 것이냐 하는 데 관심이 모아졌다. 이에 대해 그간 수찌 국가고문과 첨예한 대립각을 세워온 군총사령관이 수찌 여사가 이끄는 제도권에 들어가 수찌 여사의 지휘를 받는 모양새는 받아들이지 않을 것이라는 관측이 컸다. 반면, 총선 후 군총사령관직에서 퇴임하면서 자신이 신임할 수 있는 인사를 군총사령관직에 세운 후 실질적으로 군부에 상당한 영향력을 유지한 채, 부통령으로서 제도권 내에서 수찌 국가고문과 정부의 국정운영에 견제와 균형추 역할을 함으로써 5년 후를 도모할 수도 있다는 관측도 있었다. 차기 총선이 열리는 2025년에 민아웅흘라잉 군총사령관의 나이가 70세가 된다는 점에서 충분히 설득력 있는 논리이기도 하다. 참고로 수찌 국가고문은 2025년에는 80세가 된다.

2021년 미얀마 군부의 정변은 어떻게 보면 위에서 기술한 관측들에 대한 해답을 제시해 주었다. 2020년 총선에서 참담한 패배를 당한 군부는 대규모 선거부정을 주장하면서 국민의 투표결과를 부정한 채 정변을 일으켰다. 필자는 군부가 갖고 있는 게임 플랜(game plan)은 분명하다고 생각한다. 그리고 그 게임플랜의 끝에는 민아웅흘라잉 총사령관이 대통령에 취임하는 퍼즐이 맞춰질 가능성이 크다고 생각한다. 2021년 상황은 여러 면에서 2010년 상황과 유사하고, 군부는 그때 상황에서 교훈을 얻고자 할 것이다. 다시 말해서 2010년처럼 자신들이 승리할 수밖에 없는 정치판을 짤 것이다. 2021년 국가비상사태를 선포한 군부는 바로 총선 부정과 수찌 국가고문 등 NLD 지도자들의 비위를 조사하는 데 총력을 기울인다. 결국 그들이 노리는 목적은 뻔하다. 수찌 국가고문이 정치를 다시는 하지 못하도록 만들고, NLD를 무력화시키는 것이다. 차(車), 포(包) 떼고 장기를 두는 형국을 만들겠다는 것이다. 그런 각본으로 실시한 총선에서 군부세력이 승리하면 승자가 차지하게 되는 대통령직은 민아웅흘라잉 자신이 차지하든지, 아니면 꼭두각시 역할에 충실할 인사를 앞에 두고 자신은 군에서 정부를 조정하려고 할 것이다.

수찌 국가고문, 민아웅흘라잉 군총사령관과 함께 대통령의 꿈을 꾸는 또 한명의 인물로 쉐만(Thura U Shwe Mann) 전 하원의장이 있다. 쉐만이라는 이름 앞에 '뚜라'(Thura)라는 경칭이 말해 주듯이 쉐만 전 의장은 정치권에 몸담기 전에 군부 최고위급 인사였다. 사실 딴쉐 장군이 물러나면서 가장 강력한 군총사령관 후보였으나 현 민아웅흘라잉 총사령관이 지명되면서 정치권으로 자리를 옮긴 인물이다. 쉐만 의장은 2019년 2월 초 연방발전당(Union Betterment Party)이라는 신당을 창당하기 전까지 수찌 국가고문의 최측근 인사로 분류되기도 했다. NLD 정부가 출범하면서 당내 반대 목소리에도 불구하고 수찌 여사는 쉐만 의장을 연방의회 내 법률사무특별사안평가위원회 위원장으로 임명하였다. 한마디로 특별 사안에 대한 자문을 구하고자 별도로 만든 자리라고 할 수 있다. 쉐만 위원장은 의회 내 적이 많았다. 2019년 2월 말 쉐만 위원장이 맡았던 법률사무특별평가위원회의 임무가 전격 종료되었는데 NLD 내 쉐만 위원장에 대한 적대세력들이 사전에 치밀하게 공모하여 일종의 기습공격을 감행하였다. 이를 두고 작은 정치쿠데타로 표현한 정치평론가들도 있었다.

필자는 쉐만 위원장을 몇 차례 만난 적이 있다. 마지막으로 만난 때가 2019년 12월이었는데, 기대치 않게 쉐만 당 대표가 필자와의 만남을 청해 온 것이다. 쉐만 대표는 하원의장 재임 당시 한국을 방문하는 등 한국에 대해 상당히 좋은 인상을 갖고 있고 미얀마가 경제발전과 민주주의에 있어 한국을 모델로 삼을 만하다는 인식을 갖고 있었다. 2015년 총선에서 NLD가 압승을 거둔 후 민선정부로의 원활한 권력이양에 기여했다는 자부심을 갖고 있던 쉐만 대표는 상당히 현실적인 시각도 보여주었다. 필자가 연방발전당(UBP)이 집권당인 NLD와 어떤 부분에서 차별성을 추구하는지 물은 데 대해, 평화프로세스와 경제발전에 대한 방향성에는 공감하지만 평화프로세스에 너무 중점을 두는 것은 현실적이지 못하며 국민들이 피부로 체감할 수 있는 경제발전에 보다 중점을 두면서 삶의 질을 개선하고 교육과 보건과 같은 분야에서 국민 편익이 돌아가도록 하는 것이 우선이라는 논리를 펴기도 했다.

쉐만 대표는 2018년 《수찌 여사, 나 그리고 미얀마》(The Lady, I and Affairs of the State)라는 책을 출간하면서 출판기념회를 성대하게 갖기도 했다. 아마 그때 이미 신당 창당을 염두에 두고 가진 정치적 행보였다고 생각된다. 필자는 쉐만 대표를 만나면서 한눈에 정치적 야심이 대단한 인물이라는 인상을 받았다. 2020년 총선에서 바람을 일으킬 수도 있을 거라는 당초 기대와는 달리 쉐만 대표가 이끄는 연방발전당은 그 선거에서 1석도 얻지 못하고 말았다. 87개 정당이 참여한 총선에서 수찌 국가고문의 NLD, 특히 수찌 국가고문의 인기는 현재 미얀마 정치지형에서 넘기 힘든 벽임이 드러난 것이다. 쉐만 대표는 2021년 군부가 일으킨 정변 직후 행방이 묘연하다. 미얀마 군부에서는 쉐만 대표가 군 출신임에도 불구하고 정치적으로 변절하고 수찌 여사 및 NLD와 결탁한 배신자로 낙인찍혔기 때문에 큰 고초를 겪지 않을까 싶다.

포스트-수찌 시대

2021년의 특수 상황 속에서 볼 때 미얀마의 정치지형은 그야말로 짙은 안개속이다. 수찌 국가고문이 국민의 열망대로 다시 부활할 수 있을까? 장담키 어렵다. 군부가 아세안 내 다른 나라의 비슷한 사례처럼 군복을 벗고 정치지도자로 변신하여 무늬만 민주주의를 한 채 권위주의체제로 갈지 모를 일이다. 그런 점에서 수찌 국가고문에 이어 장차 미얀마의 민주주의를 복원하고 완성할 포스트(post)−수찌가 누가 될 것이냐는 매우 중요한 문제이다. 설령 군부가 설정한 국가비상사태 후 총선을 재실시하고 수찌 여사가 군부로부터 권력을 되찾아 온다고 하더라도 수찌 여사의 후계자 문제는 미얀마의 국운이 걸린 문제라고 생각한다. 안타깝게도 NLD 정부 5년 동안 수찌 여사의 후계자라고 할 만한 인물은 보이지 않았다. 쿠데타 이후 전국적인 반군부 움직임을 보면서 외교단과 국제사회에서는 만약 수찌 여사가 NLD 정부 당시 시민사회와 언론의 힘을 더 키웠더라면 하는 아쉬움을 가졌다. 솔직히 NLD 정부와 수찌 여사는 그런 부분에서 후한 점수를 받기 어렵다. 결국 포스트−수찌 시대는 깨어있는 시민사회와 언론의 기반과 직결되는 문제이기도 하다.

2021년 봄 미얀마의 상황이 웅변으로 보여주듯이 정치란 1년 앞도 예측하기 어렵고, 한 나라의 지도자급 인물에 대해서는 더욱 예측이 조심스럽다. 2021년 NLD 2기 정부가 출범할 예정이던 4월 시점에서 볼 때 아직 미얀마 정치권에서 수찌 여사 후계자로 거론될 인물은 찾기 힘들다. 이런 상황은 군사 정변을 일으킨 군부에게는 수찌가 없는 미얀마에서 자신들이 그 공백을 메울 수 있는 유일한 대체세력이라는 잘못된 계산을 하게 만든 배경이 되기도 한다.

그나마 미얀마에서는 88 민중봉기 세대를 주목할 필요가 있다. 이런 점에서 《감옥, 망명 그리고 새로운 버마》(The Cell, Exile and the New Burma)의 저자로서 민주화 투쟁을 주도한 혐의로 군부에 체포되어 무려 2,825일간 옥살이를 한 쪼쏴모(Kyaw Zaw Moe)《이라와디》(The Irrawaddy)지 편집장이 2020년 총선 직후 필자와의 대화에서 들려준 분석이 주목할 만하다.

학생운동으로 촉발된 88년 민주화항쟁 세대 중 몇 사람의 향후 행보를 주목해 보자. 이들 대부분 60년대 또는 70년대 생으로서 여전히 젊은 나이기 때문에 정치적 미래 또한 상당히 밝다고 생각된다.

먼저, 표민떼인(Phyo Min Thein) 양곤주지사이다. 수찌 국가고문이 이끄는 NLD 정부가 2016년 출범하면서 40대 젊은 나이에 주지사 자리 중 가장 중요한 양곤 주 행정을 총괄하는 중책을 부여받았다. 양곤은 미얀마에 진출한 한국 업체의 90%가 집중되어 있는 명실상부 미얀마의 경제허브이다. 수도 네피도가 정치와 행정의 중심지라면, 양곤은 경제와 문화 중심지이다. 2018년 4월 표민떼인 주지사가 한국을 방문했는데, 보는 것이 믿는 것이라는 말처럼 한국의 선진적 시스템에 매료된 표민떼인 주지사는 이후 한국 업체 애로사항 해소와 한류전파에 대단히 적극적으로 협조해 준 고마운 인사이다. 88항쟁 주역 중 수찌 여사가 이끄는 NLD당 중앙집행위원으로 발탁되는 등 제도권 내에서 많은 활약을 하였다. 건강상의 문제가 있어 2020년 총선에는 출마하지 않았는데, 워낙 일벌레로 정평이 나 있고 대중적 인지도도 좋기 때문에 향후 행보가 크게 주목되는 사람이었다. 그러나 2021년 초 군부의 정변 이후 큰 고초를 겪고 있어 안타까운 마음을 금할 길이 없다.

표민떼인 양곤주지사가 2021년 물러나면 후임이 누가 될지 주목되었다. 특히 관심을 모으는 인물 중 예민우(Ye Min Oo) 양곤주 기획재정장관이 있었다. 미얀마 정치판에서 약관이라고 할 수 있는 75년생의 젊은 피라고 할 수 있던 예민우 장관은 2020년 5월 양곤주정부 기획재정장관에 임명되기 전까지 수도 네피도의 부시장을 역임하였다. 네피도 부시장 재임 당시 2019년 11월 부산에서 개최된 한−아세안 정상회의에 미얀마 대표단으로 한국을 방문할 정도로 수찌 국가고문의 높은 신임과 기대를 받은 인물이다. 금융과 재정분야 전문가로서 행정 분야에 진출하기 전에는 대기업과 은행권에서 많은 경험을 쌓았다. 민간과 정부에서 착실히 전문성과 행정경험을 쌓아 올라가고 있는 인물로서 양곤 주지사 또는 중앙은행 총재를 맡을 것이라는 관측이 파다한 신세대 주자였다. 필자와 부부동반 저녁을 하면서 결혼을 12월 25일 성탄절을 골라서 했는데 그 이유가 늘 일에 쫓겨 개인적인 일에 소홀하고 잊는 일이 많아 부인에게 혼나지 않기 위해 결혼식은 절대 잊어버릴 수 없는 날을 고르다 보니 성탄절이 되었다고 소개할 정도로 위트도 뛰어난 인물이었다. 이 책의 집필을 마치는 시점까지도 예민우 장관 역시 군부 정변 후 조사 등 고초를 겪고 있는 상태이다.

이 밖에도 88 항쟁세대 주역으로서 국민들로부터 인지도가 높은 인사들이 있다. 표민떼인 양곤 주지사와 마찬가지로 제도권에 들어와 2015년 총선에서 NLD 소속으로 당선되어 평화프로세스와 관련된 국민평화위원회 위원, 그리고 헌법개정협력위원회 사무차장과 같은 중책을 맡은 뽕초(Pyone Cho)라는 인물부터 살펴보자. 헌법 개정과 평화프로세스 모두 수찌 국가고문의 핵심과제라는 점에서 볼 때 국가고문의 신임이 얼마나 큰지 엿볼 수 있다. 미얀마어로 '달콤한 미소'(sweet smile)라는 뜻의 뽕초라는 가명으로 더 잘 알려진 인물로서, 본명은 테윈아웅(Htay Win Aung)이다. 88 학생운동에서 가장 핵심적인 역할을 했다는 혐의로 무려 60년 형을 선고받았던 인물인데, 2011년 떼인세인 정부가 출범하면서 정치범들에 대한 특별사면으로 2012년 1월 전격 석방되었다. 뽕초 의원은 2020년 총선에서는 양곤주 의회에 출마하여 당선되었다.

뽕초와 함께 대표적인 88 학생운동 출신 인사들이 있는데, 꼬꼬지

(Ko Ko Gyi) 국민의당 대표와 민꼬나잉(Min Ko Naing)이 있다. 이 두 사람은 정치적 동지관계에 있었는데, 2018년 말 꼬꼬지가 "8888 국민의당"(Four Eights People's Party)이라는 정당을 발족하는 과정에서 정치적 이견을 보이면서 각자의 길을 걷게 되었다. 8888은 1988년 8월 8일 민주화 학생운동이 촉발된 날을 따서 당명을 그렇게 정한 것이다. 그런데 그 이름을 특정인이 독점하는 데 대한 이견이 강하게 제기되어 연방선관위에서 사용을 불허함에 따라 나중에 국민의 당(People's Party)으로 당명이 바뀌게 된다. 꼬꼬지 대표는 필자가 여러 차례 만나본 적이 있다. 수찌 국가고문에 대한 심정적 지지는 강하게 갖고 있으나, NLD당의 역량에 대해서는 상당히 강한 불만을 갖고 있었다. 그런 신념하에 자신의 정당을 만들어 2020년 총선에 출사표를 던진 것인데, 결과적으로는 1석도 얻지 못하는 초라한 성적표를 거두었다. 그러나 필자는 절반의 성공이라고 평가하고 싶다. 제도권에 들어가 민주주의와 미얀마 경제발전을 위해 일할 수도 있지만, 꼬꼬지 대표처럼 거대 여당을 견제하는 역할을 자처한 것도 상당한 용기가 필요한 일이다. 2020년 미얀마 정치지형에서 꼬꼬지 대표가 이끈 국민의 당 같은 군소 정당으로서는 NLD 집권여당에 대한 도전은 어찌 보면 계란으로 바위치기였다고 할 수 있다. 꼬꼬지 대표가 2020년 총선에서 당장 NLD 견제세력으로 입지를 구축할 수 있다고 보지는 않았을 것이다. 아마도 멀리는 2030년 총선, 다시 말해 수찌 국가고문이 정치에서 물러난 이후를 내다보면서 국민들의 지지를 꾸준히 얻어가고자 하는 심정으로 어려운 길을 택하지 않았을까 생각해 본다. 신당을 만든 이후 꼬꼬지 대표가 필자와 만났을 때 한 말을 기억한다. 수감생활 시절 초기에는 쿠바 혁명 영웅 피델 카스트로(Fidel Castro)의 혁명사관에 심취된 적이 있

었다고 한다. 그러나 시간이 흐를수록 미얀마 현실에서 그러한 혁명적 이념은 국가적으로 큰 혼란을 초래할 수 있다는 생각에 이르렀다고 한다. 이후 꼬꼬지 대표는 오바마 미국 대통령의 자서전, 특히 《담대한 희망》(The Aaudacity of Hope)을 읽으면서 실용주의적 접근이 중요하다는 교훈을 얻었다고 한다.

꼬꼬지 대표와 한때 정치적 동지였던 민꼬나잉(Min Ko Naing)도 주목할 필요가 있는 인사이다. 많은 정치평론가와 언론계 인사들이 만약 꼬꼬지 대표가 창당한 국민의 당에 민꼬나잉도 참여했더라면 훨씬 파괴력이 있었을 것이라고 입을 모은다. 민꼬나잉은 현재로서는 정치에 본격 나설 생각이 없다면서 글쓰기에 전념하고 있다. 그를 잘 아는 인사에 따르면 민꼬나잉은 NLD 집권 2기 이후에 모종의 움직임을 보일 것으로 전망하는데, 워낙 대중적 신뢰가 높은 인물이기 때문에 충분히 가능한 관측이라고 생각된다. 필자가 미얀마를 떠나기 전 민꼬나잉을 마지막으로 본 것은 군부 정변 후 2월 가두시위가 시작되자 소위 Z세대(Generation Z)라고 불리는 젊은 세대를 이끌면서 거리에서 정신적 지도자 역할을 하던 사진을 통해서였다. 그러나 군부가 그에 대한 체포 영장을 발부하면서 도피하는 신세가 되었다.

이 대목에서 단서를 달아야겠다. 필자가 위에서 소개한 인물들은 어떤 이는 제도권 내에서, 어떤 이는 여당을 견제하는 정당세력으로서, 또 어떤 이는 정치권 밖에서 야인으로서 경험을 축적해 나가며 포스트-수찌 가능성을 보여주는 사람들이었다. 그러나 2021년 미얀마의 현실은 이런 차세대 지도자 후보군을 허락하지 않을 듯 암울하기만 하다. 그러나 결코 좌절해서는 안 될 것이다. 필자가 미얀마를 떠나는 시점에도 군부 독재가 아닌 국민이 진정한 주인이 되는 미얀마 민주주의에 미래가 있다고 본 것은 결코 꺾이지 않겠다는 젊은 세대의 결기 가득한 모습이었다. 2025년 이후 이든 2030년 이후 이든 포스트－수찌, 그리고 포스트－타마도(Tatmadaw) 시대를 대비하면서 역량 있는 미래 지도자들이 수일우 조천리(守一隅 照千里)하는 자세로 실력과 민심을 쌓아가는 것이 필요하다.

 ## 3 잃어버린 기회, 다시 만들어야 할 미래

필자가 미얀마에 관심을 갖게 된 계기는 UN 사무총장실에 근무하면서부터이다. 필자는 반기문 제8대 UN사무총장을 모시고 2007년 1월부터 2014년 2월까지 사무총장 비서실에서 근무하였다. 방대한 UN시스템 내 기구들이 하는 일이 다양한데 위기관리와 관련된 일이 특히 많다. 유엔시스템 전체를 관장하는 사무총장실 임무는 말할 것도 없다. 아시아 출신인 반기문 사무총장이 재임기간 중 아시아 문제에 있어 가장 많은 관심을 쏟은 이슈는 한반도와 미얀마 문제라고 생각한다. 그만큼 그 당시 미얀마의 민주화, 인권, 평화 문제는 국제사회의 큰 주목과 관심을 받았다. 이 책에서 필자는 미얀마가 안고 있는 무거운 도전들을 기술하고 있는데, 민선정부 5년 동안 민주주의와 경제발전을 향한 도도한 물결에 올라탄 것으로 보였던 미얀마가 다시 암울한 군정(軍政)의 터널에 들어가 버렸다. 미얀마의 현대역사를 보면서 안타까운 마음을 금할 길이 없다. 미얀마는 그간 몇 번의 기회를 놓쳤다. 그 잃어버린 기회는 과거형이 아니고 현재진행형이라는 점이 더욱 안타깝다. 그래서 이 절에서는 미얀마가 2021년 또다시 드리워진 깊은 어둠을 헤치고 새로운 기회와 미래를 만들기를 바라는 마음에서 필자가 대사로 재직하면서 느낀 몇 가지 관찰을 공유해 본다.

샤프론 혁명과 사이클론 나르기스

2005년 11월 전격적으로 이루어진 네피도 천도(遷都)는 독재자 딴쉐 정권이 가중되는 국제사회의 압박 속에서 취한 조치였다. 모든 정부 조직과 군 지휘부가 네피도라는 외딴 곳에 안주하면서 독재정권에는 잘못된 안도감을 가져다주었을지는 모르지만 다가오는 위기들에 대한 대응에는 철저히 실패하게 된다.

2000년대 들어서면서 미얀마 경제상황은 전형적인 실패국가의 모습을 보인다. 2000년 세계보건기구(WHO) 통계에 따르면 미얀마의 보건시스템은 아프리카 최빈국 앙골라, 중앙아프리카, 콩고민주공화국 같은 나라보다 열악한 것으로 드러났다. 1960년대 초 집권한 독재자 네윈이 망가뜨린 교육시스템은 더 말할 나위 없었다. 군부와 기업들이 유착한 전형적 정실자본주의(crony capitalism)로 인해 왜곡된 경제구조 속에 서민들의 삶은 갈수록 힘들어졌다. 군과 유착기업들의 토지수탈로 인한 민심이반도 심각한 수준에 이르렀다. 농사지을 토지를 잃은 사람들은 자연히 일자리를 찾아 도시로 몰려들고 단순노동직을 하면서 간신히 생계를 유지한다. 이런 상황에서 2001년 들어선 미국 부시 행정부의 제재조치는 미얀마에 큰 타격을 가한다. 특히 미얀마 산업에서 큰 비중을 차지하던 봉제공장의 해외수출이 막히면서 대량해고 사태로 이어진다. 당연히 인도적 위기상황이 따라왔다.

2007년 들어 소비재 물가가 50% 이상 치솟으면서 인플레이션과 전기, 보건 등 서민 삶에 직접적인 영향을 주는 이슈에 대한 불만이 표출되었는데, 불난 곳에 기름이라도 붓듯이 미얀마 정부는 오히려 그해 8월 연료가격을 500% 인상하는 조치를 단행하였다. 휘발유 값 폭등은 당연히 버스비 인상으로 이어졌다. 그 당시 대중교통 수단이라고는 버스가 유일한 상황에서 서민들의 불만이 폭발하고 만다. 양곤에서 촉발된 서민들의 시위에 정부는 강경진압으로 대응하는데 여기에 승려들이 가세하면서 사태가 걷잡을 수 없이 커졌다. 특히 9월 초 만달레이에서 승려 수백 명이 시민들의 목소리를 지지하는 시위를 벌였는데, 경찰의 시위해산 과정에서 일부 승려들이 구타당했다는 소문이 퍼지면서 전국 40여만 승려가 정부의 공식 사과를 요구하면서 들고 일어선다. 국제사회에서는 이 봉기를 승려들의 법복 색깔을 따서 샤프론 혁명(Saffron Revolution)이라고 불렀다. 샤프론 혁명을 미얀마 민주화 과정에서 이루어진 민중항쟁으로 규정하는 것을 전혀 틀리다고는 할 수 없지만, 실은 민주화보다는 서민들의 피폐한 경제적 상황으로 촉발된 봉기였다.

미얀마 샤프론 혁명은 그해 UN총회에서 핵심 의제로 다루어진다. 미국 부시 대통령도 총회 연설에서 미얀마를 주요 이슈로 다루었다. 미얀마 군부로서는 가장 두려워하는 상황이 전개된 것이다. 독재국가 등 이른바 실패국가들은 공통적으로 자국 상황이 UN에서 다루어지는 데 심한 거부반응을 보인다. 그러다 보니 UN난민기구(UNHCR), 세계식량계획(WFP)과 같이 인도적 구호활동을 수행하는 기구들조차도 순수 구호활동을 전개하기 쉽지 않다. 필자도 UN에서 근무하면서 그런 직간접 경험을 많이 했는데, UN 기구들이 종종 딜레마적인 상황에 처하곤 한다. 2000년대 들어 UN을 포함한 국제사회에서 하나의 담론으로 다루어진 개념이 인도적 개입(humanitarian intervention)이다. 실패국가에서 벌어지는 대규모 인도적 재앙에 대해 국제사회가 인도주의적 측면에서 힘을 통한 개입을 할 수 있다는 개념인데 2011년 튀니지에서 촉발된 아랍의 봄은 대표적인 사례이다. 실패국가가 자국민을 보호할 책임, 즉 보호책임을 다하지 못해 대규모 인도적 위기가 발생할 경우 국제사회가 개입해야 한다는 주장은 미얀마 군부에게는 악몽과도 같은 것이었다. 미얀마 군부가 가장 싫어하는 단어는 정권교체(regime change)였다. 그런 상황에서 아무리 인도적 차원의 구호활동을 수행하는 국제기구라도 미얀마 군부의 시각에서는 색안경을 낀 채 깊은 경계심을 갖고 있었다. 다른 한편으로 인권과 인도주의라는 보편적 가치를 강조하면서 미얀마에 대한 제재의 고삐를 조이고 있던 서방국가들은 유엔이 인도주의적 구호활동을 수행하면서 군부가 실권을 쥔 미얀마 정부와 대화하는 것을 마뜩지 않은 눈으로 바라보았다. 딜레마인 셈이다.

이런 상황은 2008년 사이클론 나르기스(Cyclone Nargis) 사태에서 극명하게 드러난다. 2008년 5월 초 미얀마를 덮친 초대형 태풍 나르기스는 10만 명이 넘는 사망자를 가져온 미얀마 역사상 전례 없는 재난이었다. 미얀마는 2004년 인도네시아, 태국, 스리랑카를 덮친 쓰나미의 경우 운 좋게 벗어났지만 사이클론 나르기스에 직격탄을 맞았다. 미얀마 서남부 해안에 상륙하여 이라와디(Irrawaddy) 델타지역을 휩쓸고 양곤까지 심각한 타격을 안긴 나르기스는 미얀마 국민들에게는 엄청난 트라우마로 남아 있다.

필자는 최악의 재난으로 기록된 나르기스가 한편으로는 잃어버린 기회였다고 생각한다. 위에 설명한 바와 같이 외부세계와 철저히 고립된 채 살아온 미얀마 군부는 인도주의적 구호를 구실로 한 정권교체 가능성에 대해 심각한 우려를 갖고 있었다. 그러다 보니 재난극복을 위한 협력을 통해 국제사회에 빗장을 열고, 이를 기회로 미국과의 관계개선을 도모할 수 있는 기회를 놓친 것이다. 미얀마의 유일한 우방이나 다름없던 아세안까지 나서서 압력을 가하고, 반기문 UN사무총장도 미얀마를 방문, 군부가 국제사회의 구호를 받아들이도록 압력을 가하였다. 결국 군부는 모든 구호물자는 양곤을 통해서만 들여온다는 조건하에 마지못해 국제구호를 받아들인다. 영어 표현에 어떤 위기상황에 대한 대응이 "너무 조금, 너무 늦게"(too little, too late) 이루어졌다고 아쉬움을 표출하는 것이 있는데 나르기스 상황이 그러했다고 생각한다.

리더십 교체기에 찾아오는 기회

기회는 사람이 바뀌는 상황에서도 만들어진다. 그 기회는 2009년에 찾아왔다. 그해는 미국 대통령이 오바마 대통령으로 교체된 시기였다. 부시 행정부 때는 콘돌리자 라이스 국무장관이 미얀마를 "폭정의 전초기지"(outposts of tyranny)의 하나로 묘사한 데서 상징적으로 드러나듯이 대부분 고립과 제재 중심의 정책으로 일관하였다. 오바마 대통령 시절 힐러리 클린턴 국무장관은 취임 직후 미얀마 정책 재검토를 지시하면서 새로운 접근을 시사하였다. 큰 틀에서는 "pivot to Asia" 또는 "rebalance to Asia"로 불리던 아시아 중시전략의 일환이었다고도 볼 수 있다. 또한 그 전까지 미얀마에 대한 제재와 압박 중심의 전략이 실효를 거두지 못했다는 자성에서 나온 것이기도 하다. 이 당시 상황이 기회의 창이 된 것은 미국 리더십 교체뿐만 아니다. 미얀마에서는 철권통치를 휘둘러 오던 딴쉐 장군이 우아한 퇴임을 기획하고 있던 때였다. 딴쉐 장군은 군부서열 3위의 야심차고 군내 영향력이 막강한 쉐만(Thura Shwe Mann) 장군이 후계자가 될 것이라는 예상을 뒤엎고 쉐만보다 군 서열이 낮은 떼인세인을 대통령에 앉혔다. 산전수전 다 겪은 백전노장 딴쉐 장군이 둔 신의 한 수였다. 퇴임 후 자신과 가족의 안위를 확고히 해야만 했던 딴쉐 장군에게는 야심이 강하고 정치적 술수에 능한 쉐만 장군보다는 떼인세인 장군이 안전한 베팅이었던 것이다. 떼인세인을 대통령에 앉힌 딴쉐 장군은 내각의 주요 요직에 자신의 심복들을 배치함으로써 이중삼중의 안전장치를 갖추었다. 마찬가지로 딴쉐 장군은 군총사령관에는 자신보다 한참 어린 민아웅흘라잉 장군을 깜짝 발탁하였다.

이 대목에서 미얀마를 보면 역사는 그대로는 아니더라도 그 운율은 반복된다고 하는 말이 정말 실감난다. 1988년 항쟁 후 혼란기 신군부의 쿠데타를 통해 집권한 딴쉐 장군이 막후에서 자신의 퇴임 후를 보장받기 위한 깜짝쇼의 주인공 민아웅흘라잉 총사령관이 비슷한 길을 걸을 것으로 예상했을까?

필자는 미 행정부 교체와 미얀마 군부 리더십 교체기였던 이 당시 기회에 대한 평가를 절반의 성공으로 적고 싶다. 2010년 총선에 수찌 여사가 이끌던 NLD가 보이콧하여 군부 영향력하에 있는 USDP가 승리를 거둔 것은 미얀마 민주주의라는 관점에서 볼 때 분명 좌절이었다. 그러나 다행히 2011년 들어선 떼인세인 정부는 여러 가지 과감한 개혁 조치를 취하면서 미얀마를 개혁 개방의 궤도에 올렸다. 힐러리 클린턴 국무장관이 2011년 11월 미얀마를 방문했는데, 미국 국무장관의 미얀마 방문은 군사정권이 집권한 1962년 이후 처음이었다. 이어서 오바마 대통령이 현직 미국 대통령으로는 최초로 2012년 11월 미얀마를 방문하면서 떼인세인 정부의 개혁 개방 노선에 힘을 실어주었다.

돌이켜보면 이 시기는 미중갈등이라는 큰 담론에서 볼 때 미얀마의 시계추가 분명히 미국 쪽으로 기운 때였다. 떼인세인 대통령의 밋손(Myitsone)댐 중단 발표가 잘 보여주듯 이 시기 중국과 미얀마 관계는 분명 껄끄러웠다. 그런 만큼 중국 정부는 절치부심 미래권력인 수찌 여사와 NLD와의 관계에 공을 들였다. 역사는 참으로 얄궂다. 부친 아웅산 장군의 유업인 평화프로세스와 미얀마연방 건설에 대한 열망이 가득한 수찌 여사에게 중국의 협조는 절대적으로 필요했다. 그런 상황에서 출범한 지 1년 반도 채 안 된 상태에서 2017년 터진 라카인 사태는 중국으로서는 떼인세인 정부 때 미국 쪽으로 치우쳐 있던 무게중심을 북경으로 돌리는 절호의 기회가 된 것이다.

필자가 미국 행정부 교체와 미얀마 군부 리더십 교체를 통해 미얀마 현대사를 고찰한 것은 2021년 상황이 맥락은 다르지만 본질적으로 비슷한 관전포인트가 되기 때문이다. 2021년 군부 쿠데타 이후 수년간은 미얀마-미국, 미얀마-중국의 관계에 있어 관건적 시기가 될 것이다. 예정대로 NLD 2기 정부가 출범하는 상황이었으면 말할 나위 없었겠지만, 군부 정변 사태라는 특수상황 속에서도 미얀마-미국-중국 관계에 있어 새로운 전환점이 될 것이라는 데는 큰 차이가 없다. 2021년 미국은 바이든 행정부가 출범하였다. 미얀마 사태는 바이든 행정부의 첫 번째 외교위기였다. 전임 트럼프 대통령이 외교정책의 상당부분을 트위터로 펼쳤다고 해도 과언이 아닌데 단 한 번도 자신의 트위터에 미얀마를 다루지 않았다. 그러나 바이든 행정부는 크게 다를 것이다. 미국의 글로벌 리더십을 복원하겠다고 천명한 바 있는 대통령으로서는 미얀마 사태는 첫 시험대라고 해도 과언이 아니기 때문이다. 사실 트럼프 행정부 4년간 미국의 인도·태평양 구상은 적어도 미얀마에서 바라볼 때 이렇다 할 정책으로 이행되었다고 보기 어렵다. 상당부분 구호에 그쳤다. 특히 중국, 일본의 공세적인 미얀마 진출과 비교할 때 더욱 그러하다. 그러나 미중갈등이 갈수록 첨예해지는 상황에서 워싱턴에서 더 이상 미얀마에 대한 중국의 전방위적 접근을 관망할 여유는 없다고 본다. 중국 왕이(Wang Yi) 외교부장 겸 국무위원이 2021년 벽두부터 미얀마를 공식 방문한 것도 예사롭지 않다.

2021년은 미얀마 민주주의 역사에 있어 가장 암울한 시기로 기록될 것이라는 데는 이견이 있을 수 없다. 그러나 미얀마 민주주의와 경제발전의 꿈을 포기해서는 안 된다. 기적과 같은 일이 일어나 군부의 국가비상사태 기간 동안 민주정부가 복원될지, 아니면 국가비상사태가 장기화되면서 군부정권으로 이어질지 알 수 없지만, 좀 더 긴 호흡 속에서 기회를 엿보아야 할 것이다. 미중갈등 속 미얀마의 위치라는 지정학적 틀에서 바라봤을 때 떼인세인 정부 때 미얀마의 시계추는 워싱턴 쪽으로 기울었다. 그 시계추가 수찌 여사의 NLD 정부 때는 북경 쪽으로 많이 기울었다. 2021년 상황은 미국과 중국 모두에게 딜레마적인 고민이 될 것이다. 정치와 외교는 겉으로 드러나는 것만 봐서는 안 된다. 정치와 외교는 국익을 최우선시하는 유기체이다. 서생의 문제의식과 상인의 현실감각을 공히 갖고 어떻게 하면 국익을 극대화할 수 있느냐 하는 측면에서 사안을 다루어야 한다. 그런 점에서 2021년 미얀마 상황을 다루는 글로벌 파워, 미국과 중국의 전략을 잘 읽을 필요가 있다. 물론 이 방정식에서 한국도 예외는 아니다.

이상화(李相和)

고려대학교 졸업과 함께 1991년 제25회 외무고시에 합격, 외교부 본부 군축원자력과 유엔과 등에서 근무하였으며, 2001년부터 뉴욕 주재 주유엔대표부에서 3년간 첫 해외 근무를 한 후 주콜롬비아 한국대사관에서 참사관으로 근무하였다.
2006년 당시 반기문 외교통상부장관의 유엔사무총장 진출 태스크포스에 참여한 후, 2007년부터 유엔사무총장 비서실에서 7년여간 근무하였다. 2014년 3월 외교부로 복귀, 정책기획관실 심의관 겸 상황실장, 그리고 외교장관 정책보좌관으로 일하였다. 이후 북핵외교기획단장직을 수행한 후, 2018년 1월 제17대 주미얀마 대사로 부임하여 4년 가까이 재임했고, 2021년 12월 본부로 복귀하여 현재 공공외교대사로 재직중이다.
저서로는 '외교현장에서 만나는 군축과 비확산의 세계'(공저, 2005), '유엔본부 38층' (2014) 등이 있다.

롤러코스터를 탄 미얀마

초판발행	2022년 9월 10일
중판발행	2022년 9월 30일
지은이	이상화
펴낸이	안종만 · 안상준
편 집	전채린
기획/마케팅	노 현
표지디자인	이솔비
제 작	고철민 · 조영환

펴낸곳   (주)**박영사**
서울특별시 금천구 가산디지털2로 53, 210호(가산동, 한라시그마밸리)
등록 1959. 3. 11. 제300-1959-1호(倫)

전 화	02)733-6771
f a x	02)736-4818
e-mail	pys@pybook.co.kr
homepage	www.pybook.co.kr
ISBN	979-11-303-1610-9 93340

정 가   17,000원